掩饰

同性恋的
双重生活及其他

Covering
The Hidden Assault
on Our Civil Rights

[美] **吉野贤治** **著**
（Kenji Yoshino）

朱静姝 **译**

清華大学出版社
北 京

北京市版权局著作权合同登记号　图字：01-2015-4057

Govering: The Hidden Assault on Our Civil Rights, 9780375760211 by kenjiYoshino, published by Random Howse, © 2006

图书在版编目(CIP)数据

　掩饰：同性恋的双重生活及其他 / （美）吉野贤治（Yoshino, K.）著；朱静姝译．—北京：清华大学出版社，2016（2024.8 重印）
　书名原文：Covering: The Hidden Assault on Our Civil Rights
　ISBN 978-7-302-42231-0

　Ⅰ．①掩…　Ⅱ．①吉…　②朱…　Ⅲ．①同性恋－研究　Ⅳ．① B846

中国版本图书馆 CIP 数据核字 (2015) 第 279278 号

责任编辑：朱玉霞
封面设计：傅瑞学
责任校对：宋玉莲
责任印制：刘海龙

出版发行：清华大学出版社
　　　　　网　　　址：https://www.tup.com.cn, https://www.wqxuetang.com
　　　　　地　　　址：北京清华大学学研大厦 A 座　　邮　　编：100084
　　　　　社 总 机：010-83470000　　　　　邮　　购：010-62786544
　　　　　投稿与读者服务：010-62776969，c-service@tup.tsinghua.edu.cn
　　　　　质 量 反 馈：010-62772015，zhiliang@tup.tsinghua.edu.cn
印 装 者：三河市君旺印务有限公司
经　　销：全国新华书店
开　　本：148mm×210mm　　印　张：8.25　　字　数：177 千字
版　　次：2016 年 1 月第 1 版　　印　次：2024 年 8 月第 5 次印刷
定　　价：79.00 元

产品编号：065055-02

尽管有的人愿意承认自己具有某种污名（通常是由于这种污名已经众所周知或显而易见），但他们会极力阻止污点被放大……这一过程将被称作"掩饰"。

　　　　——欧文·戈夫曼《污名——受损身
　　　　　　　份管理札记》[1]

---

　　① Erving Goffman, *Stigma: Notes on the Management of Spoiled Identity* (Englewood Cliffs, N.J: Prentice-Hall, 1963), p. 102.

代译序：你以为的你以为的就是你以为的吗

郭晓飞 ①

1998 年，这本书的作者吉野贤治得到了耶鲁大学的教职，那个时候他的同性恋身份在单位里已不是秘密，他的一个同事问他愿意成为一个碰巧是同性恋的宪法学者（homosexual professional），还是成为一个专门研究同性恋的职业同性恋者（professional homosexual），如果选择前者，他将会有更多的机会得到终身教职。很多年以后，已经功成名就的吉野教授在论文和演讲中都讲到了这一故事，故事讲的次数多了就回溯式的建构成为一个事件，让人怀疑是否因为有了这个事件，才有了这本书？又过了一些年，我在他的一个演讲视频里邂逅了这个故事，于是，才有了这篇序言？

为了防止"剧透一时爽，菊花万人闯"，强烈建议读完本书之后再来看序言。就像看完电影再去豆瓣看看影评，看彼此的感受能不能在狭窄的小道里相遇。这话说得，好像我真有豆瓣的水平似的，其实我只有逗比的水平。

① 中国政法大学副教授，致力于性、社会性别与法律的研究，出版中国第一本同性恋法律研究的专著《中国法视野下的同性恋》。

作者描述了美国主流社会对待同性恋的三个阶段：第一个阶段是同性恋的矫正，最典型的就是电击疗法，医生在男同想象同性欲望的时候进行电击，使他产生"恶心"反应，这就像"拿一把刀狠狠划过一幅油画"。第二个阶段是同性恋的冒充，最典型的就是美国军队从 1993 年开始到 2011 年才废除的"不问不说政策"，同性恋军人只有在不公开性倾向的情况下才能在军中服役。第三个阶段就是同性恋的掩饰，那就是即使同性恋可以出柜了，也要淡化而不是招摇这样的身份。如一位公开的女同性恋者得到了一个很不错的工作，但是因为大张旗鼓地举办了同性婚礼而遭辞退，并且在提起的反歧视诉讼中败诉。法院的理由是，法律只保护身份，因为这是"不可改变"的，而不保护张扬的行为。

作者在自己的身上部分地复制了，部分地克服了这个时代的三阶段。他经历了想成为异性恋的阶段，内心接受自己的同性恋"自我"却躲躲藏藏冒充直人的阶段，第三个阶段是出柜后，却抑制写同性恋议题的冲动，极力阻止放大这个污点。这让人想起女权主义的一个口号"个人的就是政治的"（personal is political），或者说个人的就是历史的，体现了时代和个人的解释学循环。很多个场景极具画面感，在向父母出柜的那一刻，作者感觉到了摄影机的转动："我终于成了自己故事里的男主角"。同情情欲在青春期破茧而出的"求生"冲动遭遇了阵痛，"旁观的自我"想要杀死"同性恋的自我"，"死亡"的隐喻和意象长久地挥之不去，抑郁和同性恋倾向难分难解，如今，生命的临界点到了，向父母的告白像是完成了一场大的测试。接下来，镜头转换，同性恋运动的决裂时刻经由作者蒙太奇的剪接而登场，这就是 1969 年 6 月 27 日的石墙事件。警察在这一天突袭石墙酒吧，遭遇了同性恋和跨性别的抵抗，在同志运动的历史上，这一事件被大书特

掩饰：同性恋的双重生活及其他

书，仿佛经由它开天辟地，同运的时间开始了。作者认为，同性恋作为一个社群，也需要跟个人相类似的出柜时刻，而那个酒吧，就是一个象征性的柜子。把个人在家庭的出柜和同性恋运动在社会的出柜相提并论互相对照，仿佛是在说，我的黑暗和抗争在世界的黑暗和抗争之中，世界的黑暗和抗争也在我的黑暗和抗争之中。

难怪作者在和男朋友享受激情之爱的时候感觉到战栗不安，因为"如果我活在别的世纪，那么我至死都体会不到如此不可或缺的温暖"。其实抛开时间的沧海桑田，我不知道有没有同性恋在鱼水之欢时感叹，换一个空间，就可能被石头砸死或者绞死。我只知道，在某些场所，同性恋聚会的时候，彼此之间仍会用"警察要来抓你们这些变态了"进行调侃。

而这个临界点的思维，也让我重新打量某个中国同志权利的大事件，那就是 1997 年流氓罪的废除，这个事件被称作中国同性性行为的"非罪化"，我在 2007 年出版的专著里已经详细论证，这个罪的废除在立法动机上和同性恋没有任何关系，只是因为新刑法引进了罪刑法定原则，而流氓罪的模糊性使得它通不过罪刑法定清晰性的检验。而同性恋社群的欢呼雀跃也不是空穴来风，因为流氓罪的模糊性对于边缘人群的性生活确实很危险，无数人对于这种压迫感同身受，所以废除流氓罪带给同性恋的解放效应虽然是一个"非意图的后果"（unintended consequence），在同性恋社群中确实也值得彪炳史册。当时我也着重分析了这种"非罪化"西方强势话语向中国的渗透性，如中国同性恋社群也用彩虹旗来作为标识一样。但是按照临界点的思维，可能中国的同性恋社群在刑事法领域也需要类似于"个人出柜"、"同运登场"一样的时刻，来铭刻"不要再抓同性恋"的历史变迁。

作者个人和时代的"解释学循环"也激励我对美国和中国

进行比较解释，我不恐惧有人指责这是方枘圆凿，根本不具可比性，在我看来可比性远没有怎么比更重要，是骡子是马，拉出来遛遛就是了。我要用三个事件来对应吉野教授所说的三个阶段：2014年中国首例同性恋矫正治疗案正式宣判，海淀区法院认定同性恋不是精神疾病，某心理中心治疗的承诺是虚假宣传。这个诉讼体现了矫正同性恋的需求在当下中国还大量存在，尽管法院的判决显示这个阶段在逐渐远去；2013年北京一中院针对同性恋与异性婚姻的问题发布调研报告，建议认定同性恋隐瞒性倾向与异性结婚构成过错，离婚时应该在财产分配上对性取向"正常"的一方进行照顾。这个报告的出台显示了中国大量的同性恋会和异性结婚，这可能被认为是同性恋冒充异性恋的阶段；2014年一个"一百块都不给我"的视频红遍网络，两个同性恋者因为约炮发生纠纷，争吵的视频被违法传上网络，要钱的小红帽得到很多商演的机会，另一方却失去了工作，由此起诉公司，成为首例中国职场性倾向歧视的原告。2015年法院判决原告败诉，部分的原因是公司不一定是因为同性恋而辞退员工，"而是有关原告的网络视频影响公司形象"，这对应于掩饰阶段，那就是主流社会不再明确表达对同性恋的贬斥，但是约炮招摇的天下皆知就会影响公司形象。本书所描述的矫正、冒充、掩饰三个阶段不是线性发展的，而可能是在同一个时空里同时存在，只不过重要性有所不同，在中国可能更是如此，短短两三年的时间里，三件大事各有侧重地展现着主流对同性恋问题的不同态度。

任何类比都有缺陷，东施效颦在所难免，不过在中国语境下，在同性恋"骗婚"的话语中，体现了主流对同性恋"冒充"和"坦白"的双重捆绑，这个和美国还真是同中有异。离婚诉讼中的同性恋问题已经引起了北京市一中院的注意并且做出调研报

掩饰：同性恋的双重生活及其他

告，确实在一定程度上揭示了同性恋者被逼冒充异性恋的文化强制，所有人几乎都被裹挟在"强制性异性恋"的体制里。容我戏仿一句：这天是异性恋霸权的天，这地是异性恋霸权的地，天地不仁，以另类为刍狗。然而主流对同性恋的"冒充"需求恰恰没有掩盖甚至相辅相成衍生出对同性恋的"坦白需求"。那就是一方面，主流逼着所有人都进入和异性结合的婚姻体制中，否则就会被认为是变态、有病、不正常，这催生了冒充的现象；而一旦婚姻中所谓"正常的一方"指控配偶隐瞒同性恋身份骗婚，要求骗子承担法律责任，主流又会纷纷谴责同性恋伤天害理，毁人一世幸福。审理此类案件时，我们的法庭上进行着"冒充"和"反冒充"的证据攻防战：之前看到一个新闻报道，妻子起诉丈夫要求离婚，指责丈夫是同性恋骗婚，证据之一是电脑里下载了很多男男性行为的毛片，法院认为这不能证明丈夫一定是同性恋。

北京市第一中级人民法院在调研报告中也倾向于认为隐瞒同性恋倾向而结婚构成过错，这不是在强制"冒充"，而是在强制"坦白"。对此，我曾经尝试过做出不同的断言：在当下中国，没有任何人在任何情况下可以强制一个人披露自己的性倾向。我很好奇地想知道，吉野教授会怎么看待这样的强制性"坦白"，他在书里一再强调地"自主"在这里还有效吗？更重要的是，我们也要纠正一个看法，那就是所有和异性结婚的同性恋者都是在冒充异性恋，掩盖自己被歧视的身份。我认为今天中国的家庭仍然承担了大量的社会保障功能，子女所承担的养老功能仍然是大部分家庭所需要的，而制度上，一男一女的婚姻垄断了生育，所以大量的同性恋者和异性结婚、生育后代，是在预防老无所依，说严重些，那几乎就是求生需求，而不仅仅是为了躲避同性恋的污名。回看作者在青春期"同性恋自我"的死亡意象，中国的同性恋者和异性结婚解决的是老年期的生死问题。作者矫正、冒充、回避的三部曲一条道走到黑，恰恰忽略了强制坦白也是一种社会的净化机制，在中国对同性恋骗婚的指责声中，也隐隐显露出一种净化异性恋婚姻，同性恋不要来污染我们的动机。

吉野教授对于同性恋社群强制出柜的文化有所反思，于是我们看到了这样一个八卦事件，或者说是一个同性恋权利大事件中的八卦作料，作者抛开对里程碑案件中的学理分析，而旁逸斜出，而枝枝权权，闲笔不闲。作者甚至提出问题，是否这八卦事件影响了同性恋权利的走向，在细节处玩起了侦探的功夫对历史洞幽烛微。1986 年，美国最高法院以 5∶4 对鲍沃斯诉哈德威克一案做出判决，同性性行为构成犯罪的立法不违反宪法，隐私权应该保护同性性行为的观点"充其量也是个玩笑"。而在 2003 年的劳伦斯案件中，有很多的公开的同性恋挤在法庭里等待"可以讲给孙子听"的"非罪化"故事，当大法官斯卡利亚说到防止儿童转变为同性恋关乎国家重大利益的时候，法庭上响起了笑声，从这不同时期的笑声里，作者感到了"春江水暖"的惊人速度。在 1986 年鲍沃斯案中，鲍威尔大法官投出了关键性一票，在跟助理讨论案件时，大法官说他一个同性恋都不认识，而这个助理恰恰就是同性恋。此事传出去之后，这个助理立刻遭到了同性恋社群的仇恨，大家认为如果他能够向大法官出柜的话就可以扭转局面，而事实上鲍威尔大法官事后也认为在这个案件中犯了错误。作者认为很多同性恋对这个助理的痛恨"恰恰是因为，他们，跟我一样，也在害怕自己可能会做出同样的事情"。作者说我们应该反思，为什么我们对冒充异性恋的人如此苛刻，而放过了歧视同性恋的社会结构。反观中国，在谴责同性恋"骗婚"的舆论里，我们很少听到对"强制性异性恋"的批判。好像人们在

掩饰：同性恋的双重生活及其他

婚姻问题上已经有了自主性，没有人拿刀架在脖子上让你和异性结婚，然而正如"强制性异性恋"里的"强制"不同于一般意义上的强制，"骗婚"里的"骗"也不应该等同于一般意义上的骗，实在值得深长思之。

尽管作者对于强制"出柜"的文化有一些反思，我还是从他的论述中读出了那被称之为"同性恋正统制"的东西：对大法官助理没有历史性出柜的理解也仅仅是"坦诚面对我们的不坦诚，原谅没有勇气的自己"；对"真我"、"假我"、"完整的我"的强调；出柜后"我重新回到了生活的亮处"；向父母坦白以后感觉"面对生命的测试，我没有不及格"。为了强调不需矫正、冒充、掩饰而强调"勇敢做自己"，颇有些励志和心灵鸡汤的味道，其实风格不是问题，反而增加了可读性，谁不愿意看到大牌教授的小清新呢？"每一个不曾起舞的日子，都是对生命的辜负。"尼采不也给我们熬过这样的鸡汤吗？真正成为问题的是，"同性恋正统制"对"身份"进行了本质主义处理，好像是一个实体化的东西固定的放在那里等着有一天你去发现它，然后揭示它，所有曾经的犹豫、否认、掩饰都需要社会和个人一起去克服，"踏平坎坷成大道"，那个"大道"就是同性婚姻合法化，那就是这个事业的"西天"了。而建构主义一再呈现的是另外一副面孔：同性恋身份是19世纪末期西方精神病学对人类进行昆虫学式的分类的产物，这种以性为核心来对人进行分类，不是跨域时空的，"龙阳之好"和"同性恋身份"有着根本性的断裂。福柯所讲的"告诉我你的欲望，我就可以诊断你是什么样的人"，是一种现代性的真理机制和治理技术。没有同性恋概念的时候，两个男孩子互相玩些性游戏没什么大不了，一旦有了同性恋的清晰界定，楚河汉界，这些性游戏的参与者马上就有了"我是不是越界成了另外一种人"的担心，所以掩饰是治理机制不能掩盖"坦白"和"清晰"也是主流的净化机制。这些几乎已经是同性恋研究中的陈词滥调了，作者一定也对这些理论不陌生，可是在文章中几乎完全不处理这些问题，其结果就是同性恋似乎成了一种不需要讨论的概念，是一种自然而然。论述同性恋者什么样的做派是掩饰，什么样的做派是"做自己"，也可能预设了一种本质主义。我已经按捺不住要套用相声里的一句话来为我的理性论证做一个背书：什么叫作自己，你以为的你以为的就是你以为的吗？

其实这里说的是，当我们在谈同性恋或者掩饰的时候，我们在谈些什么？吉野教授绵密细致的论证当然也不会完全不处理这个问题，一个女性同事的问题搞得吉野教授一晚上没有睡着觉。这位同事说，当一位女性在修自行车（传统上被认为是男人喜欢做的事情）的时候，很容易被认为是掩饰，其实很可能这位女性不想掩饰自己的女性身份，修车只是因为车坏了。所以作者也提到了"真我"不能被具体定义（尽管有些轻描淡写），不能预设那些行为"主流"的做派都是在掩饰。例如，撒切尔夫人向专业老师学习低沉的声音，这或许是掩饰很好的例子，在一个男性为主导的圈子里掩盖淡化自己的女性特征来争取主流选民，可这样的论述马上面临的问题就是：谁能说女性声音低沉就不是勇敢地做自己，凭什么在声音上预设性别的本质主义。一个职场的女性淡化母亲身份，到底是掩饰呢，还是她根本就不认可母职的优先性？动辄以掩饰概括，那么每次弱势群体打破刻板印象的时候都会被认定为对主流的趋炎附势。我们甚至很难说女同性恋伴侣中"老公""老婆"的分类和称呼是复制了还是颠覆了异性恋霸权。

但是特别需要指出的是，我所讲的主流对同性恋的"强制性坦白"和作者所讲的"逆向掩饰"不是一回事，作者在书里谈到同性恋逆向掩饰的例子很少，有一个让人印象深刻，就是其他国家的同性恋者因为在本国受到迫害想要在美国申请政治避难，就必须让自己变得"很同性恋"才能通过考验，比如男同性恋最好女性化一些。可见逆向掩饰是通过故意让自己符合弱势群体的刻板印象，在主流那里获得好处，而"强制性坦白"是主流要揭发同性恋，不准其隐身，揪出来使之承受不利结果。如北京一中院建议离婚案中性倾向不正常的一方因隐瞒而构成过错，应该少分财产。再如美国在 20 世纪 50 年代麦卡锡主义对政府内部同性恋的揭发和迫害，这股风潮波及英国，著名科学家图灵也因为从事情报工作又是同性恋者而被认为是危险分子，图灵最后的自杀不是死于"强制性掩饰"，而是死于"强制性坦白"。

而逆向掩饰是为了得到好的结果，如起诉辛普森的检察官被建议要穿一件粉色衬衣，因为她太严肃了，应该有一些"女人味"更能获得陪审团的好感，这种逆向掩饰，和掩饰——如职场上要求女性法律人不要女性化，构成了对职业女性的双重捆绑。

对于女性同事的有力质疑，作者祭出了自主的概念（尽管这个概念在左翼学者的批判下已经变得千疮百孔），一个对掩饰理论可能构成颠覆性挑战的问题也难不倒作者用来为更大的理论建构破题。

所以作者希望民权法的重心由平等向自由转换，因为平等进路和身份政治有着千丝万缕的联系，而身份政治又和本质主义撕扯不清。当吉野教授讲授掩饰理论的时候经常会遭到白种男人的反驳：法律保护少数族裔、女性、同性恋是因为肤色、染色体和性倾向基因的不可改变，法律为什么要保护可以选择的行为呢，我们都在掩饰呀，如肥胖、酗酒、抑郁。吉野教授认为民权只关注少数族裔、女性、同性恋、残障，本来就是个错误，好像所谓主流人群就不需要反歧视了，其实酷儿理论的洞见是"完全的正常就是种不正常"（"人无癖，不可交"的古训与此异曲同工），所以民权范式需要超越基于群体的平等，而是走向普遍的自由权，并且超越法律。

在传统的以群体为基础的平等范式下，法院的确太过于看重"不可改变性"了，也就是只保护你"是"什么，不保护你"做"什么，所以法律禁止基于肤色的歧视，甚至自来卷是"生来如此"也不应受歧视，但是一个少数族裔因为排辫这种发型而被解雇法律就不提供救济了。类似的，同性恋不能受到歧视，但是一个同性恋者要在离婚诉讼中获得对孩子的抚养权，那就需要掩饰，以至于印第安纳州法院作出判决，在监护期间，禁止父亲"让任何没有血缘关系的人在屋里过夜"。性倾向不可改变、"生来如此"、"同性恋基因"，这些理论在美国同性恋社群中甚嚣尘上，也有这么一个制度性的语境。而作者认为法院对"不可改变"的强调就是美国的阴暗面，是一种强制性的"同化"。

一个女性雇员因为不愿意化妆而被解雇，在针对公司的反歧视诉讼中，她败诉了。法院更多地问的是雇员是否可以遵从主流规范，法院甚至好奇要求化妆不是多大点儿事，而没有问她是否应该遵从主流规范，放过了对强制性同化的批判。同性恋不可改变所以需要平等保护的进路的确很无力，有一种无可奈何，勉强承认的味道，更重要的是，司法的显微镜过多地照向了受歧视群体，而没有针对强制同化的一方，应该要求他们给出理性的理由来进行区别对待。美国常常被认为是个大熔炉，熔炉是"同化"隐喻，也是"同化"的明证，所以主流要求掩饰才有强大的生命力，而因为掩饰是可以选择的行为，不是"不可改变"，所以主流要求掩饰的规定经常躲开了民权法的审查。

除了平等范式向自由范式的转换，作者还提到了民权范式向人权范式的转换，背后的理路有共通的一面，那就是多元主义的焦虑，身份政治爆炸衍生出众多"分裂的小团体吵嚷着要争取国家和社会的关注"。民权范式强调的是人与人的差别，人权范式强调的是人与人的共同点，所以民权的尽头指的就是用普适自由范式代替基于群体的平等范式。2003年美国最高法院对劳伦斯案件的判决并没有处理在平等保护领域，同性恋是否应该和少数族裔、女性一样获得更高程度的关注，而是认为制裁成年人私下所发生的某些性行为侵犯了所有人自主控制他（她）们亲密关系的权利。作者认为正是多元身份的爆发，"让我们最终认识到我们的共性"。读书至此，我们读者可能会有些吃惊，何以以"掩饰"为标题的一本书，到最后反而开始强调了"我们美国人"的共性。这种深深担心身份政治撕裂美国的忧虑不是在奥巴马总统的获胜演讲中也能听到吗："年轻人或者老人、富人或者穷人、民主党或者共和党、黑人、白人、拉美裔、亚裔、同性恋、异性恋、残障人或者健康人，所有的人，向全世界共同发出了同一个声音：我们从来都不是蓝州和红州的联合，我们现在是，并且永远是同一个美利坚合众国。"然而吊诡的是，在奥巴马强调的普适价值美国梦里，也镶嵌着黑人、白人、拉丁裔、亚裔、同性恋等各种身份，他没有也不可能把所有的身份分类都列举出来，也就是说这种列举也有着既有的身份政治的成果陈列的效果，说白了，美国没有那么容易告别身份政治。

吉野教授当然也认可了身份政治硕果累累，如果没有同性恋运动的多年深耕，很难想象会有2003年劳伦斯案对所谓"非自然性行为"的去罪化。我们似乎必须要进入到美国社会的历史语境中，才能对以群体为基础的平等范式的"能"与"不能"进行体察。曾几何时，美国作为一个熔炉的隐喻获得万众归心，后来此隐喻对"同化"的强调被不断揭露出来，所以才有了"走出熔炉，走向多元"的说法，而当各种身份不断被建构出来以后，又产生了美国社会被"巴尔干化"、碎片化的担忧，所以"同化"又以普适价值的方式重新归来。当然，身份政治没有那么容易被轻轻抹去，例如吉野教授很难回答这么一个问题：你说身份政治造成了巴尔干化，会叫的孩子有奶吃，那你说哪些身份的建构让你产生了身份泛滥成灾这个印象，哪些身份是多余的？这就像当年中国宣传计划生育说"错批了一个人（马寅初），多生了几亿人。"于是，就有人问了："你说谁是多生的？"

从同性恋到 LGBT（女同、男同、双性恋到跨性别），再到 LGBTIQ（I 代表间性人，Q 代表酷儿），还有无性恋（ASEXUALITY）、泛性恋（PANSEXUALITY），而且各种身份还在不断建构出来。吉野教授在谈到身份太过于碎片化的时候，没有列举跟他研究领域如此接近的身份，或许不是疏忽也不是偶然，而是不得不然，否则很难回答这样的质疑：当同性恋运动已经开花结果的时候，你就开始嫌身份太多了，是"我花开后百花杀"吗？你不是也写过因双性恋被"抹杀"而愤愤不平的论文吗？吉野教授当然可以回答说，要以普适自由代替包括同性恋在内的所有的身份政治。可是我认为逻辑不能代替经验，当不同的群体在司法上有着不同待遇的时候，否定身份政治一定是对后来形成的身份更加不利。

所以，我从作者对"同化"的爱恨交加，也能推导出他对身份政治的藕断丝连。吉野教授作为日裔美国人，辛辛苦苦做到美国大牌法学院里的大牌教授，他直言自己在性倾向和族裔上都有掩饰，他说学生很敏感地指出他长时间不与亚裔打交道的经历，

掩饰：同性恋的双重生活及其他

有过"在美国做百分之百的美国人，在日本做百分之百的日本人"这样的想法，当父亲不鼓励他在美国跟亚裔群体打交道的时候，他也认为这是鼓励自己勇敢，什么时候都不要对中心感到畏惧。而且生为亚裔就一定要与亚裔群体打成一片不也是一种强制吗，属于"逆向掩饰"，即故意按照属于他们所属群体的刻板印象行事。所以作者一再申明，并不是反对所有的同化，而是反对非理性的同化。

普适自由不就是一套凝聚所谓美国公民意识的"同化"价值观吗？作者似乎是给了我们一个"总分总"的结构，一开始讲人权是"总"；后来开始讲民权，以身份为基础的平权运动依次展开，如少数族裔权利、女性权利、同性恋权利等，这是"分"，是对人权的一种扬弃，既否定又肯定；后来又发现身份爆炸，有了对多元的焦虑，又开始强调同化，讲人权，又回到了"总"，不过经历过身份政治的人权已非昔日可比，是一种否定之否定，螺旋式上升。

但是身份政治的爆炸性多元是否一定撕裂共同体呢？也不见得。当年在中国的一次研讨会上，我就听到一个学者讲，如果让身份更加地多元，比如穿高跟鞋的和穿中、低跟鞋都进行分类，让互相之间吵吵嚷嚷，反而使得那些更加敏感的身份不再形成过大的挑战，也可以成为一种统治技术。事实上，美国不是也有类似的只不过是站在不同立场的质疑吗，有些老左派学者认为同性恋、双性恋、跨性别等这样的身份政治，夺去了阶级分析的光芒，有些非洲裔美国人也认为同性恋不该搭民权运动这班车，这些争论看起来是撕裂，但是也许统治者乐得这种不同身份打成一片的局面，因为这可以回避对政治合法性的颠覆性质疑。

2011 年吉野贤治教授在《哈佛法律评论》上发表了一篇"新

平等保护"的文章，更加学术化地论证了本书所提出的群体为基础的民权向普适性人权转化的思路，里面他提到了本书没有问到的问题：为什么多元身份让我们如此焦虑，我们能不能克服这个焦虑，而不是向它投降呢？这多少缓解了本书对多元身份的恐惧，并且强调普适的自由权利仍然离不开平等的视角。吉野教授曾经说过，自己将不再讲同性恋权利的课程，强调这不是掩饰，而是在自己身上实现从身份为基础的民权向普适自由的人权转向，我刚刚查了下他在纽约大学的课程，果然基本上都是宪法课、莎士比亚与法律，多元与融合的讨论课，不过还是有一个用同性恋命名的课程——同性婚姻案件的讨论课。这一方面说明了作者确实在进行这样的转化；另一方面也说明身份为基础的权利话语很难轻易地完全抹去，或者既不可能，也不可欲。这不也是美国司法对待身份政治的一个欲去还休的隐喻吗？

说到隐喻，作者在另外一篇论文中有着非常精巧的论证，他用粉红三角这一纳粹屠杀的标志来隐喻历史上同性恋受到压迫，用"柜子"这一隐喻来佐证同性恋不得不冒充异性恋从而在政治上无力，用身体来隐喻"不可改变"（作者在本书中批判了这个维度），这些都是用来满足美国司法上对涉嫌群体歧视立法进行"更高程度"审查的标准。作者在本书中用艾滋病维权领域中"沉默等于死亡"的口号说，死亡已经不是隐喻，而是切切实实的死了。这让我想到另外一个隐喻的"落实"：去年我做访谈，一个男跨女的跨性别（没有做变性手术，只是女性装扮）因为卖淫而被拘留，在看守所里她面临一个问题，就是到底跟男人关在一起，还是跟女人关在一起。我立刻想到之前有一个说法，说把性别分成男、女是二分的监狱，而这个二元监狱在我这个访谈对象这里，是切切实实的存在。

掩饰：同性恋的双重生活及其他

为何善用隐喻，因为吉野贤治教授除了是宪法学的教授之外，还是法律与文学领域的大咖，当年一个喜欢诗的懵懂少年没有顺着喜好选择文学院而是选择法学院，就是害怕同性恋诗人会更脆弱，为了让自己同性恋倾向特立独行而选择让自己的专业被主流"同化"。法学教授在书中尽情挥洒自己的文学才华，正义因诗性而"多汁"，谁喜欢吃干巴巴的苹果呢？我都有些相信罗蒂说的话了，他说我们不必像我们前辈求助于牧师那样求助于哲学家，"我们将求助于诗人和工程师，他们是能为获得最大多数人的最大幸福提供崭新计划的人。"

全书最具有诗情画意和耐人寻味的是后记，是作者献给曾经的女性恋人的，两个人精神高度契合却难以走在一起，他说不明白为什么肉体会成为天使般结合的障碍，我无数次的迷醉于这样的后记，并一心想读出点什么微言大义，为什么一个男同性恋教授讲述自己矫正、出柜、掩饰的传记性学术作品，会把最后的篇幅留给一位女性，仿佛在法学学术语言这样很低、很低的尘埃里开出的一朵花。

译者静姝是我的好友，中英俱佳、内外兼修、译笔流畅，与本书珠联璧合。当年我想翻译这本书来着，但是现在我和读者都应该庆幸我患上的这个拖延症，否则我译的书读起来可没有这么爽了。一般情况下都是资深人士代人作序以求提携后进，锦上添花，而静姝嘱予作序，大概取"嘤嘤其鸣，求其友声"的意思，小子不才，大胆捉刀。强调我不资深的意思是强调我还没有那么老。用这句略带年龄歧视的玩笑做结束，向读者推荐这本反歧视的精彩作品。

2015 年 8 月 20 日于北京中国政法大学

英文版自序

　　每个人都在掩饰。掩饰，即淡化一个不受欢迎的身份，去迎合主流。在一个日渐多元的社会里，我们每个人都有不主流的一面，然而被视作"主流"往往还是社会生活的一件必需品。正因如此，本书的每个读者都在有意无意地掩饰着，有时还会为此付出巨大牺牲。

　　关于掩饰的例子举不胜举。当雷蒙·艾斯特维兹把名字改为马丁·希恩①，他掩饰了他的西班牙裔身份，正如克里西纳·班吉改名为本·金斯利②以掩盖自己东印度和南非的血统。撒切尔夫人③专门跟一个声乐教练学习如何压低嗓音，是为了淡化她的女

---

　　①　美国著名演员，代表作《白宫风云》《火线惊爆点》等，译注。Reese Erlich, "A Star's Activism, On Screen and Off," *Christian Science Monitor*, December 28, 1990, p. 14.

　　②　活跃于英美影坛和舞台界，代表作《钢铁侠》《玩偶之家》等，译注。Angela Dawson, "Kingsley No Nice Guy in 'Sexy Beast,'" *Chicago Sun-Times*, June 29, 2001, p. 51.

　　③　"玛格丽特·撒切尔从芬奇利选区的议员一跃成为英国首相，很大一部分得归功于国家大剧院的声乐老师，因为她学会了把自己的音频降低了46赫兹，

性形象。就算罗丝·奥多娜[1]和玛丽·切尼[2]公开女同性恋身份已有多年，她们仍不愿让自己的同性伴侣进入公众视野，这也是一种掩饰。英文版自序掩饰当伊苏尔·达尼埃洛维奇·德姆斯基变成科克·道格拉斯[3]，当约瑟夫·李维奇改名为杰瑞·路易斯[4]，他们掩盖了自己的犹太人身份。富兰克林·德拉诺·罗斯福总统也会掩饰自己的残疾——他必须确保他的轮椅藏在了桌子后面，才允许内阁成员进门[5]。

我不相信上述所有人都甘愿这样遮遮掩掩。我怀疑他们都在向一种不公平的现实屈服，这个现实要求他们抑制自己饱受污名的身份，以便生存下去。希恩说，如果他"想要在娱乐圈混出点名堂"，他需要"有一个让人叫得出还记得住的名字"[6]。然而如今他后悔了，劝自己的两个儿子——埃米里奥和查理——用回本

变成介于男声和女声之间的音色。" Brenda Maddox, "The Woman Who Cracked the BBC's Glass Ceiling," *British Journalism Review* 13, no. 2（2002）: 69.

[1] 美国著名演员及主持人，公开的同性恋者，代表作《律师本色》《同性恋亦凡人》等，主持谈话节目《观点》，译注。CNN, Larry King Weekend, July 6, 2002.

[2] 前美国副总统迪克·切尼的第二个女儿，公开的同性恋者，已于 2012 年在华盛顿特区与其同性伴侣结婚，译注。David D. Kirkpatrick, "Cheney Daughter's Political Role Disappoints Some Gay Activists," *New York Times*, August 30, 2004, p. P1.

[3] 美国著名演员，随父从俄国移民赴美的犹太人，代表作《光荣之路》《魔戒奇谭》等，译注。Anne Taubeneck, "Would a Star by Any Other Name Shine as Bright？" *Chicago Tribune*, April 11, 1999, p. C1.

[4] 美国演员、歌手、制片、编剧、导演，代表作《法律与秩序》《特警4587》等，译注。Lloyd Grove, "Jerry Lewis, Seriously Funny: 'Damn Yankees' Star Cuts the Comedy, Then Your Necktie," *Washington Post*, December 11, 1996, p. D1.

[5] Goffman, *Stigma*, p. 21.

[6] Erlich, "A Star's Activism."

姓。其中的一个儿子并没有照做[1]，这说明掩饰的需求经久不衰。让人困惑的是，都说这是个开明的时代，但掩饰却没有退出历史舞台。如今，种族、国籍、性别、宗教以及身体障碍都受到了联邦民权法律的保护，并且越来越多的州和地方都将性倾向纳入了民权法之中。尽管存在争议，但美国人已经大致达成了共识：在以上这些方面有所不同的人不该因此受到惩罚。然而，这一共识并不意味着人们就可以大声炫耀自己的差异。为什么民权运动在掩饰这一问题上止步不前，我们需要一个解释。

掩饰之所以有如此强大而顽固的生命力，是因为它是同化的一种形式。美国向来崇尚"同化"，因为它使得不同背景的美国人得以"熔为一个新的民族"。这一观念至少可以追溯到赫克托·圣约翰·德·克雷夫科尔 1782 年的著作《一个美国农民的信》[2]。到1908年，剧作家伊斯雷尔·赞格威尔创作的《熔炉》上演时，这个词已经闪耀着美国梦的光芒了[3]。直至20世纪60年代，这一理想状态才受到了系统的挑战[4]。这一时期的民权运动呼吁

---

① Erlich, "A Star's Activism."

② "街上随便一个家庭都可能有个英国爷爷、荷兰奶奶、儿子娶了个法国女人，而四个孙子的老婆也来自不同国家。这就是美国人，他们把祖先们所有的偏见和规矩都抛在脑后，拥抱新的生活方式，接受新的规则……世界各地的人民在这里熔为一个新的人种。" J. Hector St. John de Crèvecoeur (Michel Guillaume Jean de Creve-coeur), "Letter III", *Letters From an American Farmer* (1782; New York: Fox, Duffield, 1904), pp. 54 ~ 55.

③ "美国是上帝的坩埚，是伟大的熔炉，所有的欧洲民族都在这里融化，而后重生！" Israel Zangwill, *The Melting Pot: A Drama in Four Acts*, Act I (New York: Macmillan Company, 1909), p. 33.

④ Rogers Brubaker, "The Return of Assimilation？Changing Perspectives on Immigration and Its Sequels in France, Germany, and the United States," *Ethnic and Racial Studies* 24 (July 2001)：531 ~ 548; Nathan Glazer and Daniel Patrick Moynihan, *Beyond the Melting Pot: The Negroes, Puerto Ricans, Jews, Italians,*

人们"走出熔炉，走向多元"。然而，尽管同化受到了挑战，但它始终是美国人的愿景。的确，随着我们的国家变得越来越多样化，熔炉的理想又得到了复兴。由于担心我们像巴尔干半岛一样四分五裂，就算是像亚瑟·施莱辛格一样的自由主义者也呼吁重拾这一理念[①]。在美国，正如在其他工业化的民主国家一样，我们正目睹着一场"同化归来"[②]。

我也认可同化的价值。对于流动的社会交往、对于和平共生、甚至对于和而不同的对话，同化向来都是必不可少的。正因如此，这本书并不是简单的、反对服从的长篇大论。我想要在此主张的是：我们要批判地对待这个国家的同化复兴。我们必须直面同化的阴暗面，尤其是掩饰——如今最普遍的同化形式——的阴暗面。

掩饰是对民权的偷袭。我们不能看穿这一点，是因为它总是用同化这一美好的语言来包装自己。但如果仔细看，我们就会发现掩饰让今天的许多人群都饱受压抑。正是由于白人优越论，少数族裔才需要"举止像个白人"；正是由于父权制，女人才要在工作场合轻描淡写自己的母爱；而正是由于恐同症，同性恋者才会被人要求别太招摇。只要这种掩饰的要求持续下去，美国民权运动的使命就还没有完成。

遗憾的是，法律还没有将掩饰视作一种威胁。当代民权法大体上只保护那些个人无法改变的特征，譬如肤色、染色体或先天的性倾向。这就意味着现行的法律不能保护我们免于掩饰，因为

---

and Irish of New York City (Cambridge: MIT Press, 1970), pp. 288 ~ 315.

① Arthur M. Schlesinger Jr., *The Disuniting of America* (Knoxville, Tenn.: Whittle Direct Books, 1991).

② Brubaker, "The Return of Assimilation？"

掩饰：同性恋的双重生活及其他

这种掩饰直接指向的是我们的行为。尽管掩饰让我们每个人都付出代价，但法律仍旧如此。

不过，掩饰的普遍性也会给民权倡导带来潜在的益处。当下社会分裂成许多小团体，各自吵嚷着争取国家和社会的关注，我对此也很担忧。因此，我们不应该重新诉诸那些老生常谈的、基于族群的身份政治。相反，我们必须建立一个新的民权范式，这个范式关心的是什么把我们聚在一起，而不是什么让我们分崩离析。由于我们每个人都在掩饰，这又为我们提供了一个可以共同努力的议题，那就是对真实性的渴求，也是我们生而为人的共同愿望——抒发自我且免于不合理的强制服从。

我以为我会纯粹用政治术语来阐述这一观点。作为一个法学教授，我已经习惯于在法律里使用客观中立的论调。但我逐渐意识到，如果我不勇敢地揭示真实的自己，就根本无法写出有关"真实的重要性"的文章。因此，在这本书里我采用了一种更亲密的表达方式，把自传和理论交织起来。为了更加生动地说明同化的利弊，我会试着悉心讲述我的同性恋身份，同时也会提及我的亚裔美国人身份。

然而这并不是一个典型的"出柜"故事，也不是一份种族回忆录。我愿意追随浪漫主义者的信念：如果一个人的生命被描述得足够具体，整个宇宙将会借由它讲出真谛①。我的故事和别人的故事之所以激起我的兴趣，正是因为它们是相似的，骨子里都渗透着我们生而为人的共同努力，也表达着我们内心沸腾着的对解放的追求。

---

① Gerald N. Izenberg, Impossible Individuality: Romanticism, Revolution, and the Origins of Modern Selfhood(Princeton: Princeton University Press, 1992).

目录

掩饰：同性恋的双重生活及其他

一个不加掩饰的自我

　　日本格言说："玉不琢，不成器"①。所以在我十三岁生日过后，父母便把我送到了寄宿学校。我知道他们希望我留在身边，但又担心宠溺的生活于我无益。在同龄人中，我个子很小，沉默寡言，踌躇在青春期的门槛边。当我清脆的童声跌落成平凡的男中音时，我伤心不已。

　　就这样，我住在寄宿学校，经历着彻底改造。我别无所依，只能变成一个可以让自己依靠的人。在那里，没有人认识我，也就没有人会质疑一个光鲜亮丽的我是否真实。仿佛就在一夜间，我变成了一个妙语连珠的社交高手。那是我一生最努力，或者说最乐于尝鲜的几年。

　　然而无论如何，我仍然是一个又矮又黑的家伙。记得在练习足球的时候，我经常幻想自己瞬间拥有一块块天然的肌肉。我也记得当那些高中男生白皙的腿在空中划出漂亮的弧线时，我的心像是在受刑一般。当球流畅地飞入网中，他们的身体散发出一种

---

　　① 日文为"可愛い子には旅させよ"，英文为"Send the beloved child on a journey"。

从来都不属于我的频率。我能感受到，这些身体懂得识别其他的身体，就像我知道微积分不同于莎士比亚。在他们颈后跳动的发梢上，那种识别力在叫嚣。

那时候我还不能说我就是同性恋而他们是直人（异性恋）。我只知道我不能做自己，否则就会让自己变得难以辨认，也让未来变得无法想象。我只盼时间能够冲淡他人和我之间的区别，尽管我知道事实恰好相反。

为了逃避我的命运，我交了一个女朋友。我记得在我们宿舍的楼梯口，男孩和女孩会在宵禁前互相亲吻，互道晚安。我站在第一级台阶向下看着她。她叫费安娜，大我一岁，流利的法语让她显得十分雅致。光影摇曳着，将我的犹豫叠加在了她那甜蜜而坚定的脸颊。我猜没有什么比这更糟糕了——吻别对别人来说是件自然而然的事儿，但我的大脑却要铆足了劲才能让血液奔流，让注意力集中。

当然，对她而言，这也很不美妙。而多年之后，我才开始思考这一吻的另一面。直到我出柜之后我才听到很多同性恋者充满悔恨的故事——有的人故意和妻子吵架以避免性生活，有的恨不得一到晚上自己的女友就变成一个披萨饼。而那些爱着这些"柜中人"的人所受的煎熬我们却不得而知。在那时，我还远远不可能想到他们。

我日益不安，这却给了我在其他领域无尽的生命力。还记得我们在一个生物实验室里观察一只尖头的水蛭。像海星一样，无论我们怎样切它，它都可以长回原样，甚至可以分生出许多个自己。我觉得我就处于这样一个流变的躯体中，虽然形似箭头，却从未抵达它想去的地方。但是当它被切痛时，它懂得成长。

离开高中进入大学，我的社交发动机疯狂转动，以确保我

掩饰：同性恋的双重生活及其他

的世界不会漂离港湾。在哈佛，我一学期修了五六门课，外加许多课外活动，迫使自己没时间思考，甚至没时间呼吸。朋友都抱怨我身陷围城，就像耶利哥城等待约书亚的到来 ①。然而与我的沉默共生的，是我想要说话的急切渴望。于是我开始正式学习诗歌——这是我的童年梦想——企图在一种比思考更公开、又比散文更私密的语言中寻求慰藉。作为英语专业的学生，我没有交一篇分析式的毕业论文，而是请求写一本我自己的诗集。

写诗给了我前所未有的愉悦。那一年，任何事物的存在，都是为了成为一首诗——挂在屋檐上的冰柱熠熠发光，破败的门铰链嘎吱作响，苦涩的果肉在一颗柠檬的心中扮演着主角。诗成了我的媒介，它们严格、拘谨而又晦涩，一如它们的作者。每周六的夜晚，我都坐在被水泥墙包围的宿舍，IBM 电脑的绿光照在我的脸上。令我苦恼的并非女人或男人，而是该在何处断句。我以为自己是快乐的；某种意义上，我的确是快乐的。

就像我并不怎么了解我自己一样，我的读者也不大理解我的诗集。一位评委对我表示出信心："我不能理解你所看到的，但是我知道，你的确看到了些什么。"另一位却不这么想，他不耐烦地引用了马文·贝尔的诗句：成为一个作家，就是要"对越来越多的东西，感到越来越少的尴尬" ②。

两位评委都没有说出这本诗集艰涩难懂的另一个原因，即，它是充满痛苦的。诗集在危机中结束——最后一首诗名叫"将我的职业扼杀在摇篮"，讲的是我们在年轻时代必须杀死的那些自

---

① 《圣经·约书亚》5：13 ~ 6：27，耶利哥城（Jericho）是第一个以色列在约书亚（Joshua）带领下被攻下的城，译注。

② Marvin Bell, "Influences," in *Old Snow Just Melting*: *Essays and Interviews*（Ann Arbor: University of Michigan Press，1983），p. 25.

一个不加掩饰的自我

我。"职业"一词在诗中有双重含义：一为工作；二为面具。这首诗表达了我渴望摧毁那些公开亮相的自我，只留下那个虔守于自然使命的人。这个希望却被恐惧扼杀了，因为我害怕我杀死的才是真正的自我，或者更糟糕的是，我到最后才发现那个真我是一出悲剧。直到今天，我仍然觉得这首诗难以理解。

然而当我写下它的时候，我却装作我可以扛起面前的整个世界。我在课堂和课外的疯狂表现让我赢得了拿罗氏奖学金去英国的机会。（或许"柜中人"不应该有资格参加奖学金的竞争，因为那些周六的夜晚是我们的优势。）但是，在我获得奖学金的瞬间，血液里奔腾的更多是解脱，而不是兴奋。我的早熟平衡了我其他方面的迟缓，而社会对我的接受也稍稍抵消了我对生活的抗拒。

有一个人看透了我。指导我毕业论文的诗歌教授是一个前拉斐尔式的人物。她骨瘦如柴，烟不离手，褐色的头发长及腰间，眉峰高耸，就像加在元音上的音调符号。她是我遇到的最好的老师——我的每首诗她都会用三种颜色标记之后发回给我，代表她不同的评价。她给我起了个昵称：满天真。"满天真，"当我们在接近午夜时分在天堂咖啡馆碰见时，她总是会说，"你还没进入情欲的世界呐？"毕业那天，她给了我一封信，写她有一次坐在飞机上靠近紧急出口的地方。在逃生门把手的旁边，有一条弧线，弧线的两端各标注了两个猩红色的大字："启动"和"断开"。门把手停在"断开"的那一边。她说这让她想到了我。

紧急情况降临的时候，我还没做好准备。在那之前，我一直处于彻底的不确定之中：我既非日本人也非美国人，既非诗人又非实用主义者，既非直人也非同性恋。但似乎所有的模糊性都在那一年变得确定起来。我不得不选择国籍——是红色的日本护

掩饰：同性恋的双重生活及其他

照，还是蓝色的美国护照，而这刚好是两种血脉的颜色。我不得不选择职业生涯——是文学还是法律。最重要的是，我不得不选择——或者选择承认——我的性倾向。它在那年夏天翻滚着浮出水面，因为我疯狂地陷入了爱河。

在日本，情欲和颜色是同一个字，"色"。有人说，这是来自佛的教诲①。佛曰，欲望如五彩，让我们贪恋世俗之相，把我们带离开悟之光。当我遇见布雷恩，原本苍白无色的世界突然跌碎了，变得像万花筒一样斑斓。毕业后，我们都参加了暑期班——他打算修完医学院的预备课程，而我则在为去英国做准备。我们住在一起。布莱恩是他家里第一个考进大学的孩子，并且跟我一样，他急于证明自己。但与我不同的是，他把他内心的强烈情感向外释放了，整个大学期间都在不停地从事社区服务。这触动了我。

一个明媚的午后，我们在查尔斯河边散步。那天是周日，河畔的车道被锯木架围了起来，汽车不能入内。骑自行车的人从身旁飒飒而过。光如针般挑皱水面，我有些晕眩，于是转过头，看着正在看风景的他。我注意到他的睫毛映在他的眼里，宛如遮阳伞的阴影投入玻璃窗。我试图弄清那投影从何而来，却发现自己的视线已经不能转向别处。他的虹膜是棕色的，渐渐晕成橘黄，瞳孔四周斑驳而明亮。随后，我不能再继续注视他，因为我害怕迷失在那抹赤褐色的尘埃里。

我知道他喜欢的是女生，但这一点不重要。我感受到我对他的欲望，这种对男人的欲望我已压抑了许久，而如今仿佛得到了

---

① "'色'这个字的字面意思是'颜色'，在佛教中，指世界在低等生命（包括人）的眼中呈现出可感知的形态，欲望由此产生，从而阻碍人们到达涅槃。"Gregory M. Pflugfelder, *Cartographies of Desire*: *Male-Male Sexuality in Japanese Discourse*, 1600—1950（Berkeley: University of California Press, 1999）, p. 25.

绝对的宽恕。就像脑袋看起来比头颅大很多，我的欲望也远远超出了我身体的轮廓。我想，只要我能让他体验到我的感觉有多么强烈，他便不会拒绝。

某种意义上，我选择对了人。布莱恩给予我同情的回应。我的欲望不仅遭遇了挫败，还被暴露出来。布莱恩让我承认了我的想法，也使我拥有了自己。我匆忙钻回我的皮囊。我感到内心深处什么东西破裂开来，像拧动的保险箱，像挥舞的鞭响。

牛津是阴郁的。怪兽石雕的脸颊在修长的手指上傻笑；宿舍旁的公园里的鹿，在校园诗人的文字里，是"空气的品鉴师"；和蔼的教授们给我们的杯子斟满红酒，并要我们"探索它的弧光"。然而我在牛津的头一年几乎全是在床上度过的。我又撤回到我脑中的小剧院，那里只有一个座位，荧幕上放映着的是布莱恩橘黄色的眼睛，以及波光粼粼的查尔斯河。我看着阳光星星点点照进房间，汇聚成硬币大小的光斑，往来车辆的影子划过天花板。我脸上的轮廓变得如此憔悴；我开始觉得自己不是我身体的主人，倒更像是一个租客。

我甚至会想：我希望我已经死了。我并不把这当成一种自杀的想法。我的诗性思维会把第一个"我"与第二个"我"区分开来。第一个"我"是那个完整的、旁观的自我，而第二个"我"，也就是那个我想要杀死的人，是栖居在内心的同性恋的"我"。与其说这是一种自杀冲动，不如说是谋杀——就像之前在我诗里描述的那样，将这个同性恋的我杀死在摇篮里。

出了宿舍，我唯一常去的地方就是校园小教堂。我向上帝祈祷，虽然我并不相信上帝可以带给我人生的转机。此刻我已很难回忆起那个虔心祈祷的少年的模样了。为了把他看得更清楚，我得暂时模糊掉我现在的轮廓。

一个年长的美国学生曾试过帮助我。他叫阿拉德，一直在为出柜而努力做准备。令我嫉妒的是，他看起来比我更沉着。他是他们班的神童——他在医学和哲学方面有着非凡的智慧，旁人讲起他来都满是恭敬之词。他身材修长而瘦削，总是穿着一件黑色风衣，衣角扬起的时候像猛禽的翅膀，愈发凸显了他的冷峻气质。

阿拉德对我很好。我从来没有提起过我的郁结，但他却比我自己还清楚。我记得我坐在他宿舍里，听他讲述他为自己设置的各种期限——要在三个月内向父母出柜，六个月内去参加学校同性恋群体的聚会，一年内开始约会。他说，充当意志的创造者，是件很重要的事情。我无法直视他的眼睛，只能将视线越过他的肩膀，落在他身后的墙上，那里铺满了奖状和证书。墙壁的中央裱着他拍的一些黑白照片。其中一张吸引了我——照片里是一个天使雕像，她双手捂着脸，跪在地上痛哭。

这幅肖像勾画了一种绝望的完美，也是他的肖像。我感到害怕。我意识到阿拉德内心的求生冲动也是我曾有的特征，我突然为他仍然持有而我却弄丢了的自律感到羞愧。然而，令我害怕的还有那种求生意志的艰难。我道了谢，然后离开，没有再找过他。我不能给他任何帮助，我知道他也不能帮我。

第二年，我遇到了一个能帮助我的女人。当时我的同学都信奉找工作要"普遍撒网"，所以我也投了一个管理咨询公司的职位。莫林就是在那时面试了我。她三十出头，放弃了美国国籍与身为牛津大学指导教师的丈夫一起住在英格兰。

那天，我看见她身上强烈的对比——浅黄色的头发衬着深色的外衣，体形轻盈但又举止端庄。我信任她。在面试时，她让我讲述一个我曾经冒过的险，我便说了我写诗集的故事，并告诉

一个不加掩饰的自我

她，对我而言，情感上的风险往往比身体上或思想上的风险感受更为真切。面试次日，她告诉我我已经进入了第二轮，并主动提出教我一些面试技巧。我们安排了一个时间见面，出于一种强烈的信任，我给她看了我的诗集。

当我们再次见面的时候，她告诉我她不同意我们暗中杀死了那些我们不愿意选择的自我。在她眼里，我们选择成为的人生活在缤纷的色彩里，而那些未被选中的自我则住在黑白世界中。如果真的可以谋杀事情反倒变得简单了，她说，因为那些未被选择的自我早已变成了魔鬼，持续折磨着被选中的那个人。

不久以后，我才知道她那些未被选中的自我是什么。莫林最初想要投身艺术——演奏大提琴，同时进行文学创作。然而她打消了这个念头，因为她不想像她的音乐家父母一样，当一个忍饥挨饿的艺术家。然而她后悔了；彼时她早已停止了演奏和阅读。她看我就像看一个更年轻的自己，她想要带我逃离相同的命运。而这种拯救对她而言，也是一种自我救赎。

我感到惊讶。莫林竟能接触到她身体里甚至我身体里的那么多个自我。她就像我的女巫预言家，让商业世界在我脑中短暂地浮现，那个世界里有我父亲的生活。有她在身边，我逐渐坚信自己能够掌控这个世界，但正是这种信念反倒让我有勇气拒绝它。莫林也了解我更加私密的文学自我。她比我更懂阅读，因此对我作品的批评也非常尖锐。我感到我的孤独被打破，就像一位女观众已经穿过舞台的"第四面墙"①，伸出手去环抱那个独角戏演员。或许最重要的是，莫林了解，这些不同的自我是可以共生的。她

---

① 第四面墙是一面在传统三壁镜框式舞台中虚构的"墙"。它可以让观众看见戏剧中的观众，译注。

掩饰：同性恋的双重生活及其他

把自己撕开来，却让我看到一个完整的我会是什么样子。

古典文学里的缪斯把诗歌口述给诗人，再由诗人誊写在纸上。而莫林于我是另一种缪斯：她倾听。在我给她展示的作品里，我仍旧将我要表达的意思隐藏在诗歌的晦涩中。虽然我知道她已经猜到我是同性恋者，但我始终不能承认这个悬在我们之间的真相。然而这却是我的文学疗愈期：我在这几个月写的东西比之前十八个月都要多。我写作，只为她的耳蜗。

我的学术生涯在自我毁灭，慢慢地，像一颗玻璃球在破碎之前还会在地上弹起。我的导师们不再掩藏他们的鄙夷。但是我也不再需要改正他们批评的地方。我不得不相信，感觉对的东西始终会是对的，感觉错的怎么都是错的。而令我经常感觉对的就是我宿舍浴缸里徐徐冒出的水蒸气。墙上的钟张开水母一样的触角，它曾经令我麻痹，但如今，指针嘀嗒嘀嗒，转向我的复苏。我感觉自己就像一个雕像活了过来。我被自己的温度吓了一跳。

一个星期六，我们在伦敦杰明街的一个男子服饰用品店闲逛。我看中了一件马甲——几只金色的狮子在艳蓝色的锦缎上狂跳。作为一个大学生，我是根本不会穿这样一件衣服的，就连现在的我也不会。但就在当时，我的拇指和食指在它那纤细的布料上穿梭，我体会到一种寒鸦般强烈的渴望。我穿上了它。我不知道它看起来是不是很滑稽。"它变成你了。"店员沙哑的嗓音穿透他打过蜡的胡子。我这才意识到，它确实变成了我，而我也变成了它。如其他奇装异服之于我们的作用一样，这件衣服把我隐藏着的与众不同推出了海面，并且定格在那里。而这，解救了我的灵魂。那家店不收支票，所以莫林用信用卡帮我付了款，随后我把钱寄给了她，那是我生活费相当大的一部分。她把我的那张绿白相间的支票裁成两半，叠了两只纸鹤寄回给我。

在我第二年快结束的时候，我们去了伦敦动物园。就在我们以为逛完了的时候，我们看见了一个指向"月光世界"的路牌。我们潜入了一片黑暗，只有扶手边有一条绿色的霓虹灯。这里都是些光怪陆离的脆弱生物，它们不能经受强光。蜂猴们用琥珀色的眼睛怒视着我们；针鼹在它们的巢穴间蹒跚穿行；蝙蝠挂在自己天鹅绒般的袋子里。孩子们和他们的爷爷奶奶的手如叶子般轻轻扶着栏杆，是那么安静——他们比我们更接近于无言。我凝视着一只蜂猴水灵灵的眼睛，觉得自己已经像这样活了好久——黑暗、荒诞、引人注目。

我重新回到了生活的亮处。我异常果断地做了决定。我选择了美国护照，而不是日本护照；我选择了同性恋身份，而不是当一个异性恋者；我选择了法学院，而不是英语文学研究生院。后两个决定是有联系的。我决定去法学院的一部分原因是我接受了我的同性恋身份。一个同性恋诗人不论是在职业中还是在性格里都会更脆弱。我不能接受那样的曝光。法学院则可以把我用一种新的语言武装起来，我并不期待这种语言有多么文雅或动人，但我期待自己变得更强大，更能保护自己。在我自己以及他人身上，我已经看到过太多次这样的妥协——为了补偿在某一方面的特立独行，就要在其他方面被同化吸收。

我以为法律里没有美，而这其实是错的：法律语言有它紧张的愉悦感。但是法学院对于诗人来说不是一个安全的地方。满眼都是令人生畏的联邦民事程序规则，我充满悔恨，给莫林写信，抱怨自己从花衣魔笛手变成了哈梅尔的村长①。耶鲁的枫叶像交通

①　一个源自德国的民间故事：在德国一个名叫哈梅尔（Hameln）的村落里，鼠满为患。村长请来了一个外地人，是个捕鼠能手，可以吹笛把老鼠诱惑至河里淹死，译注。

掩饰：同性恋的双重生活及其他

灯一样绿了又黄，黄了又红，我感到自己的生活又慢了下来。

德国浪漫主义诗人荷尔德林说："危险本身孕育着拯救的力量。"当诗句恰好说中我们的生活时，我们是幸运的。那年春天，我需要一条通往法律的道路。那年春天，一个名叫比尔·鲁宾斯坦的客座教授第一次开了一堂名叫"性倾向与法"的课。那时候，他是耶鲁法学院唯一一个公开的同性恋者。

比尔正值三十五六岁，在向学术界转型之前，他曾是一名同性恋权益律师，为美国公民自由联盟工作。深色头发，瘦高身材，他就像是俄罗斯犹太版的达西先生。他的容貌有助于我的出柜——我觉得如果一个人光芒四射，拥有某种特质根本不是什么问题。

在学期开始的时候，我去了比尔的办公室。办公室空荡荡的，我想这大概是因为他是客座教授吧。我扫视了一下他零零散散的物件，想要寻找他生命里勇气和毅力的来源。一张字谜游戏完成了一半，残留着钢笔墨迹。一副黑色墨镜随意地折叠着，镜架上是镂空的花纹，有些古怪。在他身后的书架上，是几个盒子，几盒钢笔和铅笔，几叠随手贴，以及几本黄色的法律便笺。这就是耶鲁的待客之道，还是他就是个靠办公用品就能存活的人？我收回了我的思绪。我告诉他我是同性恋，说这话时，我内心不停在颤抖。没有什么比最初几次的出柜经历更能让我相信语言的力量了——话音一落，你就成了另外一个人。我向他坦言，我担心选他的课会等同于我自动向法学院的师生出柜。

我尽量让自己显得平静，但比尔后来说我根本没有做到。他说我让他想起了他那阵子参加过的一些晚宴。在那些主要是直人的聚会上，他的同伴们会叽叽喳喳地谈论他们的孩子。而在同性恋聚餐时，人们则会对自己的出柜经历喋喋不休。这让他觉得对于很多男同性恋而言，出柜是最接近于生孩子的事情了。把自己生出来是不可思议的、也是令人害怕的，绝不可能做到平静。

出乎我的意料之外，比尔建议我不要选他的课，告诉我要根据自己的、而不是耶鲁的日程表来出柜。他让我去拿教学大纲，买他编的案例书[1]，然后跟着其他学生的进度一起阅读。他答应我如果我有需要，他会随时跟我讨论这些材料，如果我觉得去他的办公室不舒服的话，可以就在图书馆见面。他还说，如果我感觉准备好了，我可以在下一年选他的课。

我听取了他的建议。我也开始枕着他的书入眠。每晚睡前，我都会翻看这本书，并用双臂环绕着它。当万物都在变化时，这些文字是不变的。铅字永久地留存在书页上，今日的话，明日重现。

去年，比尔邀请我共同编著他的案例集。我似乎感受到了回家的召唤。因为那本书——我的时间之书[2]——是法律对我而言变得重要的开始。我可以看到法律对同性恋生活的影响[3]——员工因为说出自己是同性恋而被解雇，家长失去孩子的监护权，活动家拉里·克莱默所谓的"爱的权利"被剥夺。我开始被法律语言的健硕所诱惑。法院说，"你没有权利去爱"，这不仅描述了现实，同时也在创造着一种现实。就像神话里的咒语，所言之物都会活过来——"我们宣布""我们认为""我们推翻"。在我的第二学年，我开始更真实地介绍自己，向越来越多的人出了柜，并

---

① William B. Rubenstein, *Cases and Materials on Sexual Orientation and the Law*, 2nd ed.（St. Paul, Minn.: West Publishing Company, 1997）.

② 时间之书是彩绘的、基督教徒的礼拜用书，中世纪流行于北欧，译注。

③ William B. Rubenstein, *Cases and Materials on Sexual Orientation and the Law*, 2nd ed.（St. Paul, Minn.: West Publishing Company, 1997）. p. xxii.

把这当作一种抵抗方式。我选了比尔的"酷儿理论"这门课。我也开始考虑成为一名法学教授。

在第二年的春天，我应聘了法官助理的职位——拔尖的研究生可以得到法官的亲自指导。在一次面试中，一个联邦上诉法院的法官在我的成绩单上发现了比尔的"酷儿理论"，便问我"酷儿"是什么意思。当时我仍处于面对联邦法官的惶恐不安中，我以为他问这个词，只是在考量我对它的理解是否透彻。因此我说，酷儿本是一个对同性恋者带有贬损意味的称呼，但随后被同性恋运动所采用，就像粉红三角一样。紧接着他又问我粉红三角是什么。我的心咯噔一下。我告诉他粉色三角是纳粹在大屠杀过程中用来标记同性恋者的符号，但之后变成了同性恋自豪的象征。他说："我之前都不知道啊。"

尽管我努力掩盖自己的惊讶，我还是尝试着替他辩解。我提醒自己他属于老一辈，或者上诉法官可能就是过着远离世俗的生活。但我又回想起这个法官最近刚刚判过一个有关同性恋权利的案件，在此案中他否认了同性恋者和少数族裔或女性一样，应该受到联邦宪法平等条款的司法保护。在决定一个群体是否应该获得这种保护时，一个法官必须依法考虑这个群体是否有过被歧视的历史。我想，如果这个法官连粉红三角都不知道，又怎么能分析同性恋者在历史上遭遇的歧视呢？如果他知道这个符号以及它所代表的一切，这个案子会不会有不同的结局？

在回家的飞机上，我为这些问题感到担忧。这个法官对粉红三角的无知，让我感受到言辞上的冒犯，一种对历史叙事的冒犯。粉红三角是同性恋群体让自己的故事为众人所知的途径。一个法官怎么能在不知道这个故事的情况下，就做出对他们的生活有着重大影响的判决呢？在我回到学校的时候，我已经构思好了一篇关于同性恋符号政治的论文，会同时运用法律和文学理论。我用我曾经只对诗歌才有的激情写下了这篇文章。我变成了我的同性恋自我的律师，而他恰恰是我在牛津时想要谋杀的那个人；同时我也成了我的诗性自我的律师，这个诗人也曾经在法学院面临着杀身之祸。我想要阻止对自己职业的扼杀，也想重拾那些被抛弃的自我。如果法律想要干涉我私生活的细节，我会让它先了解我的一切。

我投入在这篇文章里的热忱有了回报①。这篇文章发表后，便被一些支持同性恋权益的司法意见所引用。这也使我得到了耶鲁大学的一个教职，此后九年我都在那里任教。我开的课有性与法律、法律与文学、日本法以及宪法。我曾经以为我必须杀掉全部的自我，只留一个，但恰好相反，正是这些截然不同的自我组成了优美的复调乐章。

就在我被聘的第一个月里，阿拉德自杀了。如果我太强调自己的感受，则会对他亲朋挚友的痛苦有所不敬。然而，当我读到他的朋友们写的悼词时，我的确是非常震惊。阿拉德的朋友们并没有延续……重情重义的人——改为：阿拉德的朋友们并没有如往常一样称赞他有多么完美，因为他们意识到正是苛求完美才造就了他的孤僻；相反，他们讲述了他作为普通人的挣扎。有一个

---

① Kenji Yoshino, "Suspect Symbols, The Literary Argument for Heightened Scruitiny for Gays," Columbia Law Review 96 (November 1996): 1753—1834. 该文章在诸多判例中被引用, Boy Scouts of America v. Dale, 530 U.S. 640, 696 (2000)(Stevens, J., dissenting); Hernandez-Montiel v. INS, 225 F.3d 1084, 1093 (9th Cir. 2000)(认为拥有女性性别认同的墨西哥男同性恋者可被视为一种特殊的社会群体，从而可以申请政治避难); Able v. United States, 968 F. Supp. 850, 852, 854, 861 (E.D.N.Y. 1997)(认为应当把性倾向作为"嫌疑分类"), rev'd on other grounds, Able v. United States, 155 F.3d 628 (2d Cir. 1998).

掩饰：同性恋的双重生活及其他

细节我至今难忘——小时候阿拉德上的是寄宿学校，有人曾经在一个放笤帚的柜子里发现了他，那时他正试图用漂白粉把自己的皮肤染白。当我读到这个故事时，我想起了阿拉德的完美主义。我想到了他拍摄的那幅大理石天使雕像，并且意识到，我是不完美的，而我却活了下来。这让我既感到罪恶，又觉得安慰。

就算已经走出衣柜很长时间，我仍在不断地权衡。在我还没出柜前，我总是在微处理我的同性恋身份，琢磨着谁知道了，谁还不知道，谁应该知道，谁又不应该知道。当我出柜时，我欣喜若狂，以为再也不用思考自己的性倾向了。后来我才知道，那种欣喜是幼稚的。我根本不可能一劳永逸地完成出柜，因为每个我新认识的人都在我周围立起了一个新的柜子。更为微妙的是，就算那些知道我是同性恋的人们也在强加给我一些新的要求，要我服从于异性恋。

当我开始教书时，一个同事拉我到一旁。"如果你是个同性恋专业人士，而不只是一个专业的同性恋"，他煞有介事地提醒我，"你可以在任教期间得到更好的机会"。他的意思是，如果我是一个"碰巧是同性恋"的宪法学教授，而不是一个总是写些同性恋课题的同性恋教授，我可以在主流社会更吃得开。尽管我工作的环境是相当支持同性恋权益的，但其他同事也大都支持他的意见，只是说得没有那么婉转罢了。当同性恋吧，我的世界好像在说。当一个公开的同性恋吧，如果你非要那么做的话。但是别招摇。

有一小段时间，我是赞同这样做的。当我在教一些宪法之类的主流课程时，我尽量避免有关同性恋的案例。我写了些与同性恋不相关的文章。我也没有把当时正在和我约会的男人带到法学院的社交场合。我还会精心选择参加哪一场政治辩论。

很快，我就厌倦了这种表演。我讨厌的并不是我必须做一些"直人的行为"，这对我来说还算自然。我讨厌的是我需要压抑我对同性恋话题、人群、文化的激情——好像这些仍然是我应该感到羞耻的兴趣一样。我知道，如果我出于一种服从的欲望，不再写有关同性恋的文章，我会违背我自己的某种原则。于是我决定我还是会投身于同性恋权益，正是这个决定促使我写下了这本书。

我经历了三个阶段的挣扎，最终才有了一个同性恋身份，而这三个阶段也出现在与我同辈的同性恋者的生活中。在第一阶段，我努力想把自己变成异性恋者。当我去牛津的小教堂时，我祈祷的是，我不想要做自己。我把这称为矫正的愿望。在第二阶段，我接受了自己的同性恋倾向，却在他人面前躲躲藏藏。在我跟比尔谈论他的课程的时候我已经不再想要矫正了。然而我却不想我的同学知道我的同性恋身份。我将此称作冒充的愿望。而最终，在我已经大范围出柜的很长一段时间里，我却仍然需要抑制我的性倾向，不写同性恋议题、不在公共场合显示自己对同性的喜爱。然而我没有找到一个词来描述这种淡化我已经公开的同性恋身份的愿望。

在社会学家欧文·戈夫曼的《污名》一书里，我找到了我想要的词。这本书出版于 1963 年，描述了不同群体——包括残疾人、老年人以及肥胖者——是如何管理他们的"受损"身份的。在讨论了冒充之后，戈夫曼说："尽管有的人愿意承认自己具有某种污名……但他们会极力阻止污点被放大。"[1]他把这种行为称作"掩饰"。戈夫曼认为掩饰和冒充的区别在于，冒充是关于一个特定属性的"可见性"，而掩饰则是关于它的"耀眼性"。他以

---

[1] Goffman, *Stigma*, p. 102.

掩饰：同性恋的双重生活及其他

富兰克林·罗斯福为例：罗斯福总是先把自己安顿在一张桌子后面，才允许他的顾问们进门开会。罗斯福并没有冒充，因为人人都知道他在使用轮椅[1]。但是他在掩饰，他在轻描淡写自己的残疾，好让人们专注于他更加"正常"的总统品质。

我读这些段落时，是在地下图书馆的一个小隔间里。在那里，我被满是涂鸦的墙壁包围，我感觉自己像是鲁滨逊·克鲁索在寻找星期五的足迹[2]。有人曾经到过这里。冒充和掩饰的这一区别解释了为什么我在出柜之后还是没有彻底摆脱对异性恋规则的服从。不写同性恋文章并不是为了冒充。这是掩饰的需要。

我知道自己很长一段时间内仍会与这三个词共生——矫正、冒充和掩饰。它们不仅描述着我自身的一系列表现，也描述着社会让我把我的同性恋特质最小化的一系列要求。矫正的要求是最为严苛的，其次是冒充，再次是掩饰。我依次攀越了这些要求，我相信很多同性恋者也有过相同的经历。

这三个阶段也是同性恋历史上的三个阶段。就在我作为一个个体拒绝被同化时，同性恋社群作为一个群体也在做着同样的事。整个20世纪中期，同性恋常常被要求变成异性恋，无论是通过前脑叶白质切除术，还是电击疗法，或是精神分析[3]。随着同性恋权利运动力量的增强，矫正慢慢退让成了冒充。这一转变体

---

① Goffman, *Stigma*, p. 21.

② 出自《鲁滨逊漂流记》，"星期五"是主人公鲁滨逊从食人族手中救下的一个被俘虏的土著人，是他岛上唯一的伙伴，译注。

③ Jonathan Katz, *Gay American History*: *Lesbians and Gay Men in the U.S.A.*; *A Documentary*（New York: Harper & Row, 1976），pp. 129～207. 药物和电击等疗法仍然在扭转治疗中被使用（尽管越来越少）。联邦第九巡回上诉法院在 Pitcherskaia v. INS, 118 F.3d 641（9th Cir. 1997）一案中提到了这些医疗实践。

现在 1993 年的"不问不说"政策里，在此政策下，只要同性恋者同意冒充为异性恋，就可以服兵役[1]。最后，在世纪之交，冒充的要求又让步给了掩饰的要求——同性恋者越来越被允许出柜做自己，只要我们别"炫耀"自己的身份。如今对同性婚姻的反对可以理解为一个掩饰的要求：行，去搞同性恋吧，但是别张扬到我们的地盘来了[2]。

一段是个人的历史，一段是集体的历史。我发现这些历史的刺耳之处在于，它们是以如此消极的方式在同化我们——它们把同化的消极面凸显出来了。我经常把同化与种族身份联系起来，并且觉得这是一个积极的力量。日本人说，孩子是在父母的背上开始学习的。没有人能比我的父母更加坚信同化的美德了。

我的双亲都出生在日本。父亲于 1950 年高中毕业。身处饱受战争摧残的日本，他看不到未来。在一个亲戚的建议下，他申请了国外的大学，并收到了哥伦比亚大学的通知书。他离开日本的时候，英语只有高中水平。他告诉父母，十年之内，不要期待他回去了。事无巨细，他从不食言。

十年后，他已经获得了经济学博士学位。回到日本时，他遇到了我的母亲，并与她结了婚。母亲是东京本地人，刚拿到一个四年的经济学本科学位，这在当时对于一个女人而言是一项罕见

---

[1] *Policy Concerning Homosexuality in the Armed Forces*, U.S. Code 10（1994），§654；*Qualification* Standards for Enlistment, Appointment, and Induction, Department of Defense Directive 1304.2b.

[2] See, for instance, Pam Belluck, "Massachusetts Plans to Revisit Amendment on Gay Marriage," *New York Times*, May 10, 2005, p. A13; Charisse Jones, "Gay-marriage Debate Still Intense a Year Later," *USA Today*, May 17, 2005, p. 1A; Brian Virasami, "Coalition Criticizes Ruling Supporting Gay Marriage," *Newsday*, February 15, 2005, p. A19.

的丰功伟绩。父亲开始在加州大学洛杉矶分校任教，而我和我的姐姐则在洛杉矶出生。然后他又在一所常青藤盟校任职，直到几年前退休。

我父母的经历是一个典型的美国成功故事，并且，他们不愿以其他任何方式讲述这个故事。当我在初中学习美国历史的时候，我开始向我父亲问一些问题。当你来到哥伦比亚时，难道不刚好是在日裔美国人被囚禁之后吗？那时美国对日本人难道没有致命的偏见？父亲至今都不愿回答，转而谈论汉堡那时候只卖几分钱。我心中有一部分在抱怨着他让我们的家族历史留白，但是另一部分的我又深知，父亲对他的过往保持神秘，是在保护他自己，也是在保护着我。

我和我的姐姐是在两个国家被带大的——我们在美国上学，在日本度过暑假。他们教会了我们融入两个社会："在美国就做百分之百的美国人，在日本就做百分之百的日本人。"我获得罗氏奖学金的那天，是我父亲的生命里非常骄傲的一天——这是他的儿子在美国获得成功的最终证明。而谁又能责怪他呢？同化是美国梦里的魔法——就像在我们的梦里，魔法帮助我们变得更强、更美，而在美国梦里，同化不只让我们变成美国人，还让我们变成我们努力想要成为的美国人。美国梦对你窃窃私语：你只需要服从，然后你就会被尊重、被保护、被接受。

那耳语进入到我的同性恋耳朵里变成了另外的东西。在这方面，我也有同化的冲动——如果我藏在柜中，我会更容易被人接受。我也有很多次机会这样做——我可以冒充异性恋者，不过我不能冒充白人。然而，我所体验的同化 xxx ——然而，我体会到，同化不是恐同的出口，而恰恰是恐同的体现。我也感受到同化在整个同性恋历史上起到的消极作用。我坚信，只有当社会不再以向异性恋靠近作为容纳我们的前提时，同性恋者才会得到真正的平等。

渐渐，这种批判同化的观点变得盛行。事实上，这可能是同性恋权利运动对整个公民权利做出的显著贡献。同性恋权利运动深受其先辈的恩惠，例如种族和妇女民权运动。当我们逐渐成熟壮大，成为一个社会群体时，同性恋者便可以报答前人，贡献出一种对同化的批判，而这会丰富民权范式，惠及所有需要民权保护的人。

这种批判的实用效果并不是立竿见影的。传统的民权群体，如少数族裔或妇女，基本上已经不再被社会要求矫正或者冒充了。然而同化的形式并不止于矫正和冒充。掩饰也是其中一种。

所有的民权群体都能体会到掩饰的要求多么凶猛[①]。非裔美国人常常被告诫要"穿得像个白人"，还要抛弃"街边俚语"；亚裔

---

① 一份向芝加哥非裔行政长官递交的报告名字就是"穿得像个白人"，出自 John T. Molloy, *New Dress for Success*（New York：Warner Books，1988），p. 198. 黑人还被要求放弃"街头俚语"，学习"'得体'的英文"，出自 Paul M. Barrett, *The Good Black*：*A True Story of Race in America*（New York：Penguin Books，1999）. 关于亚裔在同化与多元文化的张力之下的生存状态，见 Frank Wu, *Yellow*（New York：Basic Books，2002），pp. 234 ~ 238. 职场女性则被要求尽量谈论她们的孩子，见 Arlie Russell Hochschild, *The Second Shift*（New York：Viking Penguin，1989）. 一场由纽约穆斯林博物馆举办的名为"太犹太？"的全国巡回展览，见 Norman L. Kleeblatt, ed., *Too Jewish? Challenging Traditional Identities*（New York：Jewish Museum；New Brunswick, N.J.：Rutgers University Press，1996.）尤其是在"9·11"以后，穆斯林必须掩饰他们的宗教符号和服饰，不能在公共场合讲阿拉伯语，见 Leslie Goffe, "Not Responsible," *Middle East*, November 1, 2001, p. 46. 残疾人佐拉透露自己多年来都拒绝使用轮椅，以便看上去是"正常人"，出自 Irving Kenneth Zola, in *Missing Pieces□ A Chronicle of Living with a Disability*（Philadelphia：Temple University Press，1982），pp. 205 ~ 206.

掩饰：同性恋的双重生活及其他

美国人则要避免看起来像个"刚下船的土包子";女人得在工作场合"举止像个男人",隐藏自己照顾孩子的责任;犹太人不能"太犹太";穆斯林,尤其是在"9·11"之后,则被要求摘掉面纱、少讲阿拉伯语;残疾人则需要把自己的辅助用具藏起来。尽管经历了几十年的抗争,美国社会似乎已经致力于平等对待所有群体,但上述情形仍在发生。

我们正处于美国人转变歧视方式的时代。对于老一辈而言,歧视是针对一整类人的——对少数族裔、女人、同性恋、少数教派或残疾人施加限制。在新的时代,歧视不再指向一整个群体,而是针对这些群体里不服从于主流规范的那一部分人。这种新形式的歧视瞄准的不是少数人群,而是边缘文化。局外人也可以被接纳,但前提条件是我们得像个局内人——换言之,只要我们能掩饰。

在我还是个本科生时,我就看见了这一转变。1987 年我进入大学,想成为一个学者,于是就在学院里找榜样。前辈们已经为民权做出了很大努力——学校里已经不全是白人、男人、纯异性恋、新教徒以及身体健全的人了。但是当我观察哈佛招收的那些"局外人"时,我看到了掩饰在起作用,尽管当时我还没有找到一个合适的词语。"连我都比 X 院长黑",我的白人室友讽刺道。他说的是我们的非裔院长,此人举止比任何一个波士顿的名门望族都更有风度。女教职员工则经常让自己的女性特征看起来不那么明显,避免从事女性主义研究,也尽量隐藏自己的母职。同性恋教职员工则更是少之又少,而其中那些出过柜的也不会炫耀自己的性倾向,这样在旁人看来他们只是个单身的辅导员而已。艾伦·德肖维茨 [1] 曾写道，尽管他不是哈佛大学第一个犹太教授，但他是"第一个像犹太人的犹太人"。而我唯一一个残疾教学助理则会在上课前就坐在讨论桌后面，跟罗斯福总统一样。

这是个进步：人们不再需要成为白人、男人、异性恋、新教徒和健全人；他们只需要装得像白人、男人、异性恋、新教徒和健全人。但是这并不是平等。一个亚裔同性恋学生收到的信号非常清楚：不要强调你的种族特征和你的性倾向。不要揭露你自己。

当然，我不能假定所有的人都在掩饰。X 院长可能只是在做他自己，而如果他真是这样，我绝不会敦促他做一些更具刻板印象的非裔行为。在这里我信奉的是真实，是每个人都体验过的真实，"你要像个黑人"的命令跟"你要像个白人"一样，都会威胁这种真实性。这就是为什么我对逆向掩饰也是持反对态度的——逆向掩饰是指，人们刻意按照属于他们族群的刻板印象行事。

当然，我所说的可能不适用于每个人，但我知道哈佛总体上是要求我们掩饰的。自由状态下的个人应当是丰富多彩的，但在哈佛，这种多样性的跨度却被截短了——要么是因为这个学校所选的人本来就已经服从于主流规范，要么是因为哈佛在给他们施压。同整个美国一样，哈佛也仍然在向传统的占主导地位的群体

---

① 哈佛法学院教授、著名民权活动家，也是作家，发表过将近三十本涉及法律和政治的畅销书，译注。德肖维茨说，这句话是歌手 Alan Stone 说的，而他本人认为"可能言过其实了"，见，Alan M. Dershowitz, *Chutzpah*（Boston：Little, Brown, 1991），p. 79. 德肖维茨还写道，第一个哈佛法学院的犹太教授菲利克斯·法兰克福特只会说自己是"哈佛法学教授，碰巧是个犹太人"，而从不把自己说成是"一个犹太教授，在哈佛法学院任职"。

倾斜。

掩饰是我们这个时代的民权议题。它不仅伤害着我们最脆弱的公民，也会伤害我们最宝贵的信念。因为如果我们相信反对种族主义就是要平等地尊重所有种族，那么我们就不能只保护那些服从于白人规范的少数族裔者。正如社会学家米尔顿·戈登几十年前就指出的那样："盎格鲁化"①的要求就是戴着面具的白人优越论。只有当边缘群体克服了同化的要求，我们才能在美国取得完全的公民地位。

在我最初教授法律的几年，我试着寻找一些解药。我曾感受过语言的力量，而现在正是行使它的时候了。令我懊恼的是，我发现我们最重要的民权法律——如 1964 年的《民权法案》以及联邦宪法里的平等保护条款——如今并不能充分保护我们免于掩饰②。法院常常把这些法律解释为只保护状态，不保护行为，只保护"是"，不保护"做"。正因如此，法院常常不保护被要求掩饰的人们，因为掩饰针对的是身份的行为面——讲某种语言、有一个孩子、举行一个同性承诺仪式、穿宗教服饰或是拒绝"纠正"某种残疾。

要保护人们免于掩饰，美国的平等法律必须变革，这个时代的民权也越来越需要超越法律。很多掩饰的要求都发生在亲密关

① 或称"归同盎格鲁论"，是戈登在 1964 年出版的《美国人生活中的同化》中提出的理论，它的文化导向是以强化盎格鲁 - 撒克逊民族的传统文化为中心，译注。Milton Gordon, *Assimilation in American Life：The Role of Race, Religion, and National Origins*（New York：Oxford University Press，1964）.

② *Civil Rights Act of* 1964 *tit.* VII, U.S. Code 42（2000），§ 2000e；U.S. Constitution, Amendment XIV. 尽管第十四条修正案表面上只对各州有效，但它已经被广泛认可为对联邦政府也有约束力，因为它也体现在第五条修正案即正当程序条款之中。See *Bolling v. Sharpe*，347 U.S. 497（1954）.

一个不加掩饰的自我

系和日常生活中，而它们都不容易受法律调整。这些要求更适合通过诉诸我们的良心和同情心来得到纠正。当我的同事建议我不要再写同性恋话题时，我最佳的回应并不是去起诉，而是与他们交流。

由于掩饰的要求已经延及传统的民权群体之外，法律便更显捉襟见肘。当我在讲授有关掩饰的课程时，我经常遭到"愤怒的异性恋白种男人"的反驳。座席里总是有一个人，几乎每次都是白种男人，会充满愤怒地否认掩饰是一个民权议题。他们说，难道少数民族、女人或同性恋者不该掩饰吗？法律应该保护他们免受歧视，但只应该基于他们无能为力的事情，如肤色、染色体或与生具俱来的性冲动。但是为什么法律要保护那些他们本可以控制的行为呢——比如梳排辫、表现女性气质，或者高调宣扬性倾向？毕竟，发问者会说，就连我也总是在掩饰。我会隐藏我的抑郁、我的肥胖、我的酗酒恶习、我的精神分裂、我的害羞、我的工人阶级背景，或是我无以名状的反常态。而我也一样，是千千万万个活在安静的绝望中的人之一。凭什么那些传统的民权群体有自我表现的权利，而我没有？凭什么我对真实自我的追求就不及他们重要？

我会说，我同意。我的答案令他们吃惊。当代民权只关注传统的民权群体，如少数族裔、妇女、同性恋者、少数教派以及残疾人，这本来就是个错误。因为这就假定在所谓的主流社会中的人——那些异性恋白种男人——就没有掩饰着的自我了。他们就只被当成障碍物，只被当成妨碍其他人自我表现的人。也难怪他们常常对民权倡导报以敌意。他们觉得我们是在要求一种他们得不到的权利——对人性的充分表达。

民权必须上升到一个新的、更加兼容并包的领域。这种升华始于承认主流社会只是个神话。在涉及任何一个特定身份的时候："主流"这个词的确是有用的，就像说异性恋者比同性恋者更主流。然而，如果笼而统之地使用，这个词就没有了意义。因为人类有那么多的身份，而主流只是一个变幻莫测的联合体，没有人完全在它之中。正如酷儿理论家们洞见的那样，完全正常就是种不正常。我们每个人都在追求自我表达；我们每个人都有掩藏着的自我。

正因如此，我们才应该把民权理解为一个争取全世界人类共同繁荣的伟大事业的一小部分。民权曾经总是保护某些群体的繁荣，防止他们被其他人非理性的信念所伤害。然而这种理想图景应该成为全人类的追求。

我并不是说歧视少数族裔跟歧视诗人是一样的效果。美国民权法曾把重心指向某些群体，这是对的。但民权的最终抱负是我们可以自由发挥我们的天资而不被无知的顺从所束缚。这种抱负已经超越了传统民权群体。

为了实现这一愿望，当代民权运动必须远远超越法律。虽然法律可以在重要关头帮助我们变得更具人性，但它永远不能完全了解我们。不过我们也不用因此而失望，因为如果法律能够轻易了解我们，反倒更令人害怕。法律不能领会我们人类全部的错综复杂，然而这恰恰意味着，我们的文化需要承担起这份重任。

这本书就围绕着"新民权既要求法律行动，又要求文化行动"这个观点展开。我把最初的激情献给了文学，但由于相信"诗歌不能让任何事发生"①，便抛弃了它。如今，我觉得奥登只是

---

① 原文 poetry makes nothing happen。出自威斯坦·休·奥登，英国—美国诗人，译注。W.H.Auden, "In Memory of W.B.Yeats," *in Collected Poems*: Auden, ed. Edward Mendelson（New York: Vintage, 1991）, p.247.

一个不加掩饰的自我

在说讽刺话，所以我重新拾起了对文学的信心①。法律行使着它冷酷的强制力，而这是文学难以企及的。然而文学也有一种深入我们内心的力量，它可以改造我们的头脑和心灵，而这又是法律难以做到的。因此，这本书使用了两种语言，不仅给出了法律论证，也运用了文学叙事——讲述包括我在内的人是如何对抗服从的命令的。

在讲这些故事的时候，我没有笼统地否认同化。那样的论点是草率的，因为同化常常是文明的前提——说同一门语言，抑制暴力冲动，以及遵守法律，都是同化的表现。通过这些行为，我们得以超越生命中狭窄的站台，拥有更广阔的联结；然而矛盾的是，我们往往也需要通过这些行为来充分展示独特的自己。我在此只反对强制的、非理性的同化——我反对的是"服从就是服从，不需要理由"这种逻辑。什么样的同化理由才足够好，这是有争议的，而我所能做的就是鼓励大家去交流对话，而不是要把自己的规则强加于人。然而，对某个群体不加思考的敌意——要求同性恋遵守异性恋的习惯、女人遵从男人的规范，或是少数族裔遵循白人的规则——肯定是一个不合格的理由，因为一个群体的价值受到了贬低。

我的论证会从同性恋权利开始。我会重新讲述同性平权的历史，而这是一个反抗同化的故事——同化的要求越来越弱，先是要求矫正、然后要求冒充、最后要求掩饰。这段历史揭示了美国熔炉的黑暗面，也批判了任何以同化为条件的民权范式。

随后我会主张同性恋者对同化的批判能够启示所有的民权

---

① 波斯纳把这一点说得很清楚，见 Richard Posner, *Law and Literature*: *A Misunderstood Relation*（Cambridge: Harvard University Press, 1998）, p. 305.

掩饰：同性恋的双重生活及其他

群体，包括少数族裔、妇女、少数教派以及残疾人。在当今的美国，所有的局外人都被系统性地要求归顺于主流规范，而这牺牲了我们的平等。这些群体应该发出共同的诉求，抵抗强制性的掩饰，追求一种不基于服从的平等。

最后，我坚信这种对真实性的渴求是共通的。我认为，一个新的民权范式需要跳出基于族群的平等权，走向普遍适用的自由权，跳出法律的解决方案，走向社会方案。在我勾画这个范式的过程中，我也倾注着自己的情感，因为我迫切需要一种直面我那些看不见的自我的勇气，而这种勇气是我常常十分匮乏的。正是因为我觉得我的同性恋经历会对我其他非同性恋身份的阐述有所帮助，我才希望分享它。如果我悉心讲这段同性恋故事，它甚至会变成我们所有人的故事——一个有关真实的自我的故事。

第一部分

同性恋的矫正

一个同事曾给我讲了个故事，关于一个装满书的房子。这栋房子属于一个充满智慧的历史学家，他已经收藏了上万本书。当他决定搬家时，土木工程师朋友劝他三思。这栋房子装了太多的书，他的朋友说，以至于房屋已经下沉，重量全都落在书堆上，而书便成了整个房子的结构性支撑。这位工程师朋友提醒他，只能把书从上往下螺旋式地移走，否则房子会崩坍。

同事讲完这个故事后，我的眼睛睁得老大。她问我是不是认识这个历史学家。

"不，"我说："我认识这栋房子。"

我们的生命正是下沉并栖息在一些书上的——那些书耷拉着耳朵，包裹着浴袍，在我们家里和记忆里的书架上站成一列。小时候，这些书是经典神话，男人们张开双臂就变成了鸟儿，女人们融化成一座座喷泉。然后我开始了正式的文学训练——莎士比亚、约翰·弥尔顿、威廉·布莱克，以及清少纳言、藤间紫、川上未映子。在法学院，我重读了这些跟法律几乎毫无关联的书。随后我找到了一些法学专著，如比尔的案例集，而它们也找到了通往我内心的路。在《忏悔录》的第一页，卢梭说他将带着这本书去见他的造物主①。这让我想到的不是我会带哪些书，而是哪些书会带着我，撑着我过一生。

几乎所有对我重要的书都带给我愉悦。一个例外是乔纳森·内德·凯兹的《美国同性恋史》。这本书出版于 1976 年，那时的同性恋研究还处于雏形期，是项叛逆而危险的事业，而凯兹的书竟汇集了七百多页的史料。我发现它时还是法学院二年级的学生，几乎是跟阅读比尔的案例集同时。我一遍又一遍地读着比尔的著作，却发现自己很难再翻开凯兹那本猩红色封面的厚书。

困难在于其中的一章，题为"治疗：1884—1974"。这一章收集的大量史料记录了把同性恋变成异性恋的不懈尝试。或许最让人害怕的是关于入侵性治疗的叙述。凯兹讲了一个名叫盖·T.奥姆斯特德的人的故事②。1894 年，奥姆斯特德自愿进行了阉割手术，为的是克服他对另一个男人威廉·克立福德的爱慕之情。奥姆斯特德说："手术之后，我的下腹到阴囊之间，没有一天不在承受着撕裂般的剧痛。"③然而，他认为这个手术是成功的："我绝对再也没有对其他男人有过非分之想，而且我现在甚至开始希望自己不再对克立福德有任何欲念。"

---

① "不管末日审判的号角什么时候吹响，我都敢拿着这本书走到至高无上的审判者面前。"Jean-Jacques Rousseau, *The Confessions*, trans. J. M. Cohen（1781; New York: Penguin Books, 1953）, p. 17.

② E. S. Talbot and Havelock Ellis, "A Case of Developmental Degenerative Insanity, with Sexual Inversion, Melancholia, Following Removal of Testicle, Attempted Murder and Suicide," *Journal of Medical Science* 42（April 1896）: 341 ~ 44, reprinted in part in "1896—1897: Drs. Havelock Ellis and E. S. Talbot: Castration," in Katz, *Gay American History*, pp. 140 ~ 43.

③ Katz, Gay American History, p. 142.

掩饰：同性恋的双重生活及其他

这本书还讲述了前脑叶白质切断术的历史。当今新型扭转治疗法的倡导者罗伯特·克朗迈耶声称，在 20 世纪 50 年代至 60 年代间，这一手术曾被严重滥用[①]。在 1941 年的一场手术中，医生把一根针插进脑前部："这根针向下扫过眼窝，然后向上扫过头颅。"[②]这一过程会"反复进行，以确保神经传导路线被切断"[③]。据后来复查手术的医生讲，这名病人于 1945 年被诊断为精神病患者，并于 1947 年患上痴呆[④]。而造成痴呆的直接原因正是医生凭空进行了前脑叶白质切断术。

电击是手术刀的替代品之一。1935 年，美国心理学会在一次报告中警告说，电击疗法并不能矫正同性恋者，除非采用"远高于一般电击人类所使用的强度"[⑤]。一位病人描述了 1964 年的一次电击治疗经历：

> 你穿着一套睡衣，就那样躺在一张桌上。然后你就什么也不记得了，因为他们电击了你一下。这一击擦掉了你从前所有的经历，也洗去了任何有关那些经历的记忆。我接受过

① Robert Kronemeyer, *Overcoming Homosexuality* (New York：Macmillan Publishing, 1980), p. 87.

② Joseph Friedlander and Ralph S. Banay, "Psychosis Following Lobotomy in a Case of Sexual Psychopathology：Report of a Case," *Archives of Neurology and Psychiatry* 59 (1948)：303 ~ 11, 315, 321, reprinted in part in Katz, *Gay American History*, p. 177.

③ 同上书，p.181。

④ 同上。

⑤ Louis William Max, "Breaking Up aHomosexual Fixation by the Condition Reaction Technique：A Case Study," *Psychological Bulletin* 32 (1935)：734, reprinted in part in "1935：Dr. Louis W. Max：Aversion Therapy (Electric)," in Katz, *Gay American History*, p. 164.

十七次电击治疗。我问一个护士我做了多少次电击，她说："我得去查查。"然后她说十七次……

我还记得，在我自己治疗完毕之后，我曾偷听过其他病人接受电击疗法。我知道这是违规的。我当时是在旁边的一个病房。你听到那种恐怖的惨叫。他们每给你一击，你都会大叫一声——"啊！！！"——非常大声，就像肺被抽空了一样。你听到好像几百个人都接受了这样的疗法。他们通常在上午做电击，每次一个人，整个上午便充斥着三个小时重复的、大声的尖叫。

令我惊讶的是这个病人竟然没有任何反抗。他认为"违规"的只是自己去偷听别人的电击疗法，而不是他所承受的治疗。他听别人的惨叫声竟比自己的还清楚。

只有心理医生稍微仁慈一点。1963 年的文字记载了一种催眠厌恶疗法，指导医生利用男同性恋"吹毛求疵"的特点，迫使他们在男人的身体和"恶心反应"之间建立反射联系。1967 年，一项类似的研究包含了如下操作指南①：

我要你想象你和 X 共处一室。他全身赤裸。当你接近他时你发现他全身都是溃疡和疥疮，里面还慢慢流出脓水。他的身上散发着可怕的恶臭。这臭味如此之浓，让你恶心。你可以感受到食物的颗粒在往上翻腾，冲向你的喉咙。你根

---

① A similar 1967 study Joseph R. Cautela, "Covert Sensitization," *Psychological Reports* 20（1967）：464 ~ 65, reprinted in part in "1967: Joseph R. Cautela: Aversion Therapy（'Covert Sensitization'），" in Katz, *Gay American History*, p. 198.

掩饰：同性恋的双重生活及其他

本忍不住，便吐得遍地都是，也吐到你的手上和衣服上。而这让你更加恶心，你一次又一次地呕吐，吐得到处都是。你转过身，开始感觉好一点。你试着走出这间房，但门似乎是锁着的。这臭味依然十分强烈，你不顾一切地想要冲出去。你疯狂地踢门，直到它终于被踢开，你慌忙冲进新鲜的空气里。那空气闻起来好极了。你回到家，洗了个澡，你感到如此洁净。

这些只是语言，不是切割手术或电击疗法，因此它们的伤害不是立竿见影的。但当我们将最爱的人的身体代入这个"X"时，以上的操作指南便开始起作用了。我知道我不应该照此想象，但一些画面总是不由自主地钻进我的脑海。当一个男人的手腕向上抬起，从水壶里倒出水时，就好像水、手腕甚至这个世界的存在就是为了形成这美丽的棱角。他睡在我怀里，月光倾洒而下，照在他微微拱起的背上。当我在脑中定格这些影像时，我知道要想把它们所蕴含的欲望转变成厌恶是多么的残忍，就像拿一把刀狠狠划过一幅油画。

令人心酸的是，很多材料都在讲有多少同性恋者是"自愿"接受扭转治疗的。在凯兹的序言里，他坦言自己也曾试过："我接受了分析，我想我应该是自愿的，因为我觉得我的同性欲望就是'我的'问题，而我的目标就是'治愈'成一个异性恋，尽管当时我自己清楚地知道，我根本不想为了适应社会而改造自己，因为这个社会本身才亟须彻底的改变。"[1] 在美国很长一段历史时期里，生而为人的前提是当一个异性恋。即便是带着怀疑态度的

---

[1]　Jonathan Katz，"Treatment，1884—1974：Introduction，"in *Gay American History*，p. 131.

激进派，也会热切渴望加入人类，从而努力杀掉他们同性恋的自我。

有些书我们希望永远不用再打开。然而当我在研究同性恋对抗同化的斗争时，我不得不重读凯兹和类似的著作。我想知道同性恋权利运动是怎样战胜矫正的要求的。同时我也想验证我的直觉，因为它告诉我，这场战役从来都没有结束。

我会通过重点精神分析扭转治疗，来讲述这个有关改变和不变的故事——在讲述这个有关改变和不变的故事时，我的重点会放在精神分析扭转治疗上。正如提姆·墨菲所说，"基本上每种性倾向疗法都会连同它的发明人一起被历史遗忘"，唯独"精神分析是这一淘汰规律的例外"[①]。一颗最坚韧的杂草，浓缩着整个花园的兴衰。

通常人们都不知道一段历史该从何说起，但精神分析扭转治疗的支持者和反对者已经达成了一致，他们都认为这段历史起源于弗洛伊德。不过，共识到此为止，因为每个流派都把弗洛伊德吹捧成各自的王牌[②]。当我得知弗洛伊德对于矫正的立场是复杂的，我便重新翻出了《弗洛伊德标准版全集》，以探究竟。

同性恋矫治带来的一个基本问题是：同性恋到底是先天的还

[①] Timothy Murphy, Gay Science: *The Ethics of Sexual Orientation Research* (New York: Columbia University Press, 1997), pp. 82 ~ 83.

[②] 有关支持扭转治疗的人对弗洛伊德的引用，见 Kronemeyer, *Overcoming Homosexuality*; Joseph Nicolosi, *Reparative Therapy of Male Homosexuality* (Northvale, N.J.: Jason Aronson, 1997); Charles W. Socarides, *Homosexuality: A Freedom Too Far* (Phoenix: Adam Margrave Books, 1995). 反对者对弗洛伊德的解读，见 Simon LeVay, *Queer Science: The Use and Abuse of Research into Homosexuality* (Cambridge: MIT Press, 1996); Murphy, Gay Science.

是后天的？弗洛伊德给出了清楚的回答——他相信所有人都是双性恋 ①。这种与生俱来的双性欲望意味着同性恋（和异性恋一样）是由文化而不是生理决定的。

这种同性恋受文化影响的观念经常使得人们对矫正报以希望——就像当代一名扭转治疗师说的那样："你能学会什么，你

---

① 弗洛伊德认为，"双性恋是人类的天性"。Sigmund Freud, *The Psychogenesis of a Case of Homosexuality in a Woman*（1920），reprinted inThe Standard Edition of the Complete Psychological Works of Sigmund Freud, vol. 18, ed. and trans. James Strachey（London: Hogarth Press, 1955），p. 157."我们每个人一生中的力比多都在男性和女性对象之间摇摆。"同上，p.158；"人是一种动物有机体……显著拥有双性恋气质"，见 Freud, Civilization and Its Discontents（1930），in Standard Edition, vol. 21, p. 105 n. 3. 然而比起当代读者的理解，"双性恋"一词在弗洛伊德那里有着更加广泛的内涵。对弗洛伊德而言，双性恋至少某些时候是指一种观念，即，构成人类的既有男性元素，也有女性元素，见 Freud, *Three Essays on the Theory of Sexuality*（1905），in *Standard Edition*, vol. 7，p. 141；Freud, *A Child Is Being Beaten: A Contribution to the Study of the Origin of Sexual Perversion*（1919），in *Standard Edition*, vol. 17, p. 202. 然而，这不是说弗洛伊德相信所有的人类都是雌雄同体的，而是说"每个正常的男人或女人身上都有异性的痕迹"，见 Freud, *Three Essays*, p. 141. 在这一特定表述之下，"双性"则是指人们既有男性又有女性性征（我将其称作"基于性别的双性"）而不是读者们所熟悉的他们既喜欢男人又喜欢女人（我称其为"基于性倾向的双性恋"）。然而弗洛伊德认为，基于性别的双性必然导致基于性倾向的双性恋。如果"每个人都表现出既男又女的原始冲动"，而其中一种冲动是性冲动，那么这就意味着"每个人都希望在他的性生活中既满足男性欲望，也满足女性欲望"，见 Freud, *Civilization and Its Discontents*, pp. 105～6 n. 3. 换句话说，如果一个人的心灵中既有男性又有女性的向度，那么这个心灵也必然既对女人有欲望，也对男人有欲望，当然，前提是心灵中的男性和女性都是异性恋。但这样一来就很讽刺，因为"所有人都是双性恋"的想法到头来还是源自一个隐含的观念，即所有精神层面的男性和女性都是异性恋。在这个诡辩中，弗洛伊德得出的结论是"每个人都是（性倾向上的）双性恋"，而"力比多则分配在两种性别的对象上，只是有的明显，有的含蓄"。见 Freud, *Analysis Terminable and Interminable*（1937），in *Standard Edition*, vol. 23, p. 244.

同性恋的矫正

就能学会忘掉什么。"① 弗洛伊德反倒没有这么乐观。1935年，他给一位美国母亲写过一封著名的信②，信中称：

> 你问我是否能帮助［你的儿子］，我猜你是想说，我能不能消除他的同性欲望，把他变成正常的异性恋。我的回答是，通常情况下，我们不敢保证。每个同性恋体内都有已损坏的异性恋细胞，在部分个案里，我们成功地让它再次生根发芽，但是对大部分人而言，这是再也不可能的了。

在《一个女同性恋病例的心理成因》一书中，弗洛伊德解释道："一般而言，想要成功把一个完全成熟的同性恋变成异性恋，比把异性恋变成同性恋还要困难。"③

弗洛伊德也曾质问，同性恋是否就应该被矫正，即使他们能够被矫正。在他写给那个美国母亲的信里，他说"同性恋固然没有什么好处，但这也不是什么值得羞耻的事情，不是邪恶，不是堕落，不能被鉴定为疾病。"④ 在接受一家报纸采访时，他说得更加直白："同性恋不是病。"⑤

然而就像弗洛伊德从来都没有放弃过同性恋有时候能被转变

---

① See, for example, Richard Cohen, *Coming Out Straight*: *Understanding and Healing Homosexuality* (Winchester, Va.: Oakhill Press, 2000).

② Sigmund Freud to Anonymous Mother (April 9, 1935), in "A Letter from Freud," *American Journal of Psychiatry* 107 (1951): 786 ~ 87.

③ Freud, *The Psychogenesis of a Case of Homosexuality in a Woman*, p. 151.

④ Freud, "Letter from Freud," p. 787.

⑤ Kenneth Lewes, *The Psychoanalytic Theory of Male Homosexuality* (New York: Jason Aronson, 1988), p. 32, quoting Sigmund Freud, Brief, Die Zeit (Vienna), October 27, 1903.

掩饰：同性恋的双重生活及其他

的想法一样，他也从未放弃另一种观念，即同性恋是性欲不成熟的一种体现。虽然人们把 1935 年的那封信当作宽容同性恋的文章频频引用，事实上这封信同时把同性恋描述成了"源于某种性发育的受阻"[①]。更令人不安的是，弗洛伊德曾在别的场合声称，同性恋不一定只体现为同性性行为，它也有一些更加"社会性"的表现[②]。

尽管弗洛伊德的观点模棱两可，我却仍把他想象成一名伟大的教父，培养了一批教徒，以对抗即将到来的黑暗。我并不是唯一一个如此天马行空的人。心理学家肯尼斯·刘易斯在回顾同性恋的精神分析史时也认为，尽管与弗洛伊德同一时代的人在他生前彻底拜倒在他的范式里，但在他去世没多久，他们就把他的教诲变成了更加凶险的东西。就同性恋而言，精神分析在 1939 年"从弗洛伊德等人慈爱包容的问询变成了严厉无情的价值判断"[③]。新一代的临床心理学家——欧文·毕柏，阿尔伯特·艾利斯，山多尔·拉多以及查尔斯·苏格勒斯——把弗洛伊德的理论大厦一一推翻了[④]。

就在弗洛伊德去世的第二年，拉多发表了一次演讲，读起来

---

① Freud, "Letter from Freud," p. 787.

② Jack Drescher, "I'm Your Handyman: A History of Reparative Therapies," *Journal of Homosexuality* 36 (June 1998): 22.

③ Lewes, *The Psychoanalytic Theory of Male Homosexuality*, p. 16.

④ See, for example, Irving Bieber et al., *Homosexuality: A Psychoanalytic Study* (New York: Basic Books, 1962), pp. 44 ~ 117; Albert Ellis, *Homosexuality: Its Causes and Cure* (New York: Lyle Stuart, 1965); Sandor Rado, *Adaptational Psychodynamics: Motivation and Control* (New York: Science House, 1969); Charles W. Socarides, *The Overt Homosexual* (New York: Grune and Stratton, 1968).

就像是针对创造"俄狄浦斯情结"这一概念的那个人发泄的俄狄浦斯式的愤怒[1]。在演讲中，他公然抨击了弗洛伊德关于每个人都是双性恋的观点。他认为人的异性性欲才是天生的，证据是男人的性高潮既是最愉悦又是最具生殖力的性行为[2]。

在拉多看来，同性恋只不过是被不称职的父母带坏了，偏离了天生的异性欲望。他相信，父母所表现出的反性态度可能会使他们的女儿害怕阳具这种"杀伤性武器"，或让他们的儿子害怕阴道这一阉割的象征[3]。其他的扭转治疗师则扩展了这一理论。毕柏创建了一个后来颇为盛行的理论：男同性恋的成因是跟母亲太亲近，跟父亲太疏远[4]。（毕柏的模型大概只是针对特定文化而言的，否则几乎我认识的每个日本人都是同性恋。）苏格勒斯在此基础上又认为女同性恋是由于母亲太恶毒，而父亲太冷漠[5]。

这些临床心理学家都推翻了弗洛伊德的治疗无用的观点。纽约精神分析师医学会曾在 20 世纪 50 年代对男同性恋的扭转治疗进行过最为系统的研究[6]。这份报告于 1962 年发布，以毕柏为第

---

① Sandor Rado, "A Critical Examination of the Concept of Bisexuality," in *Psychoanalysis of Behavior*: Collected Papers（New York: Grune and Stratton, 1956）.

② 同上书，pp. 145 ~ 46.

③ Rado, *Adaptational Psychodynamics*, p. 212.

④ 毕柏发现，母亲们如果陷入一种"过分亲近"的相处模式，则会"助长同性恋"，见 Bieber et al., *Homosexuality*, pp. 79 ~ 81. 他还声称，"对男人的病态渴求明显源自父亲的疏离。"同上书，p. 114.

⑤ 苏格勒斯认为，女同性恋源于"对恶毒母亲的恐惧"，并相信"父亲排斥且憎恨自己"。Charles W. Socarides, *Homosexuality*（New York: Jason Aronson, 1978）, p. 188.

⑥ Ronald Bayer, *Homosexuality and American Psychiatry*（Princeton: Princeton University Press, 1987）, pp. 29 ~ 30.

一作者，其结尾欣然写道："对于那些强烈渴望矫正的同性恋者来说，成功变为异性恋是有可能的。"[1] 这句话成了扭转治疗的经典辩护词，因为它把所有失败的矫正都归结于同性恋者不够有耐心。然而，这一结论闪烁其词，缺乏依据。在这个报告中，有72位同性恋者，其中只有19%变成了异性恋，19%变成了双性恋，而有57%的人无法被改变[2]。如果这57%的人都没有"下定决心去改变"，他们何必要去遭受"扭转"治疗呢？尽管有这么明显的漏洞，毕柏的报告仍然是最常被引用的关于矫正可行的文献之一。

最后，这些扭转治疗师断定，同性恋就是一种心理疾病。拉多宣称，这是一种"适应无能"[3]。艾利斯和毕柏都用"精神病"来描述同性恋[4]。美国精神病医学会采纳了这一观点，把同性恋纳入了1952年的精神病分类目录中，这一决定产生了至关重要的影响。在第一版的《精神疾病诊断与统计手册》（DSM）里，同性恋被归为"精神疾病"的一种[5]。

20世纪40年代到60年代期间，这些治疗师创造了一个扭转治疗的"黄金时代"[6]，同性恋者们成群结队地投身其中。在其回忆录《治疗》里，同性史学家马丁·杜波门记得自己在这段时间

---

① Bieber et al., Homosexuality, p. 319.

② 同上书，p. 276.

③ Rado, *Adaptational Psychodynamics*, p.213.

④ Ellis, *Reason and Emotion in Psychotherapy*（Secaucus, N.J.: Citadel Press, 1962），p. 242；Bieber et al., *Homosexuality*, p. 18.

⑤ 该手册将"同性恋"列为一种"病态行为"，见 Committee on Nomenclature and Statistics of the American Psychiatric Association, *Diagnostic and Statistical Manual of Mental Disorders*（New York: American Psychiatric Association, 1952），pp. 38～39.

⑥ Drescher, "I'm Your Handyman," pp. 25～26.

见过三个扭转治疗师[1]。同凯兹一样，当时的杜波门内心是何等坚信"主流精神病学的想法，即同性恋者都是同一类人，都有机能障碍和神经衰弱"，以至于他觉得矫正就是他"获得快乐的唯一希望"[2]。

也有学者发出了反对的声音。由昆虫学家转而成为性学家的阿尔弗莱德·金赛发表了《金赛性学报告》的男性篇（1948）和女性篇（1953），其中显示同性性行为远比人们想象中来得普遍[3]。他的研究间接质疑了同性恋的不正常性——如果几百万美国人都有过某种行为，那么它还能是十恶不赦的罪孽吗？心理学家伊芙琳·胡克则更直接地挑战了同性恋的病理化，她指出所谓的性格专家根本不能区分谁是同性恋谁是异性恋[4]。（胡克对医生们的"同性恋雷达"测试后来演变成了一个名为"是同性恋还是欧洲垃圾"的网络游戏，其中玩家们要完成一个几乎不能的任务——将同性恋和欧洲城市嬉皮士们区分开来[5]。）而更激进的是

---

① Martin Duberman, Cures: *A Gay Man's Odyssey*（New York: Dutton Books, 1991）. 第一次治疗见 pp. 32 ~ 36，第二次 pp. 44 ~ 46, and 第三次 pp. 93 ~ 115.

② 同上书，p. 31.

③ Alfred C. Kinsey, Wardell B. Pomeroy, and Clyde E. Martin, *Sexual Behavior in the Human Male*（Philadelphia: W. B. Saunders, 1948）; Alfred C. Kinsey et al., *Sexual Behavior in the Human Female*（Philadelphia: W. B. Saunders, 1953）.

④ See, for example, Evelyn Hooker, "The Adjustment of the Male Overt Homosexual," *Journal of Projective Techniques* 21（1957）: 18 ~ 31; Hooker, "Male Homosexuality in the Rorschach," *Journal of Projective Techniques* 22（1958）: 278 ~ 81.

⑤ Hooker's test of clinical "gaydar" "Gay? or Eurotrash?" *Blair Magazine*, issue 3, http://www.blairmag.com/blair3/gaydar/euro.html.

掩饰：同性恋的双重生活及其他

精神病学教授托马斯·萨兹[1]，他认为同性恋的病理化是精神病学家赤裸裸的争夺权力的行为——医学机构把权力从教堂手里抢了过来。

石墙事件发生于 1969 年，此后各方力量不断凝聚，为有策略地挑战扭转治疗提供了条件。同性恋者们开始呼吁把同性恋从《精神疾病诊断与统计手册》中删除，因为他们越来越清楚地认识到，用活动家戴尔·马丁的话说："精神病学是当今社会同性恋者最危险的敌人。"[2] 病人们已经变得不再顺从，并且开始为自己做出无病诊断。

反精神病治疗的立场意味着一场突变就要发生。在那之前，治疗师和同性恋者表面上还是站在同一边的。医学不像法律或者宗教，会宣告同性恋有罪并放逐他们，相反，医学会努力让同性恋通过矫正融入社会。盖·奥姆斯特德在 1894 年被阉割，但他却坚持认为"医生是唯一了解我在这个怪物面前多么无助的人"[3]。平心而论，扭转治疗师们也的确把自己视为对病人爱护有加的支持者。

然而，石墙事件之后，大部分扭转治疗师和大部分的同性恋者却站在了对立的阵营。同性恋们不再想要把自己变成异性恋，而是想要转变精神病学家的观点[4]。公共卫生学教授罗纳德·拜尔

---

[1] See, for example, Thomas Szasz, *Ideology and Insanity*: *Essays on the Psychiatric Dehumanization of Man*（New York: Doubleday, 1970）; Szasz, *The Myth of Mental Illness*: *Foundations of a Theory of Personal Conduct*（New York: Harper & Row, 1961）. Ronald Bayer describes Szasz's contribution in *Homosexuality and American Psychiatry*, pp. 54 ~ 55.

[2] Bayer, Homosexuality and American *Psychiatry*, p. 106.

[3] 1894 Katz, *Gay American History*, p.141.

[4] 1970 年，美国精神病学会年会于旧金山举办。"1970 年 5 月，人们从美国对柬埔寨的轰炸中觉醒，肯特州立大学发生枪击事件，随后抗议的骚乱席卷全国，同性恋群体与女权主义者结盟，第一次通过有组织的抗议，扰乱了会议。"Bayer, *Homosexuality and American Psychiatry*, p. 102.

称，从 1970 年起，每一届美国精神病学会（APA）都标志着对同性恋的支持又进了一步[①]。在 1970 年的会议上，同性恋活动家打断了精神病学家有关厌恶疗法的讲话[②]，厉声疾呼："奥斯威辛啊，你搬去了哪里？"主办方请他们耐心等待发言的机会，他们则回答："我们已经等了五千年！"随后场面一片混乱。为了制止更大规模的抗议，APA 慌忙宣布，明年会邀请同性恋活动家列席。次年，一个身为同性恋者的精神病医生首次在专家小组中"公开"致辞，不过他戴着面具，穿着斗篷，只说自己叫"无名医生"[③]。终于，在 1973 年，罗纳德·高德等同性恋活动家跟毕柏等心理学家撕破了脸。"够了"，高德对那些心理学家说，"你们让我恶心。"[④]

对 DSM 分类的挑战宣扬了同性恋的合理性，其影响是深远的。活动家们不再主张同性恋不能被转变，而是他们不应该被转变。受"黑就是美"[⑤]这一口号的启发，他们也即兴创作了自己的标语："同性恋就是好。"最终，这些活动家和他们在精神病学体制内的盟友们共同促使《精神疾病诊断与统计手册》于 1973 年 12 月 15 日删除了同性恋这一条目[⑥]。

---

① 1970 年，美国精神病学会年会于旧金山举办。"1970 年 5 月，人们从美国对柬埔寨的轰炸中觉醒，肯特州立大学发生枪击事件，随后抗议的骚乱席卷全国，同性恋群体与女权主义者结盟，第一次通过有组织的抗议，扰乱了会议。"Bayer, *Homosexuality and American Psychiatry*, p. 102.

② 精神病学家纳塔里奥·麦克纳亨当时正在探讨运用厌恶疗法纠正性偏差。同上书，p. 103.

③ 同上书，p. 109.

④ 同上书，p. 125.

⑤ See Edmund White, *The Beautiful Room Is Empty*（1988；New York：Vintage, 1994）, p. 197.

⑥ Bayer, *Homosexuality and American Psychiatry*, p. 138. DSM 第 八 版

掩饰：同性恋的双重生活及其他

法律却远远落在后面。1952 年的一项国会法规要求移民规划局不得允许"有精神病人格"的人进入美国[①]。当时每个人都认为同性恋理应归为此类。当 APA 在 1973 年将同性恋去病理化之后，其主席敦促移民规划局停止将同性恋者排除在外[②]。移民局拒绝了。一直到 DSM 删除同性恋 17 年之后的 1990 年，移民局才放弃了将同性恋者视为精神病人从而拒绝其入境的权力[③]。

如今，扭转治疗越来越罕见了。主流卫生机构，如美国精神病学会以及美国心理学会，已经不再支持这种行为[④]。扭转治疗师

里写明了第七版的变化，See Committee on Nomenclature and Statistics of the American Psychiatric Association, *Diagnostic and Statistical Manual of Mental Disorders*, 2nd ed., 8th prtg.（1975），p. vi.

① "患有人格分裂、癫痫或精神疾病的外国人"，§ 212（4）of *the Immigration and Nationality Act of* 1952, United States Code 8（1958），§ 1182（a）（4）. See Boutilier v. INS, 387 U.S. 118, 120～23（1967）.

② William N. Eskridge Jr., *Gaylaw*: *Challenging the Apartheid of the Closet*（Cambridge: Harvard University Press, 1999），p. 133.

③ Ibid., p. 70, citing Immigration and Nationality Act, Pub. L. No. 82～414, 212（a）（4），66 Stat. 163, 182（1952）（repealed 1990）.

④ See American Medical Association, House of Delegates Resolution 506: Policy Statement on Sexual Orientation Reparative（Conversion）Therapy（April 26, 2000），http: //www.ama-assn.org/meetings/public/annual00/reports/refcome/506.rtf; Board of Trustees of the American Psychiatric Association, COPP Position Statement on Therapies Focused on Attempts to Change Sexual Orientation（Reparative or Conversion Therapies）（May 2000），http: //www.psych.org/psych_pract/copptherapyaddendum83100.cfm; American Psychological Association Council of Representatives, Resolution on Appropriate Therapeutic Responses to Sexual Orientation（August 14, 1997），http: //www.apa.org/pi/sexual.html; National Committee on Lesbian, Gay & Bisexual Issues, National Association of Social Workers, Position Statement: "Reparative" and "Conversion" Therapies for Lesbians and Gay Men（January 21, 2000），http: //www.socialworkers.org/diversity/lgb/reparative.asp. Stephen C. Halpert lists organizations opposing conversion therapy in "If

对他们四面楚歌的状态倍感惋惜，称美国人已经被"洗脑"，居然接受了同性恋[①]。矫正同性恋的责任又被移交回了宗教机构的手中，如"出埃及国际"和"追寻"组织[②]。然而这两个团体麻烦不断，因为他们总是请一些"前同性恋"讲述自己的矫正史，可惜这些"前同性恋"不久之后就重出江湖，变成了"前前同性恋"[③]。

世界在变，我听到的故事也在变。一个同事回忆道，自己的一个男同性恋朋友在十几岁时就被父母送去精神病院，他们想要把他关起来。他绝望地挣扎着，打碎了车上的挡风玻璃，但他的父母仍然连拖带拽地把他带到了一个精神病医生面前。医生平静地告诉这对夫妇，比起这个孩子，他更倾向于把他们关起来。回家吧，他说。我想象着这位同性恋少年被载回家的情形，车窗碎了，天堂的穹顶裂了，世界的门终于向他敞开。

我的朋友大卫告诉我，十九岁那年出柜的时候，他父母带他去见了看着他长大的家庭牧师。他的父母描述着他们的羞耻，他们的爱，他们的困惑，以及最重要的，他们希望大卫变成异性恋，无论付出多大代价。牧师只是静静地听着。大卫闷闷不乐，等待着属于他的判决。他的恐惧尝起来就像含在嘴里的锡纸。"我

It Ain't Broke，Don't Fix It，" *International Journalof Sexuality & Gender Studies* 5（January 2000）：22 n. 2.

① 关于美国人已被洗脑的论点，见 Charles W. Socarides，"How America Went Gay，" available at http：//www.leaderu.com/jhs/socarides.html.

② Douglas C. Haldeman，"The Practice and Ethics of Sexual Orientation Conversion Therapy，" *Journal of Consulting & Clinical Psychology* 62（April 1994）：224. 从事扭转同性恋工作的宗教团体的清单，见 David B. Cruz，"Controlling Desires：Sexual Orientation Conversion and the Limits of Knowledge and Law，" *Southern California Law Review* 72（July 1999）：1309.

③ Haldeman，ibid.，p. 224；Murphy，*Gay Science*，p. 85.

有三个儿子"，牧师终于开口了，"我希望他们每个人都能像大卫一样好。所以如果你们想改变他，我不是你们要找的人"。大卫如今年近四十，是一名社工。他告诉我这个故事，是因为我问他，你的父母是怎么变得如此积极支持同性权益的。他追溯到这次谈话，说这是他父母转变的开始。

矫正同性恋的要求在我们的文化里越来越不受待见。社会控制的三架引擎——法律、医学和宗教——都已经开始撤回这一要求。那么，如今我是在哪儿看到它的残余的呢？

我是在我自己的历史里发现的。在牛津过完第一个学期，我便开始去看精神病医生。他看起来就像爆米花广告里的奥威尔·瑞登巴可，花白的头发，戴着眼镜，所以我就在心里称他为奥威尔。他的家也是他的办公室，被各种各样的花填满——风信子、仙客来，还有兰花，到处都是兰花，像紫色的嘴唇，或是柔软如羽毛，丰姿绰约，低垂着仿佛就要压断花茎。我第一眼就讨厌这些兰花，因为它们的性暗示太明显了，当然，也是因为它们迎着光并排站着的样子太过谄媚。好吧，那时我的确不太对劲。

我从未请求奥威尔矫正我，但这却是我默默期待他做的事。我的抑郁症和同性恋已经扭成了一个可怕的辫子，我不能想象它们中的任何一个可以丢下另一个轻易消失。当我说"请把它赶走吧"，我自己也不知道"它"是指什么。

我已记不清奥威尔为了把它俩分开费了多少努力。我只记得时间在那间诊室里溜走，兰花先是疯狂绽放，颜色淡雅，随后变得薄如纸片，继而凋零，最后被替换成另一盆花。此刻，我脑中的屏幕上浮现了他的身影——谈话、倾听、对我张开双手。但是我听不清他说的话。我只是佩服他锁匠般的耐力，他试遍了所有的组合方式，想要撬开我紧锁的内心。

然而咔嚓那一声到来得竟如此容易。那天的兰花像蛛网一样张开，黄色的花瓣上有棕色的斑点，隐约还有巧克力的味道。每当奥威尔让我描述一段性幻想时，我就会盯着它们的喉咙看。我试着开始，想去克服我在这间咨询室产生已久的抗拒感——我的念头想要猛地转向一些抽象的、理智化的、美好的东西。但是我做不到。"不行，"我说："这太堕落了。"

　　"这不是堕落，"奥威尔轻轻地说："它只是受了挫。"

　　人们总是会好奇，一个人是如何越过重重阴霾，终于迎来云开雾散的。我在讲课的时候试着回忆这一段经历——换个讲法试试、再换个讲法？但你也不知道学生们有没有听懂。为什么"堕落"和"受挫"这两个词触动了我？难道是我喜欢两个词放在一起的韵脚："落"和"挫"？难道是我喜欢强迫自己去思考它们的区别？我不知道。但是我在这两个词中听到了我需要听到的东西。我听到了我的欲望并不扭曲，只是被阻断了。我听到我生病了，也听到我是同性恋，但这是两件不同的事。

　　奥威尔并没有消除我的抑郁。但是他让我看到，我仍然痴心妄想着被矫正，而我必须要敞开心扉才能将它驱走。就算在当时，我依然觉得自己是幸运的。我知道要是我活在几十年前，精神病学会给我变成异性恋的幻想火上浇油，而不是帮我克服它。

　　在后来的几次心理咨询中，我们谈到我的幻想是如何在1992年产生的。我知道大部分人已不再把同性恋当作一种病。我在心里大声质疑自己，为什么我还是不能把它当成正常的人性——当成一种偏好，或者从染色体的角度说，比起 X 这个字母，更喜欢Y 而已。我这才意识到，如今矫正的要求已经变得更加细致，四处弥散，也正因如此，它才变得更难抵抗。我被液体包围，而我在其中游动。我不能想象异性恋之外的生活，就如一条鱼不能想

掩饰：同性恋的双重生活及其他

象在陆地上闲逛。

直到我向更多人出柜，这种压力才有所缓解。当我成为"无可救药"的同性恋的那一刻，我心中的战争突然停止了——天使和魔鬼，都转而寻找下一个猎物。我突然明白，最为强烈的矫正要求是施加在性摇摆者身上的，也就是那些在性上模棱两可或尚未定型的人。

于是，在我寻找当今社会的矫正要求时，我便着眼于典型的性摇摆者，也就是儿童。我的直觉得到了印证：我发现人们会毫不犹豫地说，摇摆的孩子们应该被矫正为异性恋。在美国至少有八个州目前有"禁止宣传同性恋"的立法，要求公共教育者不得在学校"宣扬"同性恋[①]。这些法律禁止提及任何有关同性恋的话

---

① 阿拉巴马要求性教育课程教材必须"以讲述事实的态度和公共卫生的视角强调同性恋不是一种能被大众接纳的生活方式，而同性性行为在本州构成犯罪"，Ala. Code § 16-40a-2（c）（8）（LexisNexis 2001）. 亚利桑纳州禁止任何课程（1）"宣传同性恋生活方式"（2）"将同性恋正面描述成非主流生活方式"或（3）"建议采用一些安全的同性性行为"，Ariz. Rev. Stat. Ann. § 15-716（C）（1）to（3）（2002）. 在密西西比州，州法要求教育工作者（1）教授"有关性行为的法律，包括强奸、法定强奸（与未满法定年龄的人发生性关系）、父子关系认定、子女抚养以及同性性行为"，（2）告诉学生"只有发生在一夫一妻的婚姻关系中的性行为才是合法的"，Miss. Code Ann. § 37-13-171（1）（e），（f）（West 1999）. 鸡奸在密西西比州仍然属于犯罪，尽管这一规定在劳伦斯案后已经无法被执行，Miss. Code Ann. § 97-29-59（West 1999），539 U.S. 558（2003）. 北卡罗莱纳州要求（1）艾滋教育中必须包含以下内容："一夫一妻制是最好的，也是终身适用的防治性病的方式"，（2）任何"以同性性行为为重要传播方式的疾病"的宣传教育，如艾滋病，都必须一并介绍同性性行为的犯罪属性，N.C. Gen. Stat. Ann. § 115C-81（e1）（3）（West 2000）. 在北卡罗莱纳州，鸡奸是重罪，尽管这一条文如今也不能被执行，N.C. Gen. Stat. Ann. § 14-177（West 2000）. 俄克拉荷马州法律规定，"艾滋预防教育"必须"告知学生，同性性行为、滥交、静脉注射毒品或接触带病毒的血液是当下已确知的传播艾滋病毒的主要途径"，Okla. Stat. Ann. tit. 70, § 11-103.3（D）（West 2005）. 南卡罗莱纳州规定，除了在进行传染病

题，不许讲支持同性恋的内容，甚至会要求讲反对同性恋的课。

在有些州，为保护儿童而颁布的禁止宣传同性恋的立法竟与保护成人同性恋权利的立法同时存在①。法律中的这种张力反映了一个更深层次的文化问题。正如心理学教授帕图洛所说："当然，出于礼貌，我们应该对那些同性恋者予以尊重，给以尊严。但是同样理所应当的是，理性告诉我们应该随时警觉，防止任何人误导摇摆不定的孩子们，不要让他们觉得这个社会对他们所形成的性倾向漠不关心。"②

当我读到这一段时，我无论如何都想不通帕图罗的双重标准——人们"当然"应该保护成年同性恋者，但同时我们"当然"应该保护小孩子不要变成同性恋。这说明，把同性恋当成一种病的思维模式仍然有着顽固的生命力。因为这是我们通常谈论病人的方式，比如我们会说 HIV 阳性人群"当然"应该免受歧视，但同时他们也"当然"不应该肆意传播病情。这种观念用在疾病上是有道理的。然而，我们不是在三十多年前就已经抛弃了同性恋是病的想法了吗？

显然没有。就算人们不再认为同性恋是一种真正的疾病（一

教育时，禁止健康教育课程讨论"非异性恋生活方式"，S.C. Code Ann. § 59-32-30（A）（5）（2004）. 得克萨斯州要求针对十八岁以下的青少年的健康教材中写明"同性性行为不是一种值得赞许的生活方式，它是一种犯罪"，Tex. Health & Safety Code Ann. § 85.007（Vernon 2001）. 在犹他州，有关公立学校的法律禁止"倡导同性恋"，Utah Code Ann. § 53A-13-101（1）（c）（iii）（Supp. 2004）；Utah Admin. Code r. 277-474-3（A）（2001）.

① 例如，在亚利桑纳州，一项行政命令禁止国家机关进行性倾向歧视，见 Ariz. Exec. Order No. 2003-22（June 21，2003）. 然而，该州也禁止公立学校对同性恋进行任何正面描述 Ariz. Rev. Stat. Ann. § 15- 716（C）（1）to（3）（2002）.

② E. L. Pattullo E. L. Pattullo，"Straight Talk About Gays,"*Commentary*，December 1992，p. 22.

掩饰：同性恋的双重生活及其他

种精神疾病），但同性恋是种象征性的疾病（一种不受欢迎的、会传染的习性）这一观念却延续了下来。反同心理学家们已经明确把它命名为"同性恋的传染模式"，在这种模式下"孩子们一旦跟同性恋者产生性接触，就会被引导成或沾染上同性恋"[①]。

在法律领域，把同性恋视为传染病的最不光彩的事例出自一位最高法院大法官。1978年，在同性恋去病化的五年之后，威廉·伦奎斯特大法官采纳了一所公立大学的观点，即同性恋群体的结社权不应该受宪法第一修正案的保护，因为他们会传播同性恋[②]。该大学认为，这个问题"类似于麻风病人是否在触犯隔离法规的情况下还享有宪法权利，集结起来，并拉拢那些还没有得麻风病的人，一起反抗州隔离麻风病人的规定"。同性恋者不属于有权集会的公民，也无权号召其他人支持他们。他们都是麻风病患者，所碰之人都会被感染。

传染模式的隐喻反映了社会对同性恋根深蒂固的恐惧——同性恋者会把其症状传给他人——这种恐惧比真正的精神病模式荼毒更深。在精神病模式下，是异性恋者"育儿不当"才有了同性恋；相反，在传染模式下，同性恋是通过感染摇摆不定的孩子来传播的。同性恋被当成如此具有侵略性的行为，为禁止宣传同性恋的政策提供了合理性，因为这样的禁令看上去只是在被动防守。

然而，同性恋宣传禁令本身的攻击性却被遮蔽了，就像改名为"国防部"的政府部门掩盖了其发动战争的本事。因为如果孩子们坦言自己性倾向游移，那么同性恋宣传禁令就跟那些试图把

---

① Paul Cameron and Kirk Cameron, "Do Homosexual Teachers Pose a Risk to Pupils?" *Journal of Psychology* 130（November 1996）: 603.

② *Ratchford v. Gay Lib*, 434 U.S. 1080, 1084（1978）（Rehnquist, J., dissenting from denial of certiorari）.

同性恋的矫正

他们转变为异性恋的手段没什么两样。更重要的是，如果这些法律认可了传染模式，它们就会以维护国家利益为由，理直气壮地把同性恋视为一种病。

我想说得更清楚一点：只有当国家和社会不去干涉摇摆不定的小孩最终的性倾向时，同性恋者才能获得完全的平等。那些既支持同性平权又不许宣传同性恋的人应该质问自己，把同性恋既视为平等又当作有病，难道不是自相矛盾吗？

"转换"这个词有很多日常用法，可以描述洋流，也可以用于外汇。然而，当用在人身上时："转换"便有了更加严肃而重大的意义——它是对我们内核的精神改造，是在通往大马士革[①]的路上发生的某件事情。对我而言，谁将被转化，谁将被彻底改造，始终是最重要的民权问题。改变谁？同性恋儿子还是异性恋父母？同性恋者还是恐同的人？仅仅是用心思考这些改变，就可能改变我们。

在处理这些问题时，早年的同性恋活动家比我们很多人都更有智慧。面对一个努力想要改变他们的社会，他们给出了一个简单得不能再简单的回答——同性恋就是好。近些年，我看到一个令人担忧的趋势，人们对同性恋的维护并不是基于它是"好的"，而是基于它是"不可改变"的。我了解这种不可改变论有它的诱人之处，但我想说，对待这种论点要谨慎。

早期的不可改变论试图寻求一个同性恋的生理起源。20 世纪90 年代，许多研究都想找到同性恋在身体里的位置，不管是大脑、X 染色体、还是指纹[②]。有一个著名的研究试图证明，同卵双

①　Damascus 在希腊语中意为"一个水源充足地方"，译注。

②　Simon LeVay, "A Difference in Hypothalamic Structure Between Heterosexual and Homosexual Men," *Science* 253（August 1991）：1034 ~ 37；

生子比其他兄弟姐妹更容易有同一种性倾向[1]。这些研究都假定了一种同性恋基因的存在。

但这些研究都受到了挑战。神经解剖学家塞门·利维的大脑研究指出，男同性恋和女人一样，下丘脑比异性恋男人小[2]。当我听说这个研究时，我甚至对这个假设的表述方式都很反感。它看起来跟一个历史上的刻板印象很接近，即男同性恋就是一个困在男性身体里的女人——而这会儿又成了困在男性身体里的女人的大脑[3]。仔细一读，我发现利维解剖的所有的"男同性恋"尸体都是死于艾滋相关的并发症，然后我就没有继续再读了。有很多原因可以证明这个研究根本不合格，比如有可能是艾滋而不是同性恋导致他们的下丘脑较小[4]。

Dean H. Hamer et al., "A Linkage Between DNA Markers on the X Chromosome and Male Sexual Orientation," *Science* 261（July 1993）：321 ~ 26；J. A. Y. Hall and D. Kimura, "Dermatoglyphic Asymmetry and Sexual Orientation in Men," *Behavioral Neuroscience* 108（December 1994）：1023 ~ 26.

[1] J. Michael Bailey and Richard C. Pillard, "A Genetic Study of Male Sexual Orientation," *Archives of General Psychiatry* 48（December 1991）：1089 ~ 96.

[2] Simon LeVay, "A Difference in Hypothalamic Structure." For further limitations and confounding factors in the study, see Simon LeVay, *The Sexual Brain*（Cambridge：MIT Press, 1993）, pp. 120 ~ 23；LeVay, Queer Science, pp. 143 ~ 47. For further challenges, see W. Byne and B. Parsons, "Human Sexual Orientation：The Biological Theories Reappraised," *Archives of General Psychiatry* 50（March 1993）：228 ~ 39；W. Byne, "Is Homosexuality Biologically Influenced? The Biological Evidence Challenged," *Scientific American* 270（May 1994）：50 ~ 55；W. Byne, "Science and Belief：Psychobiological Research on Sexual Orientation," *Journal of Homosexuality* 28（June 1995）：303 ~ 44.

[3] 例如，有研究者解释了"倒错的男性"如何习得"女性"行为和情感，见 Havelock Ellis, Studies in the Psychology of Sex：Sexual Inversion, vol. 2（London：University Press, 1897）, p. 12.

[4] 利维判断性倾向的方法是值得质疑的。在他的 41 个研究对象中，有 35

酷儿理论家麦克·沃纳曾嘲讽了由心理学教授麦克·贝利和精神病学教授理查德·皮拉德进行的双胞胎研究①。这项研究认为同性恋存在着遗传基础，因为如果一个人是同性恋，那么他的同卵双生兄弟则有极大可能也是同性恋。这项研究还有一个非常耸人听闻的论断：即使两个双胞胎兄弟被分开带大，情况依然如此。然而沃纳发现，有两个被分开带大的双胞胎兄弟不仅都是同性恋，还都有对着建筑工人的照片手淫的嗜好。沃纳反问道，这是不是意味着也有一种基因决定了对着建筑工人打飞机？②

就算这些研究方法无懈可击，它们对同性恋的辩护仍然是有漏洞的。它们似乎是在假定生物特征是不可改变的，而文化特征则是可以改变的。然而就像文学批评家伊芙·赛菊寇所说，过去的智慧随时可能变成笑柄③。随着我们科技的进步，基因特征可能

个男性，其中他根据他们的病例，选出了 19 个"同性恋者"（"包括一个男双性恋"），他们都死于艾滋相关的并发症，见 LeVay, "A Difference in Hypothalamic Structure," p. 1035. 而在六个死于艾滋并发症的"异性恋者"里面，有"两个曾否认他们有过同性性行为"，同上，p. 1036, n. 7. 剩下的 14 个"异性恋"病人（其中七个死于艾滋并发症）没有任何有关性倾向的信息，而利维直接推测他们"大部分或全部都是异性恋者，考虑到人口中异性恋占绝对多数"。利维对同性恋的研究跟 HIV 病毒的影响混淆了，因为他所有的"同性恋"研究对象都是死于艾滋，见 LeVay, *The Sexual Brain*, p. 121；LeVay, *Queer Science*, p. 320 n. 43. 然而，面对质疑，他只是承认，"死于艾滋的男同性恋或许不能代表所有的男同性恋", The Sexual Brain, p. 144.

① Michael Warner, *The Trouble with Normal*, pp. 9 ~ 10.

② Michael Warner, *The Trouble with Normal*, pp. 9 ~ 10.

③ "就像我们开始质疑文化建筑具有独特的延展性一样，我们也越来越不相信把身份放在生物学或'本质'之下就可以免受社会干扰。相反，自然／建构之争背后的所有假设都可能正在发生逆转。如今人们越来越相信某个属性是由基因或生物决定的，而非'仅仅是文化'，而似乎正是这一猜想激发了人们对文化的科技面的控制欲。" Eve Kosofsky Sedgwick, Epistemology of the Closet

掩饰：同性恋的双重生活及其他

会变得比文化特征更容易受到人类操纵。正如乔纳森·托林斯的话剧《神界的黄昏》所设想的那样，从发现一个同性恋基因到观察到一个带着这种基因的胎儿只有一步之遥[①]。如果科学家们赶在同性恋者改变偏见文化、保障合法权益之前发现了一个同性恋基因，那么届时的同性恋者会比我们今天的处境危险得多。

还有人对不可改变性提出了更微妙的论点，认为文化特征也可以是不可改变的[②]。然而不可改变论越是成熟，我越是坚信这一思路是个谬误。拿不可改变为同性恋来辩护并不是最佳方案，因为它隐含着一种歉疚感[③]。它在拒绝矫正的要求时只是说"我没办法改变"，而不是说"我不愿意改变"。它似乎在说，电击疗法是错误的，仅仅是因为它没有效果；而如果它有效的话，它就没有任何错误。这种辩护同时也忽略了双性恋，因为他们可以选择只

（Berkeley： University of California Press， 1990）， p. 43.

① Jonathan Tolins， The Twilight of the Golds（New York： Samuel French， 1992）. 这部话剧的名字来自瓦格纳的四联歌剧《尼伯龙根的指环》的最后一幕，"神界的黄昏"，描写了诸神因为爱的争夺而最终导致世界毁灭。话剧中，苏珊娜是神的女儿，她的哥哥大卫是同性恋。当她知道她怀着的孩子也将成为同性恋时，她开始犹豫是否要堕胎。她的决定让每一个家庭成员都十分挣扎，尤其是大卫。

② See， for example， Samuel Marcosson， "Constructive Immutability，" *University of Pennsylvania Journal of Constitutional Law* 3（May 2001）： 646 ~ 721.

③ "就算不可改变的双性恋还是会被认为是一种选择——因为他可以选择一个异性伴侣，从而符合异性恋社会的游戏规则"，见 Kenji Yoshino， "The Epistemic Contract of Bisexual Erasure，" *Stanford Law Review* 52（January 2000）： 406. 珍妮特·哈利指出，不可改变性也常被用作一个免责的策略，因为它干脆排除了选择的可能。她还说，不可改变论"无法解释为何双性恋者能够跟所谓的'异性'有较好的性体验，我们却不能因此鼓励或强迫他们选择异性"，见 Janet E. Halley， "Sexual Orientation and the Politics of Biology： A Critique of the Argument from Immutability，" *Stanford Law Review* 46（February 1994）： 518 ~ 19， 528.

表现异性欲望，并且他们对同性的欲望表达也不需要用"不可改变"来辩解。

当然，从逻辑上说，不可改变论和合法论是可以同时存在的。然而在现实中，两种理论却总是在言辞上针锋相对。如果一个人的身份是不可改变的，人们就不太可能再去追问它是不是合法的，因为反正都没法改。但反过来也一样——当一个身份是合法的，人们就不大可能去问它能否改变。

文学教授里奥·伯萨尼曾说，如果我们假定我们没有走错路，那么就不会有人问"我们究竟是怎么走到那儿的"[1]。

同性恋对同化的批判正始于此。矫正是同化的最终要求——冒充和掩饰使潜在的身份相对完整地保留下来，而矫正则是要摧毁它。当一个人被要求矫正时，两种拒绝的理由有着天壤之别。我们会选择哪一个？我们会说我们不能改变吗？或者我们，会像早期同性恋活动家那样，说我们就是不愿意改变，用对平等的渴望抵抗矫正的要求？

我深知不可改变性的诱惑。当我谈及支撑我人生的书籍时，例如比尔·鲁宾斯坦或乔纳森·凯兹的书，打动我的一部分原因正是它们不变的品质。但是更加打动我的是它们对文化的反抗，尽管这种文化也是它们诞生的土壤。这些书并不是必须要存在，也正因如此它们的存在才是个奇迹。它们对抗着重力一样强大的阻力。在一片让我们趴下的叫骂声中，它们把我们举得更高了。

---

[1]　Leo Bersani, *Homos*（Cambridge: Harvard University Press, 1995）, p. 57.

同性恋的冒充

在塞缪尔·泰勒·柯勒律治的《古舟子咏》中，一名水手射死了一只信天翁，而他赎罪的方式是反复讲述他杀死这只吉祥鸟的过程。直觉告诉他谁必须听他的故事，而他会用自己炯炯的目光慑住这些人。他不由自主地讲，他们不由自主地听。他讲啊讲，希望有一天可以把这个故事讲得足够好，或者讲的次数足够多，那样他就再也不用讲它了①。

我们每个人都有一个故事，我们必须反复讲述它，直到讲好的那天。这个故事中……必须让人听得懂——我们必须抛弃那些方便剧情的设定，也必须坦言哪些地方有所精简。在我们受够了它或在它受够了我们之前，都得一直讲下去。对于同性恋者而言，这个故事往往就是我们的出柜故事。有一段时间，我甚至觉得自己就像这个水手，不知道还要把这个故事讲多少次。有时候我感觉跟他是如此相似，以至于我开始担心我是不是也得写一首

———————————

① Samuel Taylor Coleridge, The Rime of the Ancient Mariner, in *The Oxford Book of English Verse*, 2nd ed., ed. Arthur Quiller-Couch（New York: Oxford University Press, 1939）, p. 562.

押韵的诗。每讲一次，我都如释重负，但同时我也渴望从这个故事里彻底解脱。但是谁又能让我解脱呢？解脱意味着有束缚，但其实根本没有人逼着我讲。就算那些主动让我讲出柜故事的人往往也只是希望我给出一个不超过一行字的回答罢了："大学毕业后那年。"

和那个水手一样，我的冲动也是来自于直觉。我知道一行字的答案是真实的，因为它确切地描述了我是什么时候向父母出的柜，但我还是感觉这故事并不完整。出柜是一个无休无止的过程，因为它的观众每次都不一样。如果我要讲一个真实的故事，一个可以把我从其他叙述中解救出来的故事，那么我需要描述许多个观众，许多场契机。

一个方块套着另一个方块，路易斯·康设计的菲利普斯·埃克塞特学院图书馆简直是建筑系学生们的麦加圣地。它最令人震撼的特点是，每一个内部方块的竖墙，都被切成了巨大的圆洞。当我还是个学生时，我常常驻足于一楼有着东方风情的地毯上，目光穿过这些圆圈，落在四层楼的浩瀚书海里。我感觉自己就像在观察蚁穴的剖面图，偷窥那些正在工作而没有察觉到我的昆虫们。

那年我十七岁。一个春日的午后，我抬头看见了他。马修正躺在一个圆弧上，离我站的地面有二十公尺。我赶紧让自己的头四处转动，找找有没有其他可以看的东西，却发现这里只有他和我。我又看了他一眼。马修的脸看起来总像是有点融化掉了。他那中西部式的拖拖拉拉的长腔能够让一场谈话慢下来，仿佛在足球场上，连球都会等等他。他依偎在那个圆洞的边缘，像是在提取那一丝丝慵懒。他向下看，看到了我，朝我挥了挥手。当我挥手回应他时，我才是有"坠落"危险的那一个。

那晚，我去了教堂。当时我还是个信徒，不过是那种云里雾里、尚未皈依任何教派的年轻人。我甚至在那个教堂工作过，虽然更多吸引我的不是宗教信仰，而是我敏锐的直觉，它告诉我这是学校里一个安全而温暖的地方。星期二晚上，牧师麦克先生——我们不叫他那冗长的苏格兰姓氏——会给我们读书，这是我每周不变的重心。

白天，麦克先生看起来就像狄更斯——身材高大、面色红润、头顶光亮。在他的宗教课上，当学生被问题难住时，他会把硕大的双手放在他的肩上，仿佛是在告诉他，他和我们一样无知且困惑。即便是在星期天司礼的时候，他都一如既往表现得和蔼快活——"让我们在上帝面前发出欢快的噪音吧！"在唱完赞歌之后，他会说："谢天谢地，果然是噪音，不是歌曲。"但是到了晚上，当他读詹姆斯·艾吉的信[1]或是保罗·弗莱雷的书[2]时，他的脸上却露出了愁容。我从没见过他在太阳下山之后讲过一个笑话。

在司礼之后，他会在原地跟我交谈两句。我负责熄灭蜡烛、关掉话筒，锁上沉重的大门。随后，我会去趟他的办公室，给他道声晚安。我们也会聊天——由于我有宵禁，只能简单说几句，但许多谈话都令人难忘。那时候，麦克先生比任何人都更能放大我的感受，让我感受到自己能成为什么样的人。他会摘下自己玳瑁色的眼镜，把鼻子上方三角形的肉皱起来，说一些简短而玄妙的话。我时常怀疑他是不是只是在满足我的救世主情结——什么

---

① 美国小说家，在《詹姆斯·艾吉写给神父弗莱尔的信》中，透露了很多自己的观点和经历，译注。

② 20世纪批判教育理论和实践方面最重要和最有影响的作家之一，代表作有《教育：自由的实践》《被压迫者教育学》《自由文化行动》等，译注。

同性恋的冒充

我注定要从事某项伟大的事业、我的宿命不是享乐而是喜悦之类的，说这些有什么用呢？不过，他的警句却一直陪伴着我。

那天晚上，我告诉他我看到一个学生在一个图书馆的圆洞上能够保持很好的平衡。我不是要告马修的状，也不是要保护他。我只是想让自己确认，那个随着灯光变暗逐渐消失的场景，是我的记忆，不是幻想。麦克先生只是听着。随后他把他的双手放在我的肩上，我感觉自己戴着两块温暖而厚重的肩章。他低头看着我，就像我们在跳舞一样。

"你最大的天赋"，他说："是你能够面对你自己。"

从我走回宿舍那一刻起，这句话让我痛苦了好多年。它很好笑，我想，因为我连镜子里的自己都不敢面对。每次照镜子，我都会感到一种真实的不安，我无法直视它，只敢偷偷摸摸地接近——我得先退后几步，然后侧着身悄悄靠近镜子。我似乎在担心，如果我看得太快，我就可能一眼看到全部的自己，看到我小心翼翼分得很开得几个自我突然凑在一起。所以我干脆不看。我也讨厌自己如此懦弱。

但回过头来，我不再对自己这么苛刻。我开始明白，不想面对自己恰恰是一种自我保护的方式。我是我自己的第一个观众，只是我还没有准备好罢了。但是既然我能够意识到自己在逃避自己的眼睛，那就意味着，我已经断断续续地在准备了。

我在早期的同性恋权利运动中发现了相同的脆弱。这一运动是什么时候"出柜"的，答案很明显：1969年的石墙事件[1]。在此

---

[1] See John D' Emilio, *Sexual Politics*, *Sexual Communities*: *The Making of a Homosexual Minority in the United States*, 1940-70, 2nd ed.（Chicago: University of Chicago Press, 1998）, pp. 1 ~ 2. 但 D' Emilio 并不这样认为。See ibid.

掩饰：同性恋的双重生活及其他

之前的几十年常常被形容为一片不毛之地①。在扭转治疗大行其道的年代，很多同性恋者至死都不敢讲述自己的故事，活活把柜子变成了棺材。其他人则只能在市郊有着茶色窗户的酒吧里②，或在一些早期同性恋权益组织的共产主义式的小屋里③，或是在他们等待扭转治疗的沙发上相互出柜④。

恐同者知道，同性恋们连自己都不敢正眼看自己。作家朱蒂·迦兰描写了 20 世纪 60 年代一个名叫"幽会"的酒吧遭遇的一次突击，这让我回忆起我自己年轻时所经受的恐惧。

> 那晚，两个警察来到了我和我的约会对象坐着的桌前。他们拿电筒照着我们的眼睛，命令我们站起来，否则就要逮捕我们。随后，他们要求我们说出真名，连名带姓，说很多次，能多大声就多大声。当我照做时，豆大的汗水顺着我的肋骨往下滴。他们离开后，我和我的伙伴低头坐着，我们对自己的懦弱感到羞耻，以至于不敢看向四周，甚至连对方的脸都不敢看。那时候，我们还没有一种内心防御机制，无法抵制我们因无助而产生的自我憎恨。也没有人帮我们认识到，压迫就是压迫，不是由我们的性格污点而起。⑤

---

① See John D' Emilio, *Sexual Politics*, *Sexual Communities*: *The Making of a Homosexual Minority in the United States*, 1940-70, 2nd ed. (Chicago: University of Chicago Press, 1998), pp. 1 ~ 2. 但 D' Emilio 并不这样认为。See ibid.

② Dudley Clendinen and Adam Nagourney, *Out for Good*: *The Struggle to Build a Gay Rights Movement in America* (New York: Simon & Schuster, 1999), p. 17.

③ D' Emilio, *Sexual Politics*, p. 64.

④ Duberman describes, Cures, pp. 93 ~ 115.

⑤ Judy Grahn, "An Underground Bar," in *Another Mother Tongue*: *Gay Words*, *Gay Worlds* (Boston: Beacon Press, 1984), p. 32.

迦兰的这段文字显示出，警察就像扭转治疗师一样，把自我憎恨熟练地施加在同性恋者身上。强迫这两个女人说出自己的真实姓名打破了这类酒吧的惯例，即来这里的人们从来不会使用自己的姓，而名字往往都是昵称。这相当于在她们还没准备好的时候逼她们去看一面镜子。

然而就像出柜前的几年为我最终公开打下了基础一样，新一代的历史学家——乔治·昌西、约翰·德埃米利奥和莉莲·费德曼——发现，石墙事件之前几十年的铺垫作用远比人们想象中要大①。这些历史学家在异性恋世界旁边出土了一个同性恋世界——一个以讲行话、使眼色、红领结和隐蔽门为标志的风月场。这个世界里有幽会吧之类的酒吧，也有像 1950 年建立的马特蕊协会或是 1955 年比利蒂斯之女一样的同性恋权益组织②。

这种抵抗方式很难得到重视，因为按照当今标准来说，它太模棱两可了。早期同性恋运动的讽刺之处在于，最显赫的人名都是假名。爱德华·萨格林的书第一次书写了美国同性恋对平权的渴望，而这本书却是在 1951 年用唐纳德·韦伯斯特·科里为笔名写作的③。

马特蕊协会的五个创建者之一至今都只能被历史学家们称

---

① See George Chauncey, *Gay New York* (New York: Basic Books, 1994); D'Emilio, *Sexual Politics*; Faderman, *Odd Girls and Twilight Lovers: A History of Lesbian Life in Twentieth-Century America* (New York: Columbia University Press, 1991).

② Ibid., pp. 29, 287 n. 3.

③ Donald Webster Cory, *The Homosexual in America: A Subjective Approach* (New York: Greenberg, 1951)

掩饰：同性恋的双重生活及其他

作"R"①。就连同性恋权益组织的名字也同样地遮遮掩掩。马特蕊协会这个名字来自一群中世纪戴着面具的法国单身汉②。他们的刊物，《一》，借用了托马斯·卡莱尔的名句："一种神秘的兄弟情谊使所有的男人合为一体。"③比利蒂斯之女则是来自比埃尔·路易斯的散文诗《比利蒂斯之歌》④。

这种逃避使得人们在描述这一时期的同性恋运动时，有种屈尊俯就的语气。然而，正如我不会对自己柜中的几年嗤之以鼻一样，我也不会用任何语言嘲笑这些组织。前石墙时代的活动家们事实上远比当代美国同性恋权利组织的普通成员来得勇敢，因为他们远比后者孤独。对他们而言，就像对我来说，沉默必须经由诗歌才能凝结成散文。

我在牛津的第一学期末，我的父亲来看望了我。我还没有告诉他我是同性恋，也没有说我爱上了布莱恩。我只是说，我正在经历四分之一生命危机，因为我不知道我想成为什么。但他从我的声音中听出了苦痛。

我们在他酒店旁的餐厅见了面。他的眼睛闪烁着，打量着我，仿佛在操控他的家长透视扫描仪。虽然他什么都没说，但我可以看出他被我的消瘦和胡渣吓了一跳。席间，我们试着像平常

---

① 马特蕊协会由 Harry Hay，Bob Hull，Dale Jennings，Chuck Rowland 和 Rudi Gernreich（"R."）等五人创建，Konrad Stevens 和 John Gruber 也通常被认为是创办者。见 Katz, *Gay American History*, p. 414. 德埃米利奥和很多历史学家都把 Gernreich 称作"R." D'Emilio, *Sexual Politics*, p.62.

② Harry Hay, "The Homosexual and History ... an Invitation to Further Study," in Radically Gay: *Gay Liberation in the Words of Its Founder*, ed. Will Roscoe（Boston: Beacon Press, 1996）, pp. 92, 112.

③ One 1（1953）, p. 1, quoting Thomas Carlyle.

④ Ladder 1（1956）, pp. 2 ~ 3.

一样交谈，说说我的朋友、我的学习以及我对英国食物的厌恶。我使劲营造出一个笑话：为什么英国的乡村这么美？因为他们只是还没找到毁了它的办法罢了。他听了，勉强地笑着。随后，他让我跟他上楼去他的房间。

他并没有立刻展开话题——床头的新奇玩意儿转移了他的注意力。就像吉卜林笔下的猫鼬一样，他的座右铭是"奔跑着去发现"。他拿起那个东西。

"这是什么？"

"这是烫裤机。"

"这儿的旅馆还有这东西呢？"

"是的。"

"他们还熨裤子啊？"——"他们还帮客人熨裤子啊？"

"不，爸爸，他们只会发传真。"——"不，爸爸，他们只帮忙发传真。"

"这样啊。"他露齿而笑。然后他变得温柔了些。

"你有点不对劲吧？"——"不是课业压力的问题吧？"

"嗯。"我已经开始胡言乱语了——如果他直截了当地问我，我或许还能够回答。但是我不能主动说出那句话。他在一把高背椅子上悠闲地躺下。他在等我说。他有他教师的天分，能够发掘学生的潜能极限，然后他会站在悬崖的对岸，等着学生跳过去。

过去，我经常为了父亲的期待纵身飞跃。从在游泳池他向我张开双臂，到他告诉我我可以去埃克塞特或哈佛牛津，我始终都相信他，并努力跳过悬崖。如果他都能够在十八岁时去到美国然后成为一个教授，那么我这个生在美国、母语是英语的人还有什么事做不到呢？但现在呢？我连安静地坐着读一段书都做不到，也没什么胃口吃东西。我坐在他对面，脱下成功的伪装，就像一只海龟丢盔卸甲。

"对不起，爸爸，"我终于开口了，"我什么都做不了。我失败了。我一无所有。"我停顿了一下。我能说那件事吗？我不能。于是我说了句蠢话："我什么都不是。"

在他说话之前，我感觉到了他。这种感觉不像他惯有的轻松的拥抱，而像是在他温暖的双臂中，他让我成为了他的一部分。

他说："你是我的儿子。"

我开始抽泣。或许这是一个柜子对我们最大的伤害——它阻挡了我们听见"我爱你"这句话。我的父母曾经说过这句话，而我相信那份爱，但不相信话中那个"你"。真正的我被藏了起来，所以他们所爱的这个"你"是另外一个人，一个更优秀的儿子。当父亲宣告我是他儿子时——这个蠢陋的东西我承认是我的 ①——我开始怀疑，无论我是什么，这个沉默的经济学家都会一直在我身边，他会抚摸我的头发。我的抽泣把我内心什么东西驱走了，我开始理解，爱是一份叙事许可证，在它的疆域里，我可以把我的故事讲出来。但是那晚，我发出的唯一声音就是动物般的呜咽。而他，始终抚慰着我。

三个星期后，我回家过圣诞。我的母亲在洛根机场接我，满脸的爱和焦急。我仍处在动作迟缓的低等动物状态。她没有让我说话。"不要想那么多，"她用日语对我说，"生活并不容易。"我喜欢她这样讲。这句话打动了我，因为许多父母会告诉孩子，不要胡思乱想，生活根本没有那么难。

第二天晚上，在父母的公寓里，我花了几个小时望着窗外的查尔斯河发呆。虽然我看到映在窗户里的自己时已经不再害怕，

---

① 这句话出自莎士比亚的《暴风雨》，5.1.275 ~ 76.

同性恋的冒充

但我觉得这个影子像个幽灵——我甚至可以看穿自己。那时，天正下着雪，雪花不多不少，足以让我过去的世界变得模糊不清。月光把结冰的河变成了斜体的 S 形，在一座座桥下穿梭。它似乎向我发出了邀请。

我沿着河走着。我找到了当初我注视布莱恩眼睛的地方，在岸边躺了下来。我舒展开我的四肢，整个人像个五角星，盯着天上的星星。我回想起我听过的出柜故事。最好的故事是一个母亲抱着他的儿子说："这些年你该是有多孤独。"这句话比"我爱你"更打动人。它是对一段生命的瞬间领悟。而最坏的故事则是父母跟他们十八岁的儿子脱离了关系，把他逐出家门，他只穿着睡衣，光着脚，站在冰天雪地里。就在这个孩子的脚都冻成得发青时，门开了。他想，当然啦，他们不可能故意那样对我。但随后，一个装满他衣服的箱子被扔了出来，门再次被关上，永远关上了。我想象着我自己的故事该是怎样的。我知道它不会是这两个中的任何一个。

我托着沉重的脚步往回走，想要知道自己的故事会是怎样。爸妈已经在等我了——我跟他们说想在睡前跟他们谈谈。当我看见他们穿戴整齐像是要去开家长会一样，我的心一阵剧痛。我挨着母亲，坐在象牙色的沙发上，努力回想我本已排练好的开头。

在我九岁的时候，母亲给我讲了个看不见的红线的故事。那时我们在东京涩谷闷得难受的火车站等车。她从自动售货机里给我买了一瓶晴空苏打——那种甜甜的发酵牛奶，用广告词说："是初恋的味道。"母亲注意到了蓝色瓶子的圆点花纹之间的字，她笑着给我讲述爱情。她说，有的日本人相信，我们跟我们爱的人之间绑着一条看不见的红线——我的爱人是谁早已命中注定，而只要我能抓住这条线，我就能把它卷着收回来，得到她的心。

我知道她只是想逗我开心，所以我也配合她，感受着我周围空气里那无迹可寻的细绳。但突然，我想到一件事。我问她，如果这条线是隐形的，那他们怎么知道是红色的呢？母亲的眼睛瞪得老大。尽管天很热，她还是把手放在我的脖子后面，告诉我，我可能忽略了这个故事的重点。

在冬日，加缪说，他在自己内心发现了一个永不衰败的夏天①。在牛津的日子里，我曾以为自己可能永远不会再温暖起来了。我试着回想母亲在那个火车站看我的目光。回想她手心的温热。

"我知道我让你们担心了，"我不敢抬起眼睛："对不起，我想解释清楚。这跟布莱恩有关系。"说完那个名字之后，我的话开始变得结结巴巴。"当我跟他在一起的时候，我第一次感觉到了些什么。我明白了我爱的人——我的线连着的那个人——不会是个女人。"

沉默在空气里打转，然后坠落下来。接着再打转，再跌落，像台无声的电话机。

父亲慢慢地、轻声地说："你是在说你是同性恋？"

他的语法重音用得不太正确。但我无法挑剔这句话的结构，因为我连说出它的勇气都没有。

"是。"我说。

我抬起头。母亲看着父亲，那表情我永远都不能用语言描述，也无法忘记。我只能说，她这一生中很依赖父亲，唯独这一次，父亲给不了她任何解释、安慰或意义。我，一个对文字如此有信心的人，此刻竟感受到了语言的局限。我找不到任何词汇描

---

① Albert Camus, "Return to Tipasa," in *The Myth of Sisyphus and Other Essays*, trans. Justin O'Brien（New York：Knopf, 1969）, p. 202.

同性恋的冒充

述他们相互凝视的目光。

"但如果是这样的话，"母亲用日语说，"我们就再也不能回日本了。"我这才意识到，我之前为什么那么害怕向父母出柜。因为有人会死去——我自己，我母亲，我父亲，都会死去。我们会蜷缩成团，面向墙壁，然后断气。当母亲说出那句话时，我知道她是在宣告一种死亡——虽然只是一种死之隐喻，一种社会意义上的死亡，但的确也是一种死亡。这就是我杀死的那只信天翁——我杀死了母亲那十字架般的无邪，杀死了她对家的念想。

她看到了我的畏惧。她转换成了英语。"你所做的事，"她说，"是非常勇敢的。"仿佛同一种语言不能包含她的两种声音。

我们的谈话尴尬地停止了。我躺在床上，呼吸急促，就像刚刚结束赛跑。那一刻，我的感受是极为震撼的，它是多年来的沉默、谎言和模棱两可的终点。我似乎觉得摄影机在转动，我不再是别人故事里的群众演员，我终于成了自己故事里的男主角。这个时刻是我生命的临界点，也是一个护身符，我摸着它告诉自己，面对生命的测验，我没有不及格。

对于整个同性恋运动，那个决裂的时刻是 1969 年 6 月 27 号。当警察突袭石墙小酒馆时，酒吧里的老顾客拒绝安静地离开。他们把自己堵在屋内，向外面扔啤酒瓶，并高喊着"同性恋不可欺"之类的口号。对冒充的大规模抵抗恰好开始于一个酒吧，而这个酒吧本身也是一个象征性的柜子，同性恋们最终还是打开了它，不再受人所控。

石墙事件开辟了同性恋权利运动的新战场。这次暴动促使一系列新组织建立起来，包括同性恋解放阵线、激进女同以及第

掩饰：同性恋的双重生活及其他

三世界同性恋革命 [①]。这些团体的用语也变得平实了。记者达德利·克莱德宁和亚当·纳格尼评论道："这些新的同性恋活动家再也没有讲任何晦涩的语言，不会拿一些含糊其词的名字来掩盖他们的任务——不用'亲同'，不用'马特蕊'，也不用'比利蒂斯'。"[②]石墙事件同时还催生了一批新的刊物，不像之前的同性恋友好杂志《一》或者《阶梯》，这些刊物会把"同性恋"骄傲地亮在自己的刊名里——《同性恋时代》《同性恋火花》《同性恋阳光》[③]。

这次暴动为同性恋权利运动揭开了序幕。如辛迪·巴顿所说："一堵石墙把时间分割开来，一面是无穷无尽的压迫，另一面是历史的入口。1969 年之前，我们只能怨天尤人，放弃我们全部的希望。1969 年以后，我们可以说我们是谁，也可以上街演讲，用团结的力量发起反击。"[④] 我曾经感到奇怪，为什么石墙运动会上升到这样一个高度，被认为是同性恋历史的转折点。暴动持续不到一周，而当时的主流媒体根本不把它当回事。如今我明白了。我们把这个日子铭刻下来，是因为作为一个社群，我们需要一个跟我们个人体验相类似的出柜时刻。

然而，这个故事不能就此结束。出柜不是一劳永逸的，我们

① John D'Emilio, "Cycles of Change, Questions of Strategy: The Gay and Lesbian Movement After Fifty Years," in *The Politics of Gay Rights*, ed. Craig A. Rimmerman, Kenneth Wald, and Clyde Wilcox (Chicago: University of Chicago Press, 2000), pp. 31, 35.

② Clendinen and Nagourney, *Out for Good*, p. 31.

③ Rodger Streitmatter, *Unspeakable: The Rise of the Gay and Lesbian Press in America* (Boston: Faber & Faber, 1995), p. 117.

④ Cindy Patton, foreword to *Lavender Culture*, ed. Karla Jay and Allen Young (New York: NYU Press, 1994), pp. ix, xiv.

还是会时不时把自己关进去。这跟听众是谁有关。在我向父母出柜的几天后，我去见了我大学的一个导师。约翰跟我私下不是很熟，但他曾在学业上辅导过我，这使我的牛津之路顺畅了很多。他跟我在牛津的教授有联系，因此我相信他已经知道我遇到了麻烦。我欠他一个解释。

我以为面对他我会没有那么难开口，至少比向父母出柜容易。然而我没有预料到，回到美国我竟然会再次扮演异性恋的角色。尽管我在牛津过得很悲惨，但在那里至少能感受到身为无名氏的轻松。当我回到我经常逗留的地方时，我就只能被绑在原地。我觉得自己就像是走在小人国的格列佛，被无数微小的细线压垮。我可以击败任何单个的人，但他们合起来就会让我无法动弹。

在我走进约翰办公室的那一刻，我就已经感觉到了一种束缚。他体态浑圆，看起来总是一副刚煮开的样子。他的举止倒是和蔼可亲，像是要缓和一下他那令人紧张的神态，那天也不例外。他问了我一个女同学的近况，他总是把这个姑娘称为我的"女朋友"，谈话的间隙立刻被业内的八卦绯闻填满了。他的客厅贴满了他孩子的照片，而偏偏他又在这天跟我说，这几个孩子是他此生最大的成就。我立马就确定了他知道我是同性恋，并且不想听我亲口告诉他。那是我第一次遇到一个人不愿意听我出柜，而他阻止我的方式则是在周围处处设防。这种情形常常让我恼怒，尤其是有人话里藏话，假装是在交流，却根本不想听你说。正当我想从他的喋喋不休中逃离时，他握了握我的手，送我出了门。

就算有的人急切地想要知道，或者即使他们已经知道了，我仍然难以启齿。我和莫林的友谊已有好几个月，但我仍然没有向她出柜，即便她很快就凭直觉知道了我的秘密，并给我创造了无数个机会揭穿它。她的日记肯定都这样开头："他今天还是没告诉我，"就好像我是一封永远没有到来的信。

很多同性恋者都经历过这种"公开的秘密"。我是同性恋——她知道我是同性恋——我知道她知道我是同性恋。就像两个对立的镜子，我们制造了一个关于知道的无限后退。但是就像文学评论家 D.A. 米勒所说，知道和承认知道是不一样的[1]。正因为我自己永远不会承认我们都知道的那件事，她也不会承认。所以我们就这样若无其事下去——每周都比上周更紧张一点。我责备自己，下决心让自己开口。我告诉自己，如果不说，她肯定觉得我不信任她。我当然是信任她的，只是我总感觉我已经错失了开口的机会。那个机会本来该在——什么时候呢？

后石墙时代的同性恋史，同样有着错失的时机。有一个关于大法官刘易斯·鲍威尔的法律助理的故事，如今在同性恋法律界广为流传。在 1986 年的鲍沃斯诉哈德维克一案中[2]，联邦最高法院宣布，宪法中的隐私权不保护同性恋在自己的家里从事亲密性行为而不被起诉。在它于 2003 年被推翻之前[3]，鲍沃斯案一直是同性恋权利面前巨大的绊脚石——它不但让私下里的同性性行为入罪，也给同性恋者带来了其他负担，如监护权被剥夺，或是因性倾向不同而失业。

---

① D. A. Miller, *The Novel and the Police* (Berkeley：University of California Press，1988), p. 206.

② *Bowers v. Hardwick*，478 U.S. 186 (1986).

③ 鲍沃斯案最终被劳伦斯案推翻 *Lawrence v. Texas*，539 U.S. 558 (2003). 关于法院是如何通过鲍沃斯案否认同性恋权利的，见 Joseph Landau，"Ripple Effect：Sodomy Statutes as Weapons，"New Republic，June 23，2003，p. 12.

这个判决本来是可以走向另一条路的。不仅因为它是以五比四的票数通过，还因为这决定性的一票掌握在鲍威尔法官手中。在九个大法官争论长达十一个小时后，鲍威尔站在了风口浪尖。他的传记作家约翰·杰弗里斯写道，鲍威尔曾跟他最自由派的法律助理卡贝尔·齐尼斯讨论过这个案件[①]。齐尼斯是同性恋，但鲍威尔不知道[②]。在他们的讨论过程中，鲍威尔说，他一个同性恋都不认识[③]。齐尼斯震惊了，心里万分挣扎，不知道是否应该向这位大法官出柜[④]。但最终他都没有迈出那一步。他只是说了一个强烈的请求。

"去爱我所选之人的权利，"他说，"对我而言比大选时的投票权重要许多。"

"也许吧，"鲍威尔回答道，"但那并不代表它是种宪法权利。"

随后，鲍威尔给出了决定性的一票，维护了鸡奸法。

在这个故事广为流传以后，齐尼斯变成了许多同性恋群体

---

① John C. Jeffries Jr., *Justice Lewis F. Powell, Jr.*（New York：Fordham University Press，1994），pp. 521 ~ 22.

② 同上书，p. 528. 关于鲍威尔是否知道齐尼斯是同性恋存有争议，See Jeffries, *Powell*, pp. 521 ~ 22. 鲍威尔曾在多个场合找过齐尼斯，问他对同性恋的看法，尽管哈德维克案是由另一个法律助理麦克·莫斯曼负责的。莫斯曼来自爱达荷州，是一个保守的摩门教徒，已婚，育有三个孩子，毕业于布里格姆·杨大学法学院。因此，我们不知道鲍威尔找齐尼斯谈话是不是因为他觉得齐尼斯提供的同性恋信息会对此案更有帮助。See Joyce Murdoch and Deb Price, *Courting Justice：Gay Men and Lesbians v. the Supreme Court*（New York：Basic Books，2001），pp. 272 ~ 74.

③ 据说鲍威尔告诉齐尼斯："我觉得我从来都没遇到过一个同性恋。"Murdoch and Price, *Courting Justice*, p. 273. 据称，他还在哈德维克案的讨论会上对同事说他不知道任何同性恋者，同上书，p. 307.

④ 同上书，pp. 305 ~ 6.

的弃儿①。20世纪90年代我念法学院时，听谣传说华盛顿的同性恋者们依然不许他踏进他们的门槛。我难以理解，人们对他的仇恨为什么如此深重。据记者乔伊斯·默多克和戴比·普莱斯报道②，他常被骂为"一个自我憎恨的同性恋者，一个当代的J.埃德加·胡佛③，是魔鬼的侍仆"。

伊芙·赛菊寇也表达了愤怒④，她把这个法律助理的故事同犹太普林节的故事相类比：亚哈随鲁国王想要策划一场对犹太人的种族屠杀，但他却不知道自己的妻子以斯帖皇后就是犹太人。当这个国王一步步实行这个计划时，以斯帖向他公开了自己的犹太人身份，用赛菊寇的话说，强迫他"在屠杀与爱情之间衡量轻重"⑤。以斯帖知道，国王可能会在冲突中选择牺牲她——她已经准备好了面对死亡。然而，以斯帖的自我袒露打动了国王，他收回了大屠杀的命令。因为在他深爱着的那张脸上，他看到了犹太众生的人性。

赛菊寇问，难道这不就是很多人幻想的，如果齐尼斯向鲍威尔出柜就一定会实现的结果吗？用杰福里的话说，如果齐尼斯"在这些法官难以理解的诉求之上加上一张熟悉的脸"，它们

---

① 据说鲍威尔告诉齐尼斯："我觉得我从来都没遇到过一个同性恋。" Murdoch and Price, *Courting Justice*, p. 273. 据称，他还在哈德维克案的讨论会上对同事说他不知道任何同性恋者, pp. 335 ~ 36.

② 同上书, p. 335.

③ 美国联邦调查局由调查局改制之后的第一任局长，任职长达37年，直到1972年逝世为止。许多批评者认为，他的行为已经超出了联邦调查局的职责范围，译注。

④ Sedgwick, *Epistemology of the Closet*, pp. 75 ~ 76.

⑤ 同上书, p. 76.

是不是就不会显得那么突兀，也不会显得那么有威胁性①？鲍威尔大法官后来也承认说，他"可能在这个鲍沃斯案中犯了一个错误"②。这一忏悔使这个问题更加突出了——齐尼斯的出柜到底能不能改变鲍威尔的投票，从而扭转这个法院的反同判决？

比普林节更晚近的事例还有很多，它们都说明出柜的力量不可小觑。据费德曼称，第二次世界大战期间，德怀特·艾森豪威尔将军曾让美国陆军妇女队的军士约翰尼·菲尔普斯去调查、曝光并处罚在他军中的女同性恋。她回答说："好的，先生。如果将军您愿意，我很高兴进行这次调查……但是，先生，我不能偏袒任何人，所以我不得不告诉你，我的名字将出现在名单的最前面。"随后，她告诉将军，他得"替换掉所有的文职秘书、地区首领、大部分的指挥官，以及车辆调配厂人员。"艾森豪威尔立即撤回了这个命令③。

变革幻想的受挫解释了人们对齐尼斯感到愤怒的部分原因。但是，这不是全部。起初，我也视齐尼斯为一个懦夫——他已经在同性恋圈里出柜，那他还有什么借口再次走入柜中？但渐渐地，我意识到如果齐尼斯是个懦夫，那么我自己也是。和他一样，在我第一次出柜之后，我也有很多次选择性的冒充。当然，我没向约翰或者莫林出柜的重要性要小得多，而我的危险性也要小得多。回顾我自己的历史，如果我身处齐尼斯的位置，其实我

---

① Jeffries, *Powell*, p. 522.

② 同上书，p. 530. 他说，"我可能在这个案子里犯了个错误……对我来说，那只是一件往事而已，可能不那么重要……在这个判决做出后，我好像从来没有花半个小时好好想过它的后果。" Ruth Marcus, "Powell Regrets Backing Sodomy Law," *Washington Post*, October 26, 1990, p. A3.

③ Bunny MacCulloch interview with Johnnie Phelps, 1982, quoted in Faderman, *Odd Girls and Twilight Lovers*, p. 118.

掩饰：同性恋的双重生活及其他

也不知道自己会做什么选择。

我认为，很多同性恋痛斥齐尼斯恰恰是因为他们，跟我一样，也在害怕自己可能会做出同样的事情。通过谴责齐尼斯，我们得以说服自己，我们跟他不像。然而我们必须坦诚地面对我们的不坦诚。我所认识的每一个同性恋者都会在不同场合冒充异性恋。这就意味着，只有当我们原谅这个法官助理的所作所为时，我们才能原谅那个曾经没有勇气的自己。只有这样，我们才能承担起本来就属于我们的责任。然而攻击齐尼斯显然比攻击法院来得容易，支持同性恋的努力就这样走偏了。这是一种内化的恐同症，我们批评冒充异性恋的人，却不去批评驱使他这样做的恐同的社会制度。

鲍威尔说他一个同性恋都不认识，这又意味着什么？在后金塞时代，这根本不可能。更重要的是，鲍威尔聘请过不少同性恋助手，这是众人皆知的，而且很多助手变成了他的心腹[1]。他在社会和个人层面都不能理解同性恋，只能说明他在努力让自己变得无知，尽管他也看到了他对自己极力忽视的那些事物产生了多大的伤害。

异性恋者对于显眼的事实视而不见的这种固执，在另一些情况下，会变得很好笑。我认识一对女同性恋——安妮和伊丽斯——最近参加了一个牛津大学的周年庆，这次庆典吸引了各个年龄段的人。她俩和一对七十多岁的澳大利亚夫妇被安排在了同一张餐桌上。安妮和伊利斯都有三十好几。老两口问她俩是不是牛津的毕业生。伊利斯吸了一口气，说安妮上过牛津大学，她只是和安妮"在一起"。这句话没有收到任何评论，席间她们也间

---

① Murdoch & Price, *Courting Justice*, pp.275, 335 ~ 37.

接说到她俩住在一起、一起旅游，但老夫妇依然无动于衷。在晚宴结束后，那位丈夫斜过身子告诉安妮，很高兴见到她……和她的女儿。安妮吓坏了。被当成女儿的伊利斯倒没那么吃惊。

这些故事是同性恋权利在一个时代的剪影。它们都强调，冒充这一规范不仅是仗着同性恋的沉默，而且是倚赖反同者对这种沉默的坚持才建立起来的。1993 年，军队政策开始把这种双边社会契约命名为"不问不说"①。然而这种安排在此之前早已存在，它不是来源于国会首领，而是有机地生长在一片文化土壤之中。于是也难怪，对冒充规则最大的挑战并没有产生于文化领域，而是源自认识论的范畴。

在我还是法学院学生的时候，我问比尔·鲁宾斯坦，他是怎样参与到同性恋权利运动中去的。他说，那是 20 世纪 80 年代，他还在念法学院，艾滋病袭击美国，激发了他的政治热情："我们觉得如果连我们也什么都不做，就没有人会做任何事了。"我并没有太当真，虽然我敬佩他的社会良心，但我也在想他是不是说得太夸张了。人们真的会因为某一次的经历做出终身的职业选择吗？

如今我把我和比尔的这次交流当作两代人的对话。同性恋权利的发展如此迅速，十年也是一代沟。虽然我对比尔没有这种感觉，但我时常可以从和他同龄或稍稍年长的男同性恋身上察觉到一种愤慨。我觉得这跟越战退伍军人对海湾战争老兵的感受有些类似——我们战斗了这么多年，人们却对我们吐口水；你们只打了几个星期的仗，人们就为你们游行欢呼。这种经历上的区别部分是由艾滋病造成的。比尔活在这场瘟疫最盛行的年代，而十年

---

① 有关军中的同性恋规定，见，U.S. Code 10（1994），§ 654.

后的我却可以选择不过这样的生活。在 1994 年我们谈话的时候这一区别就已经存在，直到今天依然如此。据我所知，我没有一个朋友甚至一个认识的人死于艾滋，没有人在几个月内突然就老了十岁，没有人被肺炎或肠道寄生虫夺去生命，没有人全身长满卡波西肉瘤，也没有人选择自杀以加快自己无可避免的结局。这就是蛋白酶抑制剂 ① 和艾滋病人人权的意义所在。

尽管如此，艾滋仍然对我发出过嚣张的警告。我曾见过很多男人在告诉我他们是阳性时，脸上露出的胆怯而凝重的神情。每当我出汗或阵痛时，都会十分恐惧。我也曾在做体检时，意识到血液就是一种血腥的东西。我看着白色的测试棒，祈祷不要有红色线条，因为它意味着我的生活将永远改变。面对阴性的测试结果，我感受到一种令我歉疚的恩典。我所有的男同性恋朋友都与害怕早逝的心理做过激烈的斗争，这让我很是惊讶。

艾滋激发了同性恋社群的斗志。冒充常常是与死亡相联系的，就像在种族问题上，冒充白人也就意味着在自己的原生社群经历了一次社会死亡 ②。对于男同性恋来说，艾滋把"冒充"和"去世"从象征意义上的等价变成了真正的相同。然而人们对待真正的死亡又是沉默的——1986 年，艾滋引发了超过六万美国人的死亡，但只有少数讣告会写明这些死亡与艾滋相关 ③。沉默，反

---

① 一种抗 HIV 疗法，可以抑制另一种由 HIVpol 基因编码的酶的活性，从而延长寿命，译注。

② See Henry Louis Gates Jr., *Figures in Black*: *Words*, *Signs*, *and the "Racial" Self* (New York: Oxford University Press, 1987), p. 202.

③ 截至 1986 年底，美国疾控中心收到 29, 003 例艾滋病感染者的汇报（当然，不是所有感染者都会向疾控中心主动报告）。Center for Infectious Diseases, Centers for Disease Control, "AIDS Weekly Surveillance Report 1— United States AIDS Program," December 29, 1986, p. 5, http: //www.cdc.gov/

过来，又引发了现实中的死亡，例如有的州对艾滋病教育的审查就是致命的[1]。

20世纪80年代到90年代，当艾滋的柜子变成棺材，同性恋者才感受到不出柜的代价越来越大，对男同性恋来说尤其如此[2]。艾滋的柜子和同性恋的柜子虽然不尽相同，但它们却是锁在一起的。艾滋促使同性恋个体以同性恋的身份出柜，抨击国家和社会对这一流行病的冷漠无情。由艾滋引发的标语，如"沉默=死亡"[3]，以及"我是酷儿，我在这里，爱咋咋地"[4]，后来都更加广泛地应用在了同性恋者的生命里。

---

hiv/stats/surveillance86.pdf. "1986 年……《哥伦比亚新闻学评论》显示，《纽约时报》上的讣告中，只有极少数写明死亡原因是艾滋病。"类似情况也见于《迈阿密先驱报》、《洛杉矶时报》以及大大小小的其他报纸，见 Larry Gross, Contested Closets: *The Politics and Ethics of Outing*（Minneapolis: University of Minnesota Press, 1993）, p. 53, citing Alexis Jetter, "AIDS and the Obits," Columbia Journalism Review（July/August 1986）: 14 ~ 16. 一个值得注意的例外是旧金山的《湾区记者报》，在80年代中期，艾滋广泛爆发期间，这一报纸平均每周发布12封与艾滋有关的讣告，占两到三版。某一周的讣告数量高达31封，见 David Kligman, "No AIDS Obits Is Banner News for Gay Newspaper," *Austin American-Statesman*, August 15, 1998. See also C. Winick, "AIDS Obituaries in The New York Times," *AIDS & Public Policy Journal* 11（1996）: 148 ~ 52.

① Mark Barnes, "Toward Ghastly Death: The Censorship of AIDS Education," *Review of Social Acts*, *Social Consequences*: *AIDS and the Politics of Public Health*, by Ronald Bayer and Policing Desire: Pornography, AIDS, and the Media, by Simon Watney, *Columbia Law Review* 89（April 1989）: 698 ~ 724.

② "随着艾滋的到来，藏身暗柜变得越来越困难了，因为越来越多的男性名人生病去世，但媒体却配合这些名人把棺材变成永远的柜子。"Gross, *Contested Closets*, p. 53.

③ Douglas Crimp and Adam Rolston, *AIDS Demo Graphics*（Seattle: Bay Press, 1990）, p. 14.

④ Bruce Bawer, "Notes on Stonewall," *New Republic*, June 13, 1994, pp. 24, 26.

艾滋的柜子同时也在侵蚀着同性恋的柜子，因为前者相对没那么牢固。这一综合征会留下标记，可能最常见的是卡波西肉瘤。这些标记会自动把它的受害者踢出柜子，以艾滋病人的身份现身，这样，人们自然就会把他跟同性恋联系在一起[①]。

艾滋使一些同性恋者变得更加激进，他们希望修改"不问不说"这一社会契约。在20世纪90年代早期，这些活动以"开柜"的形式展开——曝光那些不愿意承认自己是同性恋的人[②]。这一做法长期以来都被视为禁忌，不过它最终得到了一位教皇级人物的撑腰——他就是艾滋活动家米开朗琪罗·西尼奥里莱[③]。他的布道台是一本名叫《开柜周》的同性恋杂志，上面发表了他一系列为

[①] 苏珊娜·杨认为，卡波西肉瘤就像"一个耀眼的疾病标志，这种病至今仍被严重污名化，并依然跟社会边缘群体联系在一起。"Suzanne Young, "Speaking of the Surface：The Texts of Kaposi's Sarcoma," in *Homosexuality and Psychoanalysis*, ed. Tim Dean and Christopher Lane（Chicago：University of Chicago Press，2001），pp. 322，324.

[②] 例如，在一篇文章揭露了一位杰出的国防部官员的同性恋倾向之后，"开柜"议题引发了激烈的讨论，见 Rita Giordano, "Gays Bitter in Division over Outing," *Newsday*, August 9, 1991, p. 17. 有关开柜策略的创始人米开朗琪罗·西尼奥里莱的介绍，见 Reneé Graham, "The Prince of Outing," *Boston Globe*, July 13, 1993, p. 25. 开柜策略越来越受欢迎，比如一个历史系教授愿意出一万美金作为奖励，只要有人能找出一个军中的四星级上校，一个最高法院大法官或者一个美国的红衣主教是同性恋者，见 Sally Jacobs, "'Outing' Seen as Political Tool," *Boston Globe*, April 3, 1993, p. 1. 关于同性恋运动中的开柜争论，见 Beth Ann Krier, "Whose Sex Secret Is It?" *Los Angeles Times*, March 22, 1990, p. E1. 有关政府官员和商界精英的同性恋流言使得记者们对开柜持摇摆态度，见 David Tuller, "Uproar over Gays Booting Others Out of the Closet," *San Francisco Chronicle*, March 12, 1990, p. A9. 有关主流媒体讨论开柜问题的文章，见 Gross, *Contested Closets*, pp. 219～30.

[③] Gross, *Contested Closets*, pp. 283～303.

公众人物开柜的文章，比如商业大亨马尔科姆·福布斯[1]。

向大众开柜的活动只持续了几年。对于很多同性恋者而言，被出柜的感觉很不舒服，就像被恐同者强迫着承认自己的性倾向，也像警察在突袭酒吧时耍的伎俩[2]。主流媒体的敌意更为明显[3]《开柜周》于1991年关闭，据说是因为广告商不再提供赞助了[4]。社会规范又回到从前，那就是只允许强拆那些自己明明是同性恋却又大肆发表恐同言论的人的柜子——正如民主党议员巴尼·弗兰克所说："我们有的是隐私权，而不是虚伪权。"[5]值得注意的是，当今社会竟然几乎再也没有由开柜引发的辩论。

就像同性恋群体从艾滋病中幸存下来一样，冒充也存活了下来。当一个人"矫正"成异性恋时，通常他的转变众人皆知。然

---

① Michelangelo Signorile, "The Other Side of Malcolm," *OutWeek*, April 18, 1990, p. 40, reprinted in Gross, *Contested Closets*, p. 285. 西尼奥里莱还替富豪大卫·格芬开了柜，见 "Gossip Watch," *OutWeek*, December 26, 1990, p. 45, 以及主持人默文·格里芬，见 "Gossip Watch," *OutWeek*, July 18, 1990, p. 45, reprinted in Gross, *Contested Closets*, p. 289.

② See, for example, C. Carr, "Why Outing Must Stop," *Village Voice*, March 18, 1991, p. 37; Ayofemi Folayan, "Whose Life Is It Anyway?" *OutWeek*, May 16, 1990, reprinted in Gross, *Contested Closets*, p. 248; Hunter Madsen, "Tattle Tale Traps," *OutWeek*, May 16, 1990, reprinted in Gross, *Contested Closets*, p. 237.

③ See, for example, "'Outing' Is Wrong Answer to Anti-Gay Discrimination," USA *Today*, March 30, 1992, p. 12A; Mike Royko, "Antsy Closet Crowd Should Think Twice," *Chicago Tribune*, April 2, 1990, p. 3.

④ See James Cox, "'OutWeek' Magazine Goes Out of Business," USA *Today*, July 1, 1991, p. 2B.

⑤ 弗兰克说："我们有隐私权，但没有虚伪权。如果一个政客自己是同性恋，却还反对其他人是同性恋，那么他们相当于已经放弃了隐私权。那些身为同性恋的共和党人竟敢控诉别人，对此我十分愤怒。" Dirk Johnson, "Privacy vs. the Pursuit of Gay Rights," *New York Times*, March 27, 1990, p. A21.

掩饰：同性恋的双重生活及其他

而当一个人冒充成异性恋时，有多少个观众就有多少个柜子。这使得出柜在个人和集体层面，都成了一场西西弗斯式的事业。这就是为什么在向父母出柜多年之后的今天，我仍然会在某些场合冒充异性恋者。这也是为什么在石墙事件37年之后，冒充依然是同性恋社群的一个重要议题。

石墙事件之后，同化同性恋的重心从矫正变成了冒充。从同性恋权利的角度来讲，这标志着一种进步。它表明美国社会的某些领域已经接受了同性恋，也接受用沉默替代扭转。不管柜中生活多么艰辛，它总比电击疗法来得轻巧。

但正是因为矫正和冒充是部分重叠的，所以从前者到后者的过渡并不总是意味着进步。以美国的同性恋军事政策为例，1981年的军规规定，同性恋"与兵役水火不容"[①]。这是一种正式的矫正制度，严格来说同性恋必须矫正成异性恋才能服役。20世纪90年代早期，这种仅以某人是同性恋为由拒绝征收其入伍的情况已经受到了抨击。1993年，国会和国防部出台了"不问不说"政策[②]，以回应此前的批评，而这一政策却延续到2011年[③]。在"不问不说"的政策下，同性恋者不再仅仅因其性倾向就不能参军，但如果出柜则仍还是可能被拒绝。从1981年到1993年的政策转变标志着社会对同性恋的要求从矫正变成了冒充。军队和媒体都把这一转变吹捧为对同性恋者的巨大利好。

但果真如此吗？新的政策并没有改变同性恋者的生活，因为不管有没有这一政策，军中古往今来一直都有很多藏在柜子里的

---

① Enlisted Administrative Separations, Department of Defense Directive 1332.14, 47 Fed. Reg. 10, 162, 10, 178（March 9, 1982）.

② U.S. Code 10（1994）, § 654（b）（1）.

③ 该政策已于2011年9月20日正式被取缔，译注。

同性恋者。它也没有改变恐同者的生活，因为他们仍然可以不用面对同性恋。而那些双性恋或疑性恋[①]军人的生活也没有被改变，因为他们始终缺少一些榜样人物，让他们相信同性恋也是一种可行的生活方式。

我们可以就此打住，总结说"不问不说"对于同性恋者而言并不比之前的政策好。或者我们可以走得更远，像法学教授珍妮特·哈利那样，说新政策"坏得多得多"[②]。虽然她的观点可能听起来有些极端，但统计数据却支持了她——在"不问不说"施行后的几年里，从军中被开除的同性恋人数竟上升了[③]。我把这一现象部分归因于新政策的舆论引导作用。本应该彻底推翻旧政策的法院如今却接受了新政策，只因后者被包装成了一个"进步"的故事：曾几何时同性恋者还得接受治疗，而在如今这个更文明的

---

① Questioning，疑性恋，是指流动不居、保持质疑的情欲样态，译注。

② Janet E. Halley，*Don't*：A *Reader's Guide to the Military's Anti-Gay Policy*（Durham：Duke University Press，1999），p. 1.

③ 1998 年，一份国防部的报告称："尽管从 80 年代到 90 年代初，被开除的同性恋军人的数量和比例持续下降，并在 1994 年达到最低值，但在此之后，因同性性行为受到惩罚的军人数量和比例却在逐年上升。"Office of the Under Secretary of Defense（Pers. & Readiness），*Report to the Secretary of Defense*：*Review of the Effectiveness of the Application and Enforcement of the Department's Policy on Homosexual Conduct in the Military*（1998），http：//www.defenselink. mil/pubs/rpt040798.html."不问不说"政策实施之后，1998 年被开除的同性恋者是 1993 年的两倍，见 "Close Quarters：How Is This Strategy Working? Don't Ask," *New York Times*，December 19，1999，sec. 4，p. 1. 然而，在阿富汗和伊拉克战争开始之后，被开除的同性恋者又明显减少，事实上，"每次美国发动战争时，包括越战和海湾战争，开除人数都会减少"，见 Servicemembers Legal Defense Network，*Conduct Unbecoming*：*10th Annual Report on "Don't Ask，Don't Tell"*（2004），p. 1，http：//www.sldn.org/binary- data/SLDN_ARTICLES/pdf_ file/1411.pdf.

掩饰：同性恋的双重生活及其他

时代，他们只需要冒充一下异性恋而已嘛。

军队也越来越相信，冒充的要求比矫正的要求听起来合理多了，虽然事实并非如此。我们必须让他们悬崖勒马。既然矫正和冒充的关系是盘根错节的，我相信他们要么会一起灭亡，要么就会一起兴盛。如果我们有成为某种人的权利，那么我相信，从逻辑上和道德上来讲，一定就会有说出自己是什么人的权利。当军队说自己并不是反对同性恋，而只是反对公开的同性恋时，我觉得这是自相矛盾的，这种矛盾使我对前半句话都存疑万分。

正因如此，宪法第一修正案才应当保护那些自我认同为同性恋的个体。联邦最高法院还没有宣布这项权利，但目前处理过这一问题的最高级别的法院已经否认了它的存在。1984 年，一个联邦上诉法院审理了一个案子，一位辅导员马乔丽·罗兰被一所公立学校撤职，因为她以双性恋者的身份出柜[1]。在遵循前例的原则下[2]，法院不得不作出权衡：一方面是罗兰的利益，她有权对一个"公众关注"的议题发表言论；另一方面是学校的利益，他们必须保证教学有序进行。法院最终决定罗兰的"出柜"言论没有达到"公众关注"的高度，因为她"只是为了她自己的利益"[3]。最终，法院支持了校方对罗兰的处分[4]。

最近，另一个辖区的初审法院不同意罗兰案中法院所持的"出柜是件私事"的观点，并敏锐地察觉到，如果有那么多人在

---

① *Rowland v. Mad River Local School District*，730 F.2d 444，446 ~ 47（6th Cir. 1984）.

② 该先例是：*Pickering v. Board of Education*，391 U.S. 563（1968），and elaborated in subsequent cases such as Givhan v. Western Line Consolidated School District，439 U.S. 410（1979）.

③ *Rowland*，730 F.2d at 449.

④ 同上书，p. 452.

意一个同性恋职工的身份公开，那么她的言论就是受公众关注的①。由于各法院的结论不尽相同，最高法院很可能会介入，以解决这一矛盾。如果最高法院最终介入了，它应该考虑大法官威廉·布伦南对罗兰案的评论②。作为自由派的大法官，布伦南对最高法院拒绝审查此案的决定提出了异议，他认为罗兰的出柜言论应当受到保护，因为她的言论"只不过是她性倾向的自然流露"，况且"我们根本不可能把她的言论和她的生活状态分开"。最高法院以及整个国家都应该遵循这一逻辑——如果人有"存在的权利"，那么就理应有"说出自己是什么的权利"。③

至此，像那个水手一样，我讲出了我的故事。但我这才认识到，我曾以为自己可以从中解脱，是多么愚蠢的想法。即使我刚刚讲述的故事比我之前讲过的任何一次都更完整，但它还是充满了简化与回避。或许这就是那个水手的窘境——也许我们永远都不能从某些故事里跳出来，即使我们看见自己被困在里面。

然而，把它说出来，还是有一种满足感的。就算它不能让我免于反复讲述我的故事，但或许它能让我更好地去倾听别人的故事。当我出柜时，人们常常以无数种巧妙或粗暴的方式说我自私——说我是个享乐至上的人、自恋的人或者性欲过剩的人。然而当我回想自己什么时候最自私时，我想到了我出柜前的日子，那时我是那么害怕自己，那么无力提供或接受亲密关系。以更真实的自我面貌栖居，会让一个人变得更有活力，同时更加稳定，

---

① *Weaver v. Nebo School District*，29 F. Supp. 2d 1279（C.D. Utah 1998）.

② See *Rowland v. Mad River Local School District*，470 U.S. 1009（1985）（Brennan，J.，dissenting from denial of 470 U.S. 1009（1985））（Brennan，J.，dissenting from denial of certiorari）.

③ 同上书，p. 1016 n. 11.

这二者也会使他更容易向其他人敞开心扉。

如今时不时会有同性恋学生向我出柜，就像当年我跟比尔出柜一样。比起那个年龄的我，他们中的很多人都走得更远。他们告诉我他们在少年时期就已经出柜，或是在本科时就辅修了酷儿研究。我嫉妒他们——带着自己那已有充分理论支持的性倾向来到法学院，该是什么感觉！但是也有人在我面前瑟瑟发抖，这又把我带回到过去，那年我坐在他们的位置，而比尔则坐在我的椅子上。

我努力为他们做一些比尔曾为我做过的事情。包括告诉他们不要选我的课。当我在教"性倾向与法"时，一些学生问我是否可以在他们的成绩单上修改课程的名称，以便今后的雇主不会怀疑他们是同性恋。我拒绝了，我说这就相当于在说我们为自己的性倾向感到抱歉。我反问他们，是否想为一个会歧视自己性倾向的人工作。但我也告诉他们，你可以再等等，等你准备好了，你再来上我的课，而我在此期间，都一直在这里。

然而，他们的出柜让我了解了我的学生们藏身的其他柜子。身为一名教师，至少在我的这个教学领域，我明白出柜故事是普遍存在的。双手紧张地放在大腿上、有故事要讲的，不仅仅是同性恋学生们。一个混血学生在向我讲述她的冒充经历后，我才回想起"冒充"一词历史上最初就是跟种族联系在一起的，例如南北战争前奴隶冒充白人，又如最近的"虚拟种族"，即互联网上的种族冒充现象①。一个天主教学生告诉我说，他害怕以一个教徒

---

① "冒充这个词在美国历史中的系谱是跟种族差异的话语有关的，尤其是这样一个假设：只要一个'黑鬼'有一滴血是来自非洲祖先的，那么他在文化上和法律上就都是黑人，而此时他的'白人'身份就是冒充来的。"Elaine K. Ginsberg, "Introduction: The Politics of Passing," *in Passing and the Fictions of Identity*, ed. Elaine K. Ginsberg（Durham: Duke University Press, 1996），

身份现身，因为他估计出柜后他在法学院的成绩会下降 25%。基于这些谈话，我以"柜子"为关键词随意搜索了一些新闻，想要证实我的直觉，即这个词早已不再只适用于同性恋者。结果没有出乎我所料。这些新闻讲述了柜中的诗人、柜中的共和党人、柜中的赌徒、柜中的艺术家以及柜中的坦帕湾魔鬼鱼队①的粉丝。每个人都有秘密的自我。

　　这些秘密期待着被讲述。就像许多个古舟上的水手一样，我的学生们也一遍又一遍地重复着他们的身份故事，用他们热切的目光抓住我。即便这些故事在我耳朵里都是老套的情节，我依然乐在其中，因为正是这些陈词滥调才保证了我们下一代人的各种身份能够自由展演。有时候，一个故事会不经意地引出一片万里无云的古老奇观。它让我想起我每一个出柜时刻的激动和紧张，而那种急促的感受像是在说，生命由此变得不同。

---

pp.1，2 ~ 3 南北战争前，黑人冒充白人的做法可参见，William Craft, Running *a Thousand Miles for Freedom*；*or*，*The Escape of William and Ellen Craft from Slavery*（1860；Miami：Mnemosyne Publishing，1969）. 有关近年来互联网上出现的种族冒充现象，见 Jerry Kang, "Cyber-Race," *Harvard Law Review* 113（March 2000）：1131 ~ 1208.

　　① 位于佛罗里达州圣彼得斯堡的美国职棒大联盟球队，隶属美国联盟东区，译注。

掩饰：同性恋的双重生活及其他

同性恋的掩饰

1995 年的某一天，我的第一任男友在熟睡中突然抽搐，惊醒了我。在睡梦里，保罗的身体就像被闪电击中一般，开始颤抖。有时甚至连我都被吵醒了，他自己却还在噩梦中。至少在最初的几个月，我享受着这种被吓醒的感觉：它暗示着保罗在我生命中就是一种奇迹般的存在。从第一次起，做爱的感觉就如此自然；在我心里，我有一张绘着他身体的地图。看着他在我身旁熟睡，我感到平静，心生敬畏。

我是在我最喜欢的意大利餐厅遇到保罗的，他是那里的服务生。在我跟他闲聊时，他给了我一张卡片让我填，说是可以收到有关餐厅"特殊活动"的通知。几天后，我收到了一封信，说我赢得了一次"了解你的服务生"的活动。

随着我慢慢了解我的服务生，我知道了他曾在茱莉亚学院受训成为一名小提琴手。即将毕业的时候，他的一只手臂出了问题，不能每天练习好几个小时，职业生涯也就无望了。所以他不再从事音乐，转而在耶鲁攻读英语本科学位，并且在 23 岁的时候，已经完成了一半。

我第一次听他演奏是在他的校舍。我对音乐本不感冒，然而听他的曲子，我却如此了如指掌：因为我跟他用另一种语言交谈过。聆听他的天赋更加让我感受到他的所失，感受他的身体对他的背叛。

保罗觉得，除了音乐之外的任何事都不是最理想的生活。然而他却给那种生活填满了他的特色。有一次我笑他每晚睡前都要把自己的服务生衣服熨好，未免太过吹毛求疵。他却回答，这是他现有的生活，他仍然必须尽他所能，当一个最好的作家和服务生。我就是在那时爱上了他。我们一起度过了我念法学院的最后两年。

也许我俩都同意浪漫爱情不是一种与生俱来的权利。然而我们都自信它会发生，这就必然在一定程度上承认了这一权利。在成长的过程中，我总觉得自己是一个词，它不像"银色"或"橙色"那样炫耀夺目，而是如十四行诗那样闪着锡箔一样的微光，它不跟其他任何词押韵，总是独自游走。然而就在某处，爱情发生了，真实得有些虚妄，就像是窃听到了远处的谈话。但它却没有以主人公设想的方式发生。

所以在我把保罗拥进怀里时，有些东西震撼了我。我想知道，阳光透过石板瓦的阴影钻进来，落在他眼皮底下时，他的眼睛会变成什么颜色。没有人曾详细写过，当一个人赤裸的身体表面被另一个人的身体所挤压时，会发生些什么。这是一个自我慢慢分解的过程，那种想要区分我与非我的本能不得不被搁置。我非常确定，如果我活在别的世纪，那么我至死都体会不到如此不可或缺的温暖，每想到此，我都会颤栗不安。我把他抱得更紧了，而他是流浪，他是欲望，他是华丽的错乱，是跑来平复我焦躁幻想的现实。我不知不觉睡着了，我觉得时间应该在此时此刻结束。

但是它没有。我们醒来，梳洗一番，保罗穿上一条裙子，要去参加一个由艾滋病释放力量联盟（又名"行动起来"联盟）①主办的集会。或者我们被一阵电话铃声吵醒，我让保罗不要接，因为那可能是我父母打来的。又或者我们醒来，我给他做早餐，因为我还在自责前一晚没有带他去我父母也出席的一个派对。在我意识到我们所有的争吵都是跟外界有关之后，我说，我多么希望我们可以隐居起来，还有源源不断的食物。他说我是在渴望一个能容纳两个人的柜子。

这惹怒了我。那时候，我已经向我的父母、朋友、同学和教授出了柜。我跟保罗一样，也是算得上是一个活动家，因为我把争取同性恋权利当成我的工作。然而我知道他说的是什么。保罗比我"酷儿"得更彻底。他生长在旧金山，十五岁出柜，如今，他把一切不充分炫耀的行为都视作自我憎恨。

令我困惑的是，即便我俩都身为公开的同性恋，我们仍然会时常为如何表现我们的性倾向而争吵。我当时没有意识到，我们争论的是当代同性恋最重要的议题——是做正常人，还是毫不掩饰地做"酷儿"。

世纪之交，同性恋的自我表达进入了最后一个阶段。社会学家史蒂芬·塞德曼在其 2002 年出版的《超越暗柜》中观察到，很多同性恋"可以选择过柜子之外的生活，然而……他们仍然必须活在大部分领域都由异性恋统治的世界里"②。同化对同性恋的要求开始从矫正变为冒充再变为掩饰。如今，在美国的许多行业，我们都可以做同性恋，也可以公开表明自己的身份，只要我

---

① AIDS Coalition To Unleash Power，或 ACT UP 成立于 1987 年，是一个关注艾滋病防治、研究和立法的倡导组织，译注。

② Steven Seidman, Beyond the Closet: *The Transformation of Gay and Lesbian Life*（New York: Routledge, 2002），p. 6.

们别"张扬"。

我认识的同性恋都不再争论矫正和冒充的问题了——我们会直截了当地反对矫正，也会在不替别人出柜的前提下反对冒充。然而，对于掩饰的问题，我们仍然会争吵不休——在以同性恋身份出柜之后，人们应该在多大程度上向主流社会靠拢？同性恋者应该"举止像异性恋一样"，还是应该悦纳自己的非典型性别①？我们应该小心对待我们的同性欲望，还是应该"招摇过市"？

如果说矫正区分了前同性恋和同性恋，冒充区分了柜中的同性恋和出柜的同性恋，那么掩饰则把正常人和酷儿区分开来。这最后一种差异有很多副面具——如同化论者和解放论者之分，或保守主义者和性激进主义者之别。不管我们如何命名，它始终是当今同性恋社群主要的断层线。

说到正常人，我指的是公开的且拥护同化政治的同性恋者。安德鲁·沙利文能够理解这一立场。至少从他那篇颇具影响力的1993年在《新共和党》上发表的文章起，沙利文就开始敦促同性恋拒绝"性是文化颠覆这一理念"，因为它"离间了大部分的同性恋者，他们不仅接受自己性倾向的自然起源，同时也希望融入现有社会"②。沙利文相信，同性恋已经变得"基本正常"了（这是他1995年一本书的名字③），所以他主张一种异常温和的

---

① 在大众观念里，不符合的性别刻板印象的行为常常是与少数性倾向联系起来的，见 See Francisco Valdes, "Queers, Sissies, Dykes, and Tomboys: Deconstructing the Con ation of 'Sex,' 'Gender,' and 'Sexual Orientation' in Euro-American Law and Society," California Law Review 83（January 1995）: 51 ~ 55.

② Andrew Sullivan, "The Politics of Homosexuality," New Republic, May 10, 1993, p. 34.

③ Andrew Sullivan, Virtually Normal: An Argument About Homosexuality（New York: Vintage Books, 1995）.

政治："在同性婚姻合法化以及其他一些进步之后……我们应该开一个派对，然后见好就收，停止所有同性恋权利运动。"①

至于酷儿，我是指那些强调他们与主流文化的差异的同性恋者②。罗格斯大学的一名英语文学教授麦克·沃纳就主张这一立场——他于1999年出版的书《正常人的麻烦》就是酷儿对于沙利文的《基本正常》的回应。沃纳劝诫酷儿，要抵抗同性恋权利运动的正常化趋势："当那些由各种规范所定义的人们开始用'正常'这一标尺来衡量自己的关系和生活方式的价值时，他们就是在进行一种社会意义上的自杀。"③正因如此，沃纳相信酷儿们应该"坚持让主流文化向酷儿文化靠拢，而不是相反"④。他的态度浓缩在一个口号中："我是酷儿，爱咋咋地。"这句口号不仅将一个地点和一个名字强调出来（"酷儿就在此"），它还命令非酷儿而不是酷儿们去适应这种差异（"请君习惯之"）。

虽然这一分裂可以追溯到石墙时代关于"端庄"和"酷异"之争，但它变得更加明显也只是近几年的事情。随着社会对同性恋的态度逐渐温和，过去"好"异性恋和"坏"同性恋之间的界线在某些情境下发生了变化。如今"好"异性恋和正常的同性恋站在了一边，而另一边是"坏"酷儿。同性恋不再是一个笼而统之的病态群体，许多人越来越迫切地觉得，有必要站到某个队伍里以表忠心——他们要么充满感激地融入主流社会，要么以捍卫

---

① Michael Warner, *The Trouble with Normal*, pp. 60 ~ 61, citing David Groff, ed., *Out Facts*: *Just About Everything You Need to Know About Gay and Lesbian Life*（New York: Universe, 1997）.

② Warner, *The Trouble with Normal*.

③ 同上，p. 59.

④ 同上，p. 74.

差异之名抗争到底。非裔美国人在融合主义和分离主义之间争论不休，女性分裂为平等女权主义和差异女权主义，同样地，同性恋群体也在"好同志"和"酷儿"之间产生了分歧。

这一分歧是如此巨大，以至于好同志和酷儿之间的争执有时甚至跟同性恋与恐同者之间的斗争一样激烈。好同志责骂酷儿，因为他们觉得酷儿让所有的同性恋者都染上了坏名声。布鲁斯·鲍尔曾猛烈抨击在同性恋骄傲游行里的那些"妖娆妩媚的男人"和"袒胸露乳的女人"，说这些耀眼的离群者"让人产生很多误解，从而强化了现有的不平等"①。酷儿也会攻击好同志，因为他们觉得那种想要变得正常从而被异性恋社会接受的做法是一种背叛。沃纳批评好同志，说他们"羞辱着那些站在体面阶梯最底层的人"②。

这一争论吸引着我，部分原因是我曾在两方都立足过。比起保罗，我就是个好同志——我讨厌穿得不男不女，讨厌在公共场合秀恩爱，我也不喜欢他搞这一套。但如今比起其他人，我觉得自己更加酷儿——我为争取同性恋权利而工作，因此被很多人认为我是"好斗的"（虽然这样称呼我的恰恰是那些不希望同性恋进入"战斗"的人）。跟许多同性恋者一样，我觉得我自己在某些问题上是好同志，而在另一些问题上则是个酷儿。

这就说明，同性恋可以在很多个维度上掩饰自己。我觉得至少有四个方面：外表是关于一个人如何向世界展示她的身体；归属涉及她的文化认同；社会运动关系到她在何种程度上将她的身份政治化；而人际关系则有关她对同伴的选择——包括爱人、朋

---

① Bruce Bawer, "Truth in Advertising," in *Beyond Queer*: *Challenging Gay Left Orthodoxy*, ed. Bruce Bawer（Columbus, Ohio: Free Press, 1996）, p. 43.

② Warner, *Trouble with Normal*, p. 19.

092
掩饰：同性恋的双重生活及其他

友、同事。这些就是同性恋者决定他们如何展现自己的因素。

在此我假定，掩饰是一个十分普遍的模式。不像矫正和冒充，掩饰是一种适用于所有群体的同化策略，它包括但不限于传统的民权群体，如少数族裔、妇女、少数教派以及残疾人。在这四个最基本的维度上，我们所有人都在隐藏或炫耀我们的身份。在后面的讨论中，我不会严格考察这四个方面，但为了讲得更清楚，我会在此一一介绍它们。

外表

要明白同性恋者基于外表的掩饰，首先要意识到同性恋毕竟不是完全藏得住的：人们总是假定男同性恋就是"娘娘腔"，而女同性恋就是"男人婆"。在 19 世纪，这一联系常常被归因于"错乱"，即一个女人受困于一个男性躯体，反之亦然。人们认为，这个困在男人躯壳里的女人，不仅会向男人们表达她的欲望，还会表现她带有"女性气质"的情感。福柯写道，同性恋者的性是"毫不害臊地写在他的脸上和身体上的……这个秘密常常在不经意间出卖自己"①。

有些同性恋者会通过"举止像个异性恋者"（或称"扮直人"）来抵消这一刻板印象，而他们的确更容易赢得异性恋世界的接纳。对于那些比运动员还健美的男同性恋或是那些涂脂抹粉的女同性恋来说，"你看起来一点都不像同性恋呢"绝对是赞美之辞。作为个体，也作为一个群体，同性恋者们在这个维度的自我表达

---

① Michel Foucault, *The History of Sexuality*: *An Introduction*, vol. 1, trans. Robert Hurley（1976；New York：Random House，1978），p. 43.

有着强烈的自我意识。最近我看到一个网站，是帮助同性恋者测试自己"扮直人"的程度的——男同性恋的危险信号包括：点蜡烛、做足疗，或者（我最喜欢的）收到花会很开心①。再看看在法庭面前积极争取权益的同性恋原告，几乎都是"像异性恋一样"的男人，如海军少尉候补军官约瑟夫·史蒂芬或者侦查军官詹姆斯·戴尔②，然而我们很难看到像佩里·沃特金斯一样的原告——他是一个非裔美国军人，尽管成绩同样优异，但他曾表演过变装皇后西蒙妮③。可以说，同性恋权利诉讼和公共关系维持都受同一动力驱使，即，希望把同性恋者打造成除了性倾向之外，在所有方面都跟异性恋别无二致的人，好像在做一个控制变量的实验。1993年的一期《纽约时报》把史蒂芬描述成"这场战斗的完美象征"，因为他是"朴素的、干净的邻家男孩"的化身。为了强调"完美"就是指"扮直人"，这篇文章还说："没有人会在史蒂芬身上贴一个咆哮酷儿的标签。"④

性别服从有什么坏处吗？我的答案是纠结的，因为这种服从不仅带给我痛苦，也使我快乐过。长大后，女人对我而言不再是一个谜——我知道她们是怎么生活的，或者说我觉得我知道。男人则是神秘的，他们在暴力、欲望和捕捉力中变得难以理解。然而多年以来我没有想过要服从"扮直人"这一规则。我觉得我做

---

① http://www.straightacting.com.

② *Steffan v. Perry*，41 F.3d 677（D.C. Cir. 1994）（en banc）；*Boy Scouts of America v. Dale*，530 U.S. 640（2000）.

③ *Perry Watkins Watkins v. United States Army*，875 F.2d 699（9th Cir. 1989）（en banc）. 该案详细内容参见 William N. Eskridge Jr.，"Gaylegal Narratives," *Stanford Law Review* 46（1994）：607～46.

④ Jeffrey Schmalz，"On the Front Lines with Joseph Steffan：From Midshipman to Gay Advocate," *New York Times*，February 4，1993，p. C1.

掩饰：同性恋的双重生活及其他

不到——尽管我知道，如果向它投降，我可能会收获一份完整。

讽刺的是"扮直人"的冲动最初来源于同性恋者自身。（如戈夫曼所言，被污名化的群体常常强烈地希望自己"正常化"[①]）。在我 22 岁出柜之后，我才意识到男同性恋群体有多么盲目迷恋男性气质。"举止要像个异性恋"，很多男同性恋者都有这样地潜台词。"如果我崇尚的是女子气，我还不如去跟女人约会呢。"也许我是错的，但那时我的确认为，如果我想在这个世界跟某人约会，我必须得有一副"像异性恋一样的身躯"。

所以我开始泡健身房。在那里我是多么快乐啊！我发现，练就一副男性的躯壳也不是件多么神秘的事——我只需要举起那些笨重的家伙，再把它们放下。这我可以做到。我让班霸牌踏步机的扶手带领我成为一个成熟男人。不得不承认，当我运动时，我的思绪并不是最有男子气概的。我总是梦想着一个被女同性恋诗歌点亮的健身房——游泳池上方是艾米丽·迪金森的"我想看见它一圈又一圈"[②]，在举重架上的则是艾德里安·里奇的"那种重复的体验一如死亡"[③]。但是没有人需要知道这些。

然而，不是每个向"扮直人"规则靠近的行为都如此优雅。当我开始教书时，我担心起了我的形象。同很多年轻教授一样，我总是被学生们包围。虽然我打心底里喜欢和他们中的大部分人打成一片，但我同时也努力划清我们之间的界限。我最大的忧虑

---

① Goffman, *Stigma*, p. 108.

② Emily Dickinson, "I like to see it Lap the Miles," *The Complete Poems of Emily Dickinson*, ed. Thomas H. Johnson（1960; New York: Back Boy Books, 1976）, p. 286.

③ Adrienne Rich, "A Valediction Forbidding Mourning," *The Fact of a Doorframe*（1984; New York, W. W. Norton, 1994）, pp. 136 ~ 37.

跟我的性倾向无关，而是我明白，能不能取得终身任职取决于我的研究成果而不是教学评价，所以我不得不花更多时间在做研究上。但是一个细小的声音同时也在催促我，要避免给人留下田园牧歌男同性恋的刻板印象，所以我必须隐藏我超出一般男人的激情和敏感。我渴望像我的直男同事一样被尊重，同时也希望能够像他们一样公开表达我学术上具有攻击性的观点。

如同许多掩饰的要求，这个声音也是发自内心的——没有哪个同事强迫我这样做。我开始怀疑这种要求。我拥有一些品质，我在内心珍惜它们。而在学生面前克制它们以便抗拒一种刻板印象，似乎是件弄巧成拙的事，甚至是有违伦理的。如今，当我跟学生划清界限时，已经不再是同样的原因了。

归属

几年前的夏天，我在火岛①生活了一阵子。多年以来，男同性恋们总是问我为什么我没有加入这个社区。多年以来，我也总是在辩解。我的抗拒来自我的职业——我担心那个书生气的我在那里找不到立足之地，也担心自己会屈从于陈词滥调的攻击。

我的好奇心还是占据了上风。第一次去火岛时，我喜欢那种每走一步整个旅途就变得更欢乐②的感觉。在从宾州车站到巴比伦的火车上，乘客的同性恋气质还没有特别明显。但从巴比伦到萨福克，同性恋就占绝对多数了。当我到了萨福克渡轮站，每个人都是男同性恋了，因为这里是男同性恋社区和女同性恋社区分

---

① 美国纽约长岛地区著名的同性恋村，译注。
② Gay 有双关含义：1. 快乐的；2. 同性恋，译注。

掩饰：同性恋的双重生活及其他

道扬镳的地方。

抵达时的那场大雨浇灭了我的热情。滂沱大雨描画在港口的每个像素上，著名的木板小道上匆匆溅起了花冠。我没有伞；我只身一人；我找不到我的住处。一群男人朝我走来，他们的伞下盛放着同志之爱。我靠边站在小道上，给他们让路。就在这时，他们其中的一个人停了下来。令我惊讶的是，他把他自己的伞递给了我，随后他说的话变成了我对火岛不灭的记忆。

"甜心"，他说："这把伞你拿去吧。你的头发都融化了。"

那一刻，我想起一个不信教的犹太人同事，跟我讲过的他第一次去以色列的感觉。和我一样，他也被很多同伴问起为什么他"从来没去过"。同样，他也一直抗拒着，直到成年。然而当以色列航空的飞机降落在特拉维夫的地面时，他脱口而出《希望之歌》[①]，甚至想要亲吻地面。

我的一个同性恋朋友最近带他母亲去了火岛，想要向她展示，这世上母亲也是多种多样的。我试着想象她，一个中西部来的七十多岁的老人，在那些赤裸的、华丽的躯体间穿行的景象。我问他是不是疯了。"我只是想让她知道，我有我的文化。"他说，下巴微微扬起，略带挑衅。我愿闻其详。他解释到，在这种文化中，他可以想象同性恋平权，他正常的欲望不会被当作变态，而柜子则可以在舞台上打开。他说在这里，他可以挽回时间，重新体验他从未有过的青春，与朋友共享欢乐，而不用因为一个可怕的秘密就跟他们疏远。他说这是一种有关性、坎普和天马行空的文化，这种文化将他和一个有着独特历史和地理的社区紧紧联系在一起。我问他，他的母亲是否已经了解了这一切，他说，他

① 以色列国歌，译注。

觉得应该是的。他回忆到，在回家的渡轮上，母亲觉得同性恋者在异性恋文化中一定感到非常压抑，因为他们是如此需要展示自己的骄傲，却又不能如愿以偿。随后，她还提醒儿子不要运动过度。

这个地方只是一个缩影。一张同性恋文化的网如今已经遍布美国：我们能看到同性电视节目，如《拉字至上》和《威尔与格雷斯》；男同性恋音乐家，如凯蒂莲和埃尔顿·约翰；同性恋时尚杂志，如《卡哈特》和《拳击短裤》；女同性恋歌唱家，如朱迪·嘉兰和葛丽泰·嘉宝；同性恋作家，如杜娜·巴恩斯和奥斯卡·王尔德；同性催情药品，如 K 和 RUSH；同性运动项目，如花样溜冰和体操。在古代，暗示同性文化的做法——或称"掉钗"——曾是一种同性恋者相认又不需要向其他人公开的方式[①]。如今这些信息也把已经出柜的同性恋者分成了两拨：那些沉浸在同性文化中的人往往被看作是"活在生命中"，而那些避而远之的同性恋者则被视为活在主流社会里。

有人可能会质疑，是不是每个人都在同性恋者身上施加着文化掩饰的要求。事实上，当今美国并没有逼迫同性文化失声，反倒像是越来越希望我们把这种文化炫耀出来。一个最近的例子是《粉雄救兵》[②]系列，其中五个男同性恋者分别在各自的领域改造一个异性恋者（也相当于改变观众）：时尚、美食与美酒、室内

---

① "一个男同性恋会想方设法暗示另一个男人自己的身份，同时也借此判断对方是否也是同性恋者，而把头钗故意掉在地上就是方法之一。"Chauncey, Gay New York, p. 289. 在小说中也有这样的桥段，即一个男同性恋者问另一个："他是不是掉了头钗？"Armistead Maupin, *Sure of You*（New York: HarperCollins, 1989）, p. 109.

② 又名《酷男的異想世界》，原名 *Queer Eye for the Straight Guy*。

装修、梳妆打扮以及文化。《粉雄救兵》的成功意味着男同性恋至少已经有了一种现代少数群体的地位——正如我的韩裔院长哈罗德·克欧所说："同性恋就是新时代的亚洲人。"然而，也有亚裔主张，正面的刻板印象仍然是刻板印象。同性恋者也开始意识到，《粉雄救兵》把所有的同性恋者都放在的一个盒子里，误以为我们都擅长把胡萝卜切成细丝。然而也有人为这个节目叫好："这总比恐同症来得强。"我们的历史开始于同性恋者被迫矫正为异性恋，于是当我们把这档节目放在历史中去看时，就会感到震惊：如今同性恋者竟然在教异性恋者如何举止，而不是相反。

然而《粉雄救兵》的胜利却还达不到征服的程度。我朋友的母亲把火岛解读为同性恋文化在寻常生活中受到压抑的象征，是十分贴切的。事实上，当我回忆自己曾在哪里体验过文化掩饰的要求时，我想到的正是从火岛返程的经历。在火车上不知坐了多久，我抬起头，突然察觉到某个时刻已经到来了——异性恋文化重申了它的霸权。那些蜷缩在对方怀里的男人们在这一刻分开了，紧扣的食指瞬间松掉，满是刺青的身体已经消失在外套中，一张张面孔紧绷起来。这个时刻是如此细微而难以察觉，就像季节的更迭，或是一个人突然就没了爱情。

主流对同性恋文化是选择性接受的——同性恋时尚，可以；同性恋相爱，不行。这说明，接纳是受异性恋文化消费者的欲望所驱使的，而不是基于同性恋者的尊严。对于消费者而言，他们享用少数文化时的挑剔是理所当然的——他们只会选择对他们有意义的部分，以及带给他们愉悦和存在感的部分。但这样一来，这些消费者跟边缘文化中的人的处境并无二致。真正的多元主义应该是乐于接受每个人自己所珍视的特质的，而不会问这个人是否是主流的宠儿。

社会运动

那是 2001 年，我向父母出柜的第十个年头，我竟再次坐在同样的象牙色的沙发上，它依旧一尘不染，像梦里的沙发床。我来到波士顿，告诉父母《纽约时报》想要介绍我的著作，其中会提及我是同性恋[①]。考虑到我已经跟他们出柜那么多年，这样的公开理应不成问题。然而事实恰巧相反。

在我向父母出柜后，我们达成了"不问不说"的解决方案，我从不告诉他们我的私生活，而他们也从不过问。我遇到了保罗，跟他谈恋爱，然后又分手，但是他们一点儿也不知道他的存在。如今我后悔我没有尽全力争取——为我自己，为保罗以及之后的几任男友，也为了我的父母亲。然而当我体会到同性恋在他们那双日本人的眼里是多么难以接受之后，我便学乖了。

在我快三十岁的时候，我开始研究同性恋在日本是什么样的[②]。我了解到，男男性爱的传统自古就有，一直延续到 19 世纪中期。这跟希腊的传统有些相似——年长的男人引导青年男子在性以及其他方面进入成年，而他们跟女人也会有性关系。在井原西鹤 1687 年的名作《大镜》中，他将读者想象成一个具有双性欲望的男人，在开篇便问：

"你会更偏爱哪一个呢？"

"跟你买来的男童戏子翻云覆雨时遭遇闪电劈过房间，还

---

① Kristin Eliasberg, "Making a Case for the Right to Be Different," *New York Times*, June 16, 2001, p. B11.

② See generally Gary P. Leupp, Male Colors: *The Construction of Homosexuality in Tokugawa Japan* (Berkeley: University of California Press, 1995); Pflugfelder, *Cartographies of Desire*.

是一个你素昧平生的曼妙女郎递给你一把剃刀邀你与她双双殉情？"①

1868 年以后，随着日本闭关锁国政策的结束，这种男男性爱的传统也逐渐枯萎了。在臭名昭著的"不平等条约"之下，日本屈尊于西方列强，同时也意识到，要想被平等对待，自己必须现代化。现代化的举措包括颁布《明治宪法》，鼓励工业化，以及抛弃"野蛮"的文化习俗，比如同性恋。日本的历史被改写，其中同性恋被归为一种只存在于日本内陆地区的返祖行为。这一清洗是非常有效的。尽管我从出生到大学毕业几乎每个夏天都在日本度过，我却从来没有遇到一个日本人是公开的同性恋，甚至从来没有听到谁谈及此事。

我了解到，同性恋权利如今在日本已经崭露头角。日本的第一届同性恋骄傲游行是在 1994 年②。1997 年，东京一个上诉法院做出了有利于同性平权组织的判决，支持他们的结社自由③。这又是照着西方的葫芦来画瓢——亲同的法院和时评家并没有引用日本同性恋的传统，而是参考了美国的同性恋权利运动。就像一个学生总是应声附和他的老师，哪怕这位老师常常自相矛盾一样，日本一开始同意西方的观点，认为同性恋是可憎的，而如今它又

---

① Ihara Saikaku, *The Great Mirror of Male Love*, trans. Paul Gordon Schalow（1687; Stanford: Stanford University Press, 1990）, p. 53.

② "日本成为亚洲的先驱，其第一届骄傲游行于 1994 年 8 月 24 日举办，1500 人游行了三公里，从新宿到涩谷，而这一片区约有 400 家同性恋酒吧。"Queer, Asian/Pacific Islander & Proud," *Pride* .01, June 2001.

③ "World Datelines," *San Francisco Examiner*, September 16, 1997, p. B8. 有关此案详情，见 James D. Wilets, "International Human Rights and Sexual Orientation," *Hastings International and Comparative Law Review* 18（1994）: 87 nn. 391 ~ 92.

紧跟西方的脚步，认为这是一种良性的差异。

然而据我所知，日本转变的步伐如冰河般缓慢，抑或我才是冰封的那一个。直至今日，我仍然觉得"我是同性恋"这句话在日语中是说不出口的。借由我内心的双重意识，我可以窥见我父母眼里的同性恋是什么样子。多年以来，这种换位思考最终总是让我变得沉默。

此时，我们又坐在一起，可能跟我当年出柜是同样的位置。

"我们接受你是同性恋，"母亲用日语说："但是我们不明白，为什么你必须要当一个 Jandaaku 呢？"

"一个什么？"我用英语问。我可以猜到这个词是舶来语，但是不知道是从哪个语言借来的。日语借用了很多语言——比如アルバイト，兼职，来自德语；パン，面包，则来自葡萄牙语。

"扛大旗的人。"

"什么人？"一问一答常常是我们母子俩的小乐趣。

"听得见声音的女人。"

"圣女贞德？"

"是的。"这是从法语里借来得话。"几百万个同性恋过着他们的生活，而没有把它当成事业。为什么你非如此不可？"

多年以来，我也在这个问题上较劲。在自我拉扯的情绪中，我认为我的积极行动就是一种过分抗议，一种对自怨自艾的抵御；或者是一种俄狄浦斯式的嘶喊，一种说得越来越大声、直到自己被人听见的尝试；抑或是一种青春期的救世主冲动，总想要有个为之奋斗的伟大事业。然而我想要给的答案——我始终致力于实现社会正义——似乎也是错误的。从小到大，我其实都是喜欢美学多过政治。就算我上了法学院，我也只是为了保护自己，而不是因为其他。

掩饰：同性恋的双重生活及其他

我所做的工作都是自然而然地到来的。我的工作似乎就是我是谁、我于何时在何处的结果。用詹姆斯·鲍德温[①]的话来说，就是"行走，顺着我血液流淌的方向"[②]。

"这就是我的工作。"我说得如此蹩脚。我想使劲儿找出一个好理由，来证明我有一个"同性恋活动家"的基因。

"但为什么非得是你？"母亲问道，"为什么你就不能教宪法，非要教什么同性恋的法律？你会变成一个避雷针。人们会恨你的。"

"已经有点儿晚了，"我说，"我已经收到了恐吓信。"

"你收到了恐吓信？"不知为什么这个细节让父亲立马加入了谈话。我让他的记忆闪回到了那个 20 世纪 50 年代在美国打拼的十八岁日本男孩。

"这至少是我有所成就的一种证明吧。"

我轻轻地说。我试着让自己的每句话都轻描淡写，滑过那些我无以名状的情绪的表面。然而这是个错误。我听起来太随便了。

"你的所作所为也会对我们有影响。"母亲的声音突然变得很沉重，还带着些悲伤，"如果你这么高调，我们的世界就会变得很小了。"

我陷入了深深的绝望。许多年来，我都反复做着同一个梦，梦见一张黄色的地图，上面的国家模糊不清。一块石榴色的污迹

---

① 美国作家，小说家，诗人，剧作家和社会活动家。作为黑人和同性恋者，鲍德温的不少作品关注 20 世纪中叶美国的种族问题和性解放运动，译注。

② James Baldwin's Richard Goldstein, "'Go the Way Your Blood Beats': An Interview with James Baldwin," in *Rubenstein*, *Sexual Orientation and the Law*, p. 71.

沿着纸上细长的横向纤维朝这些国家蔓延。我看不到这污渍的来源，只希望它耗竭自己。但它无情地扩张，令人厌恶，直到扩散到整个地图。早在我出柜之前很长时间，我就开始做这个梦，那时可能跟我的性向并无关联。然而现在我越发觉得，它就是我的"同性恋之梦"。

听着母亲的话，我在想，哪个时刻让同性恋者觉得最艰难呢——是当我身处柜中？是当我夜不能寐，担心自己英年早逝？还是就在当下，我发现父母永远都只会把我的工作当成一个向全世界蔓延的污点？

人际关系

1996 年，保罗和我正在闹分手。他抱着自己的膝盖，蜷缩在床上。我们都快要毕业了——我从法学院毕业，他马上读完本科。我一心想要在纽黑文当一年的法官助理。保罗也同意在这里多待一年，而不是回到他热爱的旧金山。他的条件只有一个——我放慢速度，花更多的时间陪他。我告诉他我做不到——我正准备开始寻找教职工作，同时还要全职上班。我告诉他，这是我一生最关键的奋斗，我为此已经准备了多年。就这样我们分手了。

每天都有成千上万的恋人，不管是异性还是同性，经历着这样的对话。我所经历的——也是我所悔恨的——是同性伴侣分手的特殊情形，那就是，我没有任何的灵活性。我知道如果保罗是个女人，我就不用如此死板。事实就是如此，把我的事业优先于感情是再容易不过的选择了。事业能够让我树立声望，让我得到公众的敬畏。而感情则是备受污蔑的，并且通常都是个秘密。我没有把保罗介绍给我法学院的朋友，或是我的父母。在我用言语为我的世界或我的未来勾画的图景中，也从来没有他的影像。把他从我的生命中拔除虽然是痛苦的，但也是件轻而易举的事，因为他从来就没有被嫁接进来过。

在否认我们关系的那段时间，我正受到一种文化的洗脑，它告诉我单身的同性恋比一对同性情侣更容易被接受。"我不管他们在卧室里做什么，"当我们在校园里撞见两个男人接吻时，一个同学曾这样说："我只是不明白为什么他们非得在公共场合这样做。"即便我当时很懦弱，我还会以一个老同性恋的姿态反驳她，说她只是把这种行为视作对异性恋底线的公然挑衅罢了——她跟她男友之间的示爱绝对比这更公开，而且更频繁。那时我也会思考，为什么那些对"我是同性恋"这句话毫不担心的人在看到这一事实被肢体语言表达出来时，会采取如此具有攻击性的态度。

我最喜欢的答案来自福柯。在 1988 年，他说过："人们可以宽容两个同性恋者在他们面前一同离去，但如果第二天他们微笑着，牵着手，温柔地拥抱着对方，那就是不可原谅的了。"① 我喜欢这段话，因为它抓住了一个违反直觉的真理。同性恋者——尤其是男同性恋——常常被描述成不稳定的、孤立的、滥交的。这一形象意味着，如果同性恋者更加自重，那我们就会得到更多的尊重。如果同性恋之间有爱，那我们就会得到更多的爱。福柯却说，如果我们相爱，人们——而我会说"有的人"——反倒不会更喜欢同性恋。如果同性恋者把恋情保持在地下，道德卫士则仍

---

① Bersani, *Homos*, p. 77, translating an interview by Jean Le Bitoux, "Michel Foucault, le gai savoir," Mec 5（June 1988）：35.

然可以把我们的情感当作废弃品。毕竟，"离开人群去寻找欢愉"说到底还是一种离开——人们不必知道这对同性恋去了哪儿，他们也可以按照自己的意愿，把这对情侣私下的接触想象成转瞬即逝，或者痛苦不堪。然而最令他们焦躁的是一对同性恋人向他们证明，这段感情很成功，而且两人都很快乐。

保罗总是擅长一醒来就很快乐。他并非不在乎陌生人看他的眼神，只是他能够比我更轻易地忽视他们。当我们漫步在惠特妮大街上时，心动的感觉油然而生，他的手不由地伸向了我的手，我却想赶紧躲开，这让我自己都觉得羞愧。然而这是我常干的事。由此我想到了另一次拒绝。那时，保罗和我去医院拿一份关乎他性命的诊断书。在等候室，他的右腿抖得像个电钻。他把手伸向我，而我竟把它推开了。

这多大点事啊？我会对自己说。反正他知道我在乎他——在我们的公寓里，在我们的私人空间里，我都向他表示过。然而现在我才明白，当初我只是自欺欺人罢了。当我说出我是同性恋时，我是在表明，我愿意把自己看得比这个世界对我的评价更重要。而当保罗向我伸出手时，他也只是在要求我给予他同等的珍惜。

2004年，保罗和他的爱人成了旧金山第一对走入同性婚姻的伴侣。他依然那么实在——他让他的朋友们都别送礼物，而是把礼金直接捐给同性恋权益组织"人权运动"。我很高兴，他成了美国第一批跟男人结婚的男人之一。我觉得这是对他的奖励——尽管困难重重，他依然勇敢地伸出他的手。

比起矫正或冒充，掩饰似乎是一个更加复杂的同化形式。首先，它激起了更棘手的有关分类的问题。比如，有时人们会问我，在我看来，同性婚姻是一种掩饰，还是一种炫耀呢？我认为二者皆是。从归属的维度来看，婚姻是一种掩饰的行为，因为从古至今婚姻总是与异性恋文化相联系的[①]。这就是为什么沃纳之类的酷儿们会痛斥同性婚姻，而像沙利文一样的好同志则会支持这一种同化方式。然而，从外表、社会运动或人际关系的维度看，婚姻又是一种炫耀的行为[②]。正因如此，右翼道德家们才会反对同性婚姻，认为这是同性恋者们追求平等的声音过于刺耳的标志。

掩饰在道德上也很复杂。很多人都同意矫正和冒充会造成巨大伤害，却觉得掩饰无伤大雅。他们常常认为，掩饰的要求是完全合理的。难不成是同性恋就必须穿得性别不明、脱掉衣服跳舞、戴上手铐在政府办公楼前抗议或者在公共场合牵手吗？

对于那些反对冒充却支持掩饰的人，一个简单的回答是：他们的立场站不住脚，因为冒充和掩饰常常难以区分。同样的行为——比如拒绝牵同性的手——既可以是冒充异性恋，也可以是掩饰同性恋，取决于观众的是否知情。正如戈夫曼所说："在陌生人面前隐藏污名的措施，往往也会让已知的人松一口气。"[③] 就像矫正和冒充相互渗透一样，冒充和掩饰也是如此。

---

① 有人认为婚姻一种懦弱的掩饰方式，见 Paula L. Ettelbrick, "Since When Is Marriage a Path to Liberation?" *Out/Look*, autumn 1989, p. 8, reprinted in part in William N. Eskridge Jr. and Nan D. Hunter, *Sexuality*, *Gender*, *and the Law* (New York: Foundation Press, 1997), p. 818. 也有人认为婚姻是健康的掩饰，见 Thomas B. Stoddard, "Why Gay People Should Seek the Right to Marry," *Out/Look*, autumn 1989, p. 8, reprinted in part in Eskridge and Hunter, *Sexuality*.

② 如，罗宾·沙哈尔被佐治亚州检察院辞退正是因为她以同性结合仪式的方式炫耀了她的性倾向。See *Shahar v. Bowers*, 114 F.3d 1097 (11th Cir. 1997).

③ Goffman, *Stigma*, p. 102.

然而我还有一个更深层次的、更加发自肺腑的回答，它出自我对这三种要求的切身体验。我有了身为同性恋的权利，也有说出自己是同性恋的权利，它们都是非常重要的。然而我的生命经验也告诉我，它们是微乎其微的。对我而言，只有当我克服了掩饰的要求时，同性恋才能从一种状态变成一种生活。只有这样，我才能真正拥有我的情感，我的文化，我的政治，我的爱人。只有这样，同性恋的生命里才能有一丝快乐。

　　当我这样说时，有的人会以为我在说，一个"真正"的同性恋者一定会在所有维度都大肆炫耀。这并不是我的观点。我并不认为麦克·沃纳是比安德鲁·沙利文更真实的同性恋者。恰好相反，我相信对于我们每个人而言，真实性的表现和感受都不一样。我会在某些方面掩饰自己的同性恋身份，而在另一些方面又炫耀它，二者的平衡无疑会随着时间的推移不断变化。我并不反对所有的掩饰，我只反对强制性的掩饰。正因如此，我更倾向于反对一位恐同者提出的掩饰的要求，而非反对某个同性恋者掩饰的动作，就像我会批评鲍威尔法官提出冒充的要求，多过齐尼斯冒充的动作。甚至，我并不反对所有的强制性掩饰，我只反对那些没有正当理由的强制性掩饰。对我而言，重要的是我拥有在所有维度发现或展示我身份的自由，且不被偏见所束缚。

　　我真正的理想图景是自治——给每个人表达他们各自真实自我的自由——而不是一个僵硬的、关于什么才是真正的同性恋身份的概念。在此，我侧重于强制同化的要求，因为美国历史已经证明它才是同性恋自治面临的更大威胁。纵观同性恋权利诉讼，几乎很难找到同性恋控诉别人强制自己必须炫耀的案子。我只知道一种情形会涉及这种逆向掩饰的要求，那就是移民——寻求政

掩饰：同性恋的双重生活及其他

治庇护的同性恋者必须证明他们"足够像同性恋"[①]，进而构成可能被迫害的合理恐惧。既然我是崇尚自治的，我当然也不同意这种逆向掩饰的要求。然而总体上看，同性恋原告们控诉的大都是强制服从，表现为矫正、冒充和掩饰。罗宾·沙哈尔案就是有关掩饰的诉讼。

罗宾·沙哈尔[②]，曾用名罗宾·布朗，于 1991 年 7 月在犹太拉比沙龙·克莱勃姆的见证下结了婚，并改成了现在的姓。正是这一行为，使得沙哈尔失去了她在佐治亚检察院的法律助理工作。因为跟沙哈尔结婚的是一个名叫弗朗辛·格林菲尔德的女人。（这对恋人都把姓改成了沙哈尔，在古希伯来语中意为"拂晓"；在此我用其本姓指代格林菲尔德，以避免混淆。）尽管不合法，但犹太教承认了二人的结合。

我曾跟沙哈尔交谈过，她告诉我她自从 1990 年就开始在检察院工作，当时她还在念法学院，暑假期间则在那里实习。她的大老板是米歇尔·J. 鲍沃斯，佐治亚总检察长，在鲍沃斯诉哈德韦维克案中一举成名，因其成功促使联邦最高法院维护了佐治亚州的鸡奸法。沙哈尔倒不是特别担心。那时，她已经出柜五年了，她有一个原则："如果有人问起我的男朋友或者问我周末做了些什么，我不会跟人撒谎。但是我也不会主动发起这个话题。"这条原则的效果就是几乎所有同事都知道她是

---

① 在一个基于性倾向的政治避难案件中，原告的避难申请遭到拒绝，因为"他的外表、着装、行为举止、手势、声音"都"没那么像同性恋"。有批评者认为法院的判决相当于只把避难资格"奖励给那些'逆向掩饰'的人，或是看起来更'明显是同性恋'的人"，见 Fadi Hanna, "Punishing Masculinity in Gay Asylum Claims," *Yale Law Journal* 114（January 2005）: 913 ~ 14.

② 若非特别指明，本书中有关沙哈尔案的事实部分都是来自作者与罗宾·沙哈尔的访谈，采访日期 2002 年 6 月 11 日。

同性恋。沙哈尔的"不冒充、只掩饰"的策略是有用的。那年秋天，鲍沃斯便给了她一个全职法律助理的工作，只等她毕业即可就任。

当沙哈尔接到聘书时，她正在筹备她跟格林菲尔德的犹太婚礼。当时，美国还没有一个州承认同性婚姻的合法性，但犹太复兴运动接受同性婚姻，只要是善意而为。复兴运动将此种婚姻不仅看成两个个体之间的忠诚，更将其视作两人对教会的兄弟姐妹以及所有犹太人的承诺。由于这些婚姻被当作是神圣的，它们也就不能被任意拆散，除非有犹太拉比的介入。

1990 年 11 月，沙哈尔正在填写一张人事表，上面有一个问题："你是否有亲属在佐治亚州工作？"沙哈尔回忆道："我记得我认真考虑了好久，到底应该怎样填。我想，这个问题涉及利益冲突，因为弗朗辛就在为州政府工作。但是我又知道在异性恋社会眼中，她根本不是我的配偶。最终，我回到了我的原则上：不要撒谎。"沙哈尔写下了格林菲尔德，她的"未来配偶"，在州政府工作。检察院接受了这张表，将其归档，没有批注任何意见。

听着沙哈尔讲她的故事，我突然意识到，我自己永远不会像她那样回答这个问题，我会直接写个"无"，这既诚实，又精明。没错，面对沙哈尔的崇高，我有些恼羞成怒。在律师行当有个肮脏的秘密，那就是认为原告总是惹是生非的人——是伪善而倔强的考狄利娅[①]。然而那一刻我想到了保罗，他也会像沙哈尔一样分析和回答这个问题。同沙哈尔一样，他也可以从他自己内心的平等原则中得出合理的推论。透过保罗，我意识到沙哈尔是在为我的利益而奋斗，她推动着同性恋权利的发展，而我们其余的人则

---

① 考狄利娅，莎士比亚悲剧《李尔王》中的女主人公，译注。

掩饰：同性恋的双重生活及其他

在遭受二等公民待遇时，只知道像鸭子一样一头扎进水中。

1991 年 5 月，沙哈尔从埃默里法学院毕业了。由于在班里名列前茅，她得到了一份杰出奖学金和一个法学评论期刊的职位。当月，沙哈尔跟副总检察长罗伯特·科尔曼一起讨论了她即将开始的工作。沙哈尔请求晚些就职，因为要处理结婚事宜，但并没有明确提及她是要跟一个女人结婚。科尔曼祝贺了她。

科尔曼告诉同事们，沙哈尔马上就要结婚了。在沙哈尔看来，科尔曼对这个消息近乎着迷，因为他以为结婚就意味着沙哈尔已经变成了直人。如果科尔曼是在为一个重返异性恋世界的浪子感到欣喜的话，他很快就失望了。他通过一个同事了解到，沙哈尔嫁的是一个女人。

这则消息搅动了一个大旋涡。五个高级助手开了好几次会，并且通过沙哈尔的个人档案确认，她将格林菲尔德视为她的"未来配偶"。在他们将此情况报告给鲍沃斯之后，这位总检察长决定撤回沙哈尔的聘书。鲍沃斯写了一份声明，并委任其下属在一名证人面前读给沙哈尔听。这位代理人告诉沙哈尔，鲍沃斯已经撤销了雇佣合同，如果她有任何意见，可以书面向鲍沃斯反映。最后，代理人念着这份声明的结尾："感谢您的到来，祝你一天都有好心情。"

沙哈尔坐着听完这场朗诵表演，始终不敢相信这是真的。"我感到震惊。我以为如果我可以坐下来跟鲍沃斯解释这是怎么回事，他就会理解的。"然而鲍沃斯根本不想见她。她不得不接受她失业的事实："简直不敢相信。这就发生在婚礼的前几周。我刚刚从法学院毕业，刚刚获得一份我梦寐以求的工作，刚刚与跟我在一起五年的女人完成了一个长达一周的承诺仪式。这就像把一个手榴弹扔进了我的生活。"

婚礼在南加州的一个草坪上如期举行，有一百多人参加，用沙哈尔的话说，这是一个"不合时宜的周末"。犹太教牧师只是一语带过了鲍沃斯事件："有些人总想阻止我们这样做。但我们还是创造了我们想要创造的东西。"对于沙哈尔而言，概括这次婚礼是这句话："我们先是有一个愿景，然后就成功了。不只是因为我们身处一个犹太人的环境中，也是因为我们有着支持我们的原生家庭。我们不会孤立无援，我们被犹太社群温暖地包围着。"

在这对新人赴希腊蜜月之前，他们遇到了一个美国公民自由联盟的律师。他就是比尔·鲁宾斯坦，那时的他还没有走上学术道路。虽然比尔同意接手这个案子，但沙哈尔对于起诉还是有些疑虑。作为一个法律人，她知道身为重大民权诉讼的原告方就是要承担赫拉克勒斯[①]式的艰巨任务。这对新人决定在旅途中再考虑考虑。当她们回来时，双方的母亲都在机场等候着，恳求她们不要去立案。然而她们还是这样做了。

被解雇时，沙哈尔被告知她可以书面向鲍沃斯表达意见。1991年10月，她提起了诉讼，声称鲍沃斯侵犯了她从事宗教活动的权利、亲密关系权、表达性结社的权利、基于性倾向的平等保护权，以及正当程序的权利。沙哈尔所有的诉求都被联邦地区法院驳回，但此后又在一个由三位法官组成的上诉法院获得胜诉[②]。在此关头，第11巡回法院（美国的领土被划分为13个审判区域，各自设有巡回法院）的多数法官做出了一个非同寻常的举

---

① 古希腊神话中的大力神，译注。

② *Shahar v. Bowers*，836 F. Supp. 859（N.D. Ga. 1993）；*Shahar v. Bowers*，70 F.3d 1218（11th Cir. 1995）.

掩饰：同性恋的双重生活及其他

动，他们要求在该法院所有法官面前重审此案[1]。这个由 12 位法官组成的法庭最终给了一个全席审判[2] 意见，撤销了沙哈尔之前的胜诉[3]。

我把重点放在沙哈尔依据平等保护条款而提出的诉求上，即，鲍沃斯基于性倾向对她进行了歧视。鲍沃斯对此的回应反映了社会对同性恋者的要求逐渐向掩饰转变。在初审法院（查明事实的法庭），鲍沃斯声称"他绝不会仅仅基于一个人的性倾向就解雇一名同性恋员工。"[4] 他的意思是，沙哈尔要想为他工作，不用先转化成异性恋。他还说："当他提出跟原告续约时，他已经清楚地知道了原告的性倾向。"[5] 也是就说，他并没有要求沙哈尔冒充成异性恋。鲍沃斯没有要求其矫正和冒充，说明同性恋权利有了长足的进步——在过去几十年里，政府部门仅因某人是同性恋就将其解雇，是屡见不鲜的。

鲍沃斯解聘沙哈尔，只有一个理由，那就是她没有好好地掩饰自己。鲍沃斯指出，这对伴侣进行承诺仪式、更改姓名、住在一起、共同保险，都是在大肆炫耀她们的同性性倾向。他将这种行为视作"社会运动"。的确，在一封写给埃默里法学院院长的信中，鲍沃斯猜测沙哈尔就是为了从事同性恋权利运动才想要在检察院工作的[6]。在庭前，鲍沃斯坚持认为，雇佣沙哈尔这样一个

---

[1]　*Shahar v. Bowers*，78 F.3d 499（11th Cir. 1996）.

[2]　En banc decision，指诉讼过程中，所有庭上法官聆听诉讼案过程的状态，特别是针对一些重要或复杂的案子。在美国，只全席法庭和最高法院才可以做出不同于先前决定的判决。

[3]　*Shahar v. Bowers*，114 F.3d 1097（11th Cir. 1997）（en banc）.

[4]　*Shahar*，836 F. Supp. at 867.

[5]　同上，p. 867.

[6]　*See Shahar*，114 F.3d at 1116 n. 9（Tjoflat，J.，concurring）. Tjoflat 法官

同性恋的掩饰

如此高调的同性恋者会损害检察院的公信力，使其更难否认同性婚姻，也更难推行鸡奸法。

单从法庭论辩策略上看，鲍沃斯是明智的，他只强调沙哈尔的行为。在1996年的罗默诉埃文斯案[1]中，联邦最高法院宣布科罗拉多州的一项反同州宪法修正案违宪。最高法院的意见说明，仅仅因为同性恋者的身份就惩罚他们是不会被支持的，甚至是禁止的[2]。而早在1991年，鲍沃斯就将沙哈尔的高调炫耀的行为单列出来，作为解雇的原因，可以说他凭着狡黠的直觉判断出了此后判例法的发展趋势。

罗默案宣判一年后，在沙哈尔案中，全席法庭采纳了鲍沃斯的思路。在考量鲍沃斯的利益时，法庭认可了他的主张，即如果他雇佣沙哈尔，他的部门将会失去公信力。法庭引用了一个先例，该案支持了一位司法长官解雇一个3K党成员[3]。而在讨论沙哈尔的利益时，法庭认为鲍沃斯对她的处罚并不是因为其同性身份，而是她的行为。并且，罗默案在此并不能适用，因为"罗默案是关于身份的，而此案关乎行为。"[4] 权衡二者，法庭认为鲍沃斯的利益更为重大。

在协同意见中也指出："本案的庭审记录指明，总检察长撤销沙哈尔的聘书是因为他觉得沙哈尔是想'陷害他'，一旦她坐稳了检察院的位置，她就会利用职务之便向同事宣传同性恋。"同上．，p. 1111 n. 1.

① *Romer v. Evans*，517 U.S. 620（1996）.

② 联邦法院判决称，科罗拉多州宪法修正案第二条（该条禁止州法把同性恋视为一个受保护的少数群体，译注）"是基于身份的条款，脱离了任何具体情境，没有国家的正当利益作支撑；这种简单以人的身份来分类的做法，是联邦宪法平等保护条款所不容许的。"同上，p. 635.

③ *Shahar*，114 F.3d at 1108（citing *McMullen v. Carson*，754 F.2d 936 \[11th Cir. 1985\]）.

④ *Shahar*，114 F.3d at 1110.

掩饰：同性恋的双重生活及其他

然而鲍沃斯所谓的留住沙哈尔会减损检察院反对同性婚姻的决心，是没有说服力的[①]。沙哈尔从来都没有想要在法律上嫁给格林菲尔德，她也从来没有鼓吹同性婚姻合法化。佐治亚州的公民不可能傻到把沙哈尔的私人宗教仪式等同于同性伴侣有权进行民政登记。

　　鲍沃斯说，沙哈尔的婚礼会使她执行鸡奸法的意愿降低，这表面上似乎更有道理[②]。但问题是，他的反对理由太过宽泛，不足以解释为什么他单单解雇了沙哈尔。佐治亚州的鸡奸法（如今已经无效了）惩罚的是"任何涉及一个人的性器官和另一个人的口或肛门的性行为。"[③] 既然这部法律既惩罚同性性行为，也惩罚异性性行为，那么在检察院工作的任何一个有过口交经历的异性恋员工恐怕也会跟沙哈尔一样，阻碍鸡奸法的施行[④]。

　　法院不仅高估了鲍沃斯的利益，也低估了沙哈尔的利益。它声称只保护沙哈尔的身份，不保护其行为。法院提出的问题似乎是，沙哈尔是否可以只当同性恋而不结婚。当然，答案是肯定的。但是这个问题本身就是错误的。那些致力于同性恋平权的人不能只问，某种行为是否是"成为同性恋"所必需的。很多东西同性恋者就算没有也能过活，包括平等。一个更好的问题应该

---

　　① 法院是这样描述鲍沃斯的利益的："当总检察长知道沙哈尔公然与另一位女性'举办婚礼'并更改名字时……他认为她的行为有极大可能干扰到检察院处理某些争议事务的能力，例如是否许可同性婚姻。"同上，pp. 1104 ~ 5.

　　② 法院认可了鲍沃斯的主张，即"婚礼"会干扰检察院执行鸡奸法的决心。同上，p. 1105.

　　③ Official Code of Ga. Ann. § 16-6-2（2004）（在劳伦斯案中，该法已被认定为违宪 *Lawrence v. Texas*，539 U.S. 558 \[2003\] ）.

　　④ 例如，戈登诉佐治亚州一案中，法院认为刑法"对待同性恋和异性恋亲密关系一视同仁"*Gordon v. State*，360 S.E.2d 253，254（Ga. 1987）.

是，同样的行为是不是由异性恋者做出来就可以接受，同性恋者就不行。在沙哈尔案中，这种双重标准是明显存在的。当她告诉科尔曼自己即将结婚时，他恭喜了她；当他发现她要嫁的是个女人时，他又不遗余力地要解雇她。事实上，说沙哈尔是因其行为而非身份才被解雇是错误的，因为正是她的身份才使得同一个行为——宗教婚姻——的意义变得完全不同。沙哈尔并不是因为结婚而被炒鱿鱼，而是因为身为女人，却跟一个女人结婚。

1997 年 5 月 30 号，沙哈尔收到了这份全院法官联席判决。"当时我什么话都说不出来。"而如今，沙哈尔回忆着那一刻，依然无语。"法院将我与一个 3K 党成员类比。我已经跟我自己无关了。"她敦促她的律师提请美国最高法院审查此案。"我不能容忍我的名字竟与这样的判决联系起来。"然而最高法院拒绝审查①。

当鲍沃斯听到这个判决时，他已经辞去了总检察长的职位，一心投入到佐治亚州长的竞选工作中。尽管他在共和党的提名候选人中炙手可热，鲍沃斯却说他"觉得这整件事情有些滑稽"②。选民们很快明白了这话的意思——鲍沃斯承认他在检察院与一个前下属有过十五年的婚外情③。由于通奸在佐治亚州向来都是犯罪④，所以鲍沃斯实际上是一边自己违反涉性法律，一边又在检控麦克·哈德维克的罪行，并一路将其诉到了最高法院。更有甚者，他还解雇了沙哈尔，因为他说她不能在违法的同时，还秉公

---

① *Shahar v. Bowers*，522 U.S. 1049（1998）.

② James Salzer, "Governor-Hopeful Bowers Admits Decade-Long Affair," *Florida Times-Union*, June 16, 1997, p. A6.

③ Bill Rankin, "Irony in Georgia: Bowers Wins Case, Admits Adultery," *National Law Journal*, June 16, 1997, p.A6.

④ 根据佐治亚州法，通奸是只"已婚者……自愿与配偶之外的其他人进行性交"，该行为构成轻罪。Official Code of Ga. Ann. § 16-6-19（2004）.

执法。"鲍沃斯先生因我的诚实惩罚了我，"沙哈尔在接受 ABC 新闻的采访中说，"却因他自己的谎言得到了奖励。"①

在媒体对他的虚伪狂轰滥炸之后，鲍沃斯失去了共和党热门候选人的地位，取而代之的是一个毫无政治经验的人。此后，鲍沃斯在一个私人律所工作，他说他已经从公共生活中隐退了。

而沙哈尔如今则在亚特兰大市担任检察长。在这一职位上，她起草并维护了一项同性伴侣关系法案。她和格林菲尔德最近庆祝了她们的十四周年纪念日。就算时日已久，那份判决仍然沉重地压在她心头。我能够理解她的压力，因为我有个朋友是控诉同性恋者在军中受到不公正待遇的原告。时至今日，他仍然不愿去读那份支持将他隔离的判决。作为在同一大辖区工作的检察官，沙哈尔就没有那样奢侈的运气了，她不能对自己的案件视若无睹。最近，她不得不重读这个判决，作为她的部门正在处理的一个事件的先例。"看到我的名字在那份判决上，"她说，"还是那么恶心。"②

当我在研究法律如何对待同性恋的掩饰时，我以为想要找到沙哈尔之类的案件会非常困难。人人都知道，高调的同性恋者往往比谨小慎微的人更难得到同情。但我觉得，法院既然要维护其崇高的逻辑和尊严，就不会轻易这样说。

然而我错了。我发现了一个又一个案子，其中法院都断定自己有权决定一个同性恋者是否掩饰得当。有的同性恋者，即使已经出柜，却还是得谨小慎微、保持私密，这样才能保住他们的工

---

① See ABC News, Sex, Drugs, and Consenting Adults: Should People Be Able to Do Whatever They Want?, May 26, 1998; transcript available at http://www.mapinc.org/drugnews/v98/n389/a07.html.

② 与沙哈尔的访谈。

作或小孩。然而那些"声名狼藉"或者"高调炫耀"的同性恋就远没有这么幸运了。沙哈尔案就是其中之一，它成为新一代同性恋权利诉讼的缩影。

关于抚养权的判例显示了掩饰的影响有多大。在此我侧重于一个特定形式的抚养权纠纷，即一男一女结婚生子，但其中一个随后出柜称自己是同性恋，二人为子女的相关权利发生了争执。有关监护和探视的法律在各州都不尽相同。然而，一项实证调查显示，各州在基本原则上是趋同的——懂得掩饰的同性恋者就能得到孩子，不会掩饰的则有失去抚养权的危险。

过去，在很多州，同性恋者都会被认为是不合格的父母，从而自动失去监护或探视的权利。这是一种矫正机制，它要求一个人必须先成为异性恋者，才能成为父母亲。随着时间的推移，大部分州的法律都变为，同性恋者可以获得监护或探视的权利，只要他们愿意掩饰。1994 年，印第安纳上诉法院在授予一个同性恋母亲监护权时就采纳了一个通用标准：

> 若有证据证明这位母亲在儿子们面前曾公然从事不当性行为，那么初审法院尚可判决其不适合监护，从而将权利授予继母。然而，我们无法证明这位母亲有不利于儿童的行为，因此初审法院限制母亲对儿子们的监护权无据可依。①

该法院的用词"公然"或者"不当"表明，很多法院都会毫不犹豫地惩罚那些他们觉得太过招摇的父母。1975 年，加州一个上诉法院维持了原判，拒绝同性恋母亲的监护权请求，并称：

---

① *Teegarden v. Teegarden*，642 N.E.2d 1007，1010（Ind. Ct. App. 1994）.

掩饰：同性恋的双重生活及其他

"上诉人不仅说出了她是同性恋，还跟一个女人同居，并与其发生同性性行为，更有甚者，她还打算让她的女儿们在那样的环境中长大。"①1998 年，康涅狄格州最高法院做出了类似的判决，认为初审法院考虑的"不是她的性倾向本身，而是这种性倾向对孩子的影响，尤其是孩子们与 M 同住，又在家看到他们的妈妈跟 M 发生了不适宜的肢体爱抚"②。

当然，我相信父母们大部分的性行为都不应该让孩子们看到。于是我试图弄清，那些反对"不当性行为"的法院所说的性行为，是指那些就算发生在异性之间也不宜让少儿看到的行为，还是拥抱、亲吻或异性伴侣可以当众进行的其他行为。尽管法院有时候会含糊其辞，让人难以判断法官脑中想象的到底是什么行为，但总的来说规则又是明白的，即，那些异性恋者做起来毫无不妥的性行为，放在同性恋身上就不被允许了。尽管法院只要求同性恋者在庭前稍加掩饰，它们却要求同性恋者在孩子面前必须冒充。密苏里州的一个上诉法院把监护权判给了一位同性恋母亲，因为他们发现"孩子们并没有意识到母亲的性倾向，并且母亲从来没有当着孩子的面进行任何性行为或暧昧的动作"③。同样的标准运用在了 1990 年的一个案件中，路易斯安那上诉法院拒绝授予一个同性恋母亲监护权，因为"这个孩子正处于性别认同刚开始成形的年龄段，而她却公开地、不慎重地表达了超出友谊

① *Chaffin v. Frye*，45 Cal. App. 3d 39，46 ~ 47（Cal. Ct. App. 1975）.

② *Charpentier v. Charpentier*，536 A.2d 948，950（Conn. 1988）.

③ *Delong v. Delong*，No. WD 52726，1998 WL 15536，at *12（Mo. Ct. App. Jan. 20，1998），rev'd in part sub nom. J.A.D. v. F.J.D.，978 S.W.2d 336（Mo. 1998）.

的爱意"。[①] 如果同性伴侣之间的性只能看起来像友谊一样才能被接受，那么对不同性倾向的父母的要求显然是不公平的。

我们还应该问，为什么法院总是要求这样的掩饰呢？法院认为，父母的炫耀是危险的，因为这可能把一个"性别认同刚开始成形"的小孩变成同性恋[②]。三种同化的要求在此同时发生着作用——因为小孩子不能被矫正，所以父母们必须在孩子面前冒充，同时在法庭面前掩饰。从矫正到冒充再到掩饰的过渡从来都不是泾渭分明的，并不是一个要求替代了另一个。它们只是侧重点不同罢了。

通过限制探视，法院可以更加直截了当地要求同性恋者掩饰自己。1974 年，新泽西州的一个法院发现，一位离婚后的同性恋父亲在很多方面都炫耀着他的性倾向：他是全国同性恋工作小组的负责人，还带孩子们去了"消防站"，而法院将其描述为"一个同性恋的聚集地"[③]。基于上述事实认定，法院判决在探视期间，父亲"1）不能与法定配偶之外的任何一个人同居或同眠，2）不能带小孩去'消防站'，也不能允许任何人带他们去……3）不能让小孩接触任何与同性恋相关的活动或宣传，以及 4）不能让孩子们看到父亲的同性爱人。"[④]

1982 年，密苏里州的一个上诉法院在判决中称，如果有教堂"支持同性恋，甚至到了将同性伴侣和婚姻同等视为'神圣结合'的地步"，那么本案中的同性恋父亲绝不能带孩子们去这样的教

---

① *Lundin v. Lundin*，563 So. 2d 1273，1277（La. Ct.App. 1990）.

② 同上。

③ *In re J. S. & C.*，324 A.2d 90，95（N.J. Super. Ct. Ch. Div. 1974），aff'd，362 A.2d 54（N.J. Super. Ct. App. Div. 1976）.

④ 同上，p. 97.

掩饰：同性恋的双重生活及其他

堂①。印第安纳州的一个上诉法院在1998年引用了这个案子，禁止同性恋父亲在监护期间让任何"没有血缘关系的人在屋里过夜"②。

这些案件让我愤怒。仗着孩子是所有同性恋父母的软肋，法院便借此来逼迫同性恋者交出他们最基本的公民权，如政治倡导或结社的权利。这样一来，他们杀鸡儆猴，让那些根本没上过法庭的同性恋者也不敢随意张扬了。我认识一位女同性恋，多年以来都是一个坚定的活动家。然而当她有了一个儿子之后，却退出了同性恋运动。性专栏作家丹·萨维奇写过类似的文章，讲他和他的男友如何鼓励他们收养的儿子 DJ 去玩男孩子的玩具，尽管他们本人小时候对此一点兴趣都没有③。鉴于法律是如此相信同性恋父母会带坏他们的孩子，我也不能说他俩不理智。因此，虽然萨维奇自己早就克服了异性恋规范对他的束缚，但这些规范却经由孩子卷土重来，使他再次变得脆弱不堪。

沙哈尔案根本就不是一个失误。那些禁止要求同性恋矫正或冒充的法院却仍然纵容着掩饰的要求。拒绝乖乖掩饰的同性恋者不会被保护，只能失去工作或小孩。掩饰的要求是同性恋不平等的最后一个症状，也正是未来同性恋权利运动未来面临的挑战。

2003 年 3 月 26 日，当我坐在联邦最高法院旁听劳伦斯诉得克萨斯州案④时，我吓了一跳——有那么多公开的同性恋者挤在法庭里。在劳伦斯案中，最高法院要对得克萨斯州的鸡奸法进行违宪审查。在决定受理的同时，法院也建议律师们论证鲍沃斯诉

---

① *J.L.P.*（*H.*）*v. D.J.P.*，643 S.W.2d 865，872（Mo. Ct.App. 1982）.

② *Marlow v. Marlow*，702 N.E.2d 733，736（Ind. Ct.App. 1998）.

③ Dan Savage，"Sunday Lives：Role Reversal，"*New York Times Magazine*，March 11，2001，p. 104.

④ *Lawrence v. Texas*，539 U.S. 558（2003）.

哈德维克案是否应该被推翻。我仍然沉浸在兴奋之中，因为所有我能想到的同性恋权利先锋斗士都在现场——拉姆达律师事务所的律师、美国公民自由联盟的律师、全国各地的法学教授，以及国会议员巴尼·弗兰克和他的随行人员。在我后面的几排，是一些曾与我共事的学生，我们作为耶鲁法学院团队共同为这个案子提交了法庭之友意见书[①]。他们看起来有些衣冠不整：他们整晚都露宿在最高法院门外的石阶上，以确保有座。他们中的一员，一个男同性恋学生，曾给我写信说，这会是"一个讲给孙子们听的好故事"。我赞赏他想要孙子的打算，也希望这个案子的判决会让他未来的路好走一些。

第一次去联邦最高法院旁听的人都会惊讶于律师竟然站得离法官那么近。这种近距离使得口头陈述变得更加有戏剧性了，因为交锋是安静而紧张的，容不得半点哗众取宠。在辩论越来越深入时，首席大法官伦奎斯特问同性恋上诉人的律师保罗·史密斯，如果判决上诉方胜诉，是不是也就意味着同性恋者可以去当幼儿园老师。史密斯说，他首先需要知道为什么国家反对同性恋者当幼儿园老师。大法官安东宁·斯卡利亚澄清道，防止儿童被转变成同性恋关乎国家的重大利益。他这个"不许推销同性恋"[②]的理由，激起了庭上一阵怀疑的蔑笑。一个法警冲到我这片座位的前面，试图用他向下的手势平息这笑声。这让我想到了托马

① Brief of Amici Curiae Mary Robinson et al. in Support of Petitioners, 2003 WL 164151（Jan. 16, 2003）, *Lawrence v. Texas*, 539 U.S. 558（2003）（No. 02-102）.

② 不许推销同性恋的基本观点是，"法律或社会规范中对同性恋的肯定会鼓励更多的人成为同性恋或从事同性性行为。" William N. Eskridge Jr., "No Promo Homo: The Sedimentation of Antigay Discourse and the Channeling Effect of Judicial Review," *NYU Law Review* 75（November 2001）: 1327, 1329.

斯·怀亚特的诗句："既在网中，何不试着捕风。"①就是那一刻，我开始坚信我们会赢。

有一种跟踪记录同性恋权利运动的方法，那就是倾听不同时期的笑声。在 1969 年石墙暴动的第一手资料中，爱德蒙德·怀特回忆道，当有一个同性恋在酒吧里高声疾呼"同性恋就是好"，其他人都笑了②。那时，同性恋者还在经受强制矫正，他们根本无法严肃对待平权诉求。1986 年，鲍沃斯案激怒了同性恋群体，因为法院竟认为"隐私权也应该保护同性鸡奸"这一观点"充其量是个玩笑"③。尽管我们这些同性恋者已经不再自我嘲讽，但法院仍然将我们的民权诉求当作笑话。如今，2003 年，当一个大法官在最高法院发表了"不许推销同性恋"的言论时，观众席上的同性恋者已经可以反过来嘲笑他了。谁在笑，带着什么样的情绪在笑，已经发生了巨变，速度之快，令人惊叹。

同化同性恋的历史暂时到此为止——我们从矫正过渡到冒充，再走向掩饰。随着我们进入掩饰阶段，同性恋者离完全平等也越来越近了。然而在此过程中，同性恋者对同化的态度却变得更加地摇摆不定。虽然大部分的同性恋者都在努力抵抗矫正和冒充，但很多人却欣然掩饰。他们并不觉得掩饰——甚至是被迫掩饰——会对人格造成伤害。

然而，我们不应该对强制性的同化掉以轻心。毕竟，凭什么同性恋者就必须掩饰自己呢？想想那些表达同性间爱慕之情所带

---

① 原文为，Since in a net I seek to hold the wind，出自 Sir Thomas Wyatt：Selected Poems（New York：Routledge，2003），p. 21.

② White，*The Beautiful Room Is Empty*，p. 197.

③ 最高法院称："说鸡奸'深深根植在我国历史传统中'或'可以从秩序井然的自由这一观念中推导出来'，充其量是个玩笑。"Bowers v. Hardwick，478 U.S. 186，194（1986）.

来的惩罚吧：一对接吻的同性恋人被我的大学朋友强烈批评；沙哈尔因为一场同性婚礼而被解雇；有同性亲密行为的父母被剥夺了子女的监护权。这些人炫耀了什么，竟受到如此严重的惩罚？异性恋者无时无刻不在做着这些事，所以这些行为并非本质上不体面。我只有一个答案，即，他们炫耀的是他们对平等的信念。他们炫耀的是一个信仰，那就是，人类的哪种感情值得在公共空间表达出来，应该由他们自己来决定，而不是让国家或社会来指手画脚。

所以掩饰的要求绝不是无关紧要的。它直指不平等的心脏地带——它让一类人心安理得地认为自己就是比其他人更高级。当异性恋要求同性恋掩饰时，他们是在要求我们变得渺小，要求我们放弃异性恋所拥有的权利，最终放弃平等。如果法院只有在同性恋者掩饰自己的前提下才肯保障他们的重要权利——如就业权或监护权，那么法院就是在合理合法地把同性恋者变成二等公民。

正因如此，比起那些说自己支持同性平权却又希望同性恋者掩饰起来的人，我在智识上反而更加尊重那些说自己反对同性平权并且希望他们矫正成异性恋的人。憎恨同性恋并要求所有形式的同化，在逻辑上至少是一致的，而一边支持平权一边又敦促同性恋通过掩饰变成二等公民，才是自相矛盾。

同性恋者不应该就此懈怠，而是要在自我反省中继续前行。从一开始，同性恋权利运动就已经领教了同化的阴暗面，我们也明白，不应该以自己的灵魂作为筹码来换取以这种同化为条件的平等。这就是为什么同性恋者可以向其他群体说出那么多同化的危害。几十年来，与矫正、冒充和掩饰所作的斗争，浓缩成我们对反抗的呼唤。如今，是时候在更大范围内发出这一呼声了。

掩饰：同性恋的双重生活及其他

第二部分

种 族 掩 饰

没有人知道为什么村子的祠堂里响起了钟声。钟声在八月的热浪中如巨型漩涡般扩散，穿过祖父母家低矮的屋檐，穿过我们手中坚硬的纸板蒲扇。我跟祖父母坐在炬燵旁——这是一种在方形的坑里摆放的矮桌。冬天，取暖器在坑里发出嗡嗡的声音，桌子四周的棉被包裹住了热气，祖父母便蜷在这儿取暖。夏天，我们也坐在这里，因为屋里没有椅子，这是我们唯一可以伸直腿坐的地方。尽管已经十三岁，我还是不能把我的腿压在身下跪坐太久。而对我的祖父母而言，在他们七十多岁时，才欣然发现一件新鲜事物，那就是人居然还可以一边坐着一边晃荡腿。

他们用尊严抵抗着热浪。屋里到处都是船桨状的蒲扇，蓝底上有些白斑。尽管祖母的扇子迅速地扇动着，但它还是不能把头发吹散开来，根根发丝就像紧绷的榻榻米床垫。祖父挥动扇子的频率则更加淡定。我们面前是几杯热茶，如果我们忍烫喝几口，反而觉得凉快些。他俩喝了。

每次钟声穿过屋子，都像是最后一声。祖母打开一个玻璃瓶的瓶塞，吃起了银色的薄荷糖。我试着尝了尝，但却什么也没尝到——它们吃起来就跟看起来一样，金属味儿的。

她的舌头肯定也是用金属做的。她说我们的邻居"全富"先生不配这个名字，她说他那身姿婀娜的女儿是如何长成一个肥婆的，根本嫁不出去，每次傍晚回家都像一头被鞭打过的牛，饥肠辘辘。她还说她朋友的秋田犬在夏天的洪水中死去，这条狗只知道一条回家的路，所以它就径直走进了洪流。钟声在继续，她还讲到我父亲小时候喜欢爬上庙宇的屋顶，一玩就是几个钟头。他的膝盖一闪，一块绿色的鱼形瓦片掉在了和尚们的扫把上，把他们吓得惊慌失措。

一定有人在数着这钟声，认真地数着。然而它好像永远不会停似的。我的思绪开始游荡，用祖母的话说，就像只猴子，从一声荡到另一声，再到误以为的最后一声。钟声之间的宁静也开始有节奏地回响起来。

那天下午晚些时候，祖父母给我上了一节书法课。我把一张米纸叠成四分之一大小，这些格子可以防止初学者把字写得大小不一。我在砚台里倒了点水，沿着光滑的斜坡磨着砚。砚石的边缘在砚台上发出吱吱的尖叫声，最后还是投降了。坚硬之物总是被更硬的东西所征服。水的颜色越来越深，直到变成墨色。我把毛笔蘸了进去，墨汁便向上攀爬。

毛笔进入平常百姓家之前，经历了漫长的时代。在日本 17 世纪统一之前的数个世纪，在和平的日子里，武士们会用自己的剑换取书法笔。今天，一如往常，人们也还是认为字的风韵反映了书法家的秉性。

祖母的字迹就很好地诠释了她本人。当她用日式草书写我的名字时，我只能说她是难以理解的。从他们遵循的节气和礼仪我可以推测，她写的是传统的文字，代表天气，或是樱花。所以我

掩饰：同性恋的双重生活及其他

从来没有要求她解开那一团乱麻。她的字就像史前古器物，我可以看见，但看不明白——我倒是庆幸我对此一无所知，就像我庆幸我对星座一无所知一样。

祖母告诉我，在写"雨"字时，心中要想到雨；写那几点时，她要我想象着雨点从房顶坠落的场景。我的笔画顺序是正确的。我完全能够理解这些文字要传达的意思——"鱼"字底下的一横像鱼尾一样张开："斗"字体现了平衡是多么困难。然而明白这些并不等于能写好。我的毛笔蘸了太多的墨汁，后来笔头又因为太干而开裂了。那些折痕本来是要引导我写的字，如今却在责骂它们。

祖母在小砚台里磨着一块红砚石。她是在叹气吗？墨水是朱红色的，是神社门的颜色，也是皇帝诏书的颜色。祖母拿着一支小号的毛笔，开始沿着我的一笔一画重写一遍，告诉我哪些地方我忘了写。她怎么能一次又一次地用这些稀疏的笔画，组成一个个方块和一道道烈焰呢？她圈出了错误的地方。我看着她的毛笔，它仿佛穿梭在那一整个夏天——它圈出了我用错的敬语，以及我忘了鞠的躬。

我在东京一所初中念了两个月后，去了乡下祖父母家。我的父母在育儿方面总是有些英雄气概，希望他们的两个孩子身上也能保存些日本气质。在美国的时候，每个月函授学校都会寄来一捆芥末黄的纸张。这是日语课的作业，教我们读懂报纸的基本词汇。那时我还小，我讨厌这些作业，因为它们暴露了我的弱点——我连名字都写得快要散架了。但如果我表现出对日语的抗拒，父母的脸就会像紧闭的大门一样严肃冰冷。

他们最得意的计划就是把我姐姐和我每年夏天都带回日本，这样我们就在六月和七月还能上学。我们一开始是在一个名叫

"家庭学校"的私塾念书，它的宗旨就是要帮助像我们这样的海归孩子融入日本社会。这里的氛围总让我充满罪恶感。日本的孩子不应该离开日本，因为人们相信只有在日本养大的孩子才能成为真正的日本人。

这里的很多学生都是半个白人，日本人称之为 Konketsuji，即"混血儿"。午餐期间，我们曾讨论过到底是当半个日本人好，还是纯日裔更好。混血儿们会说，当纯日裔好，因为我们可以在这里冒充成本地人。人们不会在地铁里用奇怪的眼神打量我们，孩子们也不会追着我们喊"哈喽"。我们纯日裔则会反驳，人们会期望我们更像个日本人一点，但我们实际上又不是。日语里有句谚语："枪打出头鸟"，而日本社会的所有人似乎都有权拿起这杆枪。一个纯日裔女孩讲了一次打车的经历。司机不停地问她一些问题，她的蹩脚日语让司机越来越生气。突然，他靠边停下了车，猛地打开了他俩之间的隔板。伴随着飞溅的唾沫，他问她，你如此无知难道不觉得可耻吗？当司机消了火，问她是不是智力有点问题时，她终于忍不住哭着冲下了车。

在我五年级的时候，我父母决定："家庭学校"不足以把我们教好。我们怎么能从一群海归孩子里学会怎么做日本人呢？他们替我们在东京一所普通的公立高中报了名。我不知道他们是如何说服教学主管让两个外籍孩子每年在这个学校插班两个月的。或许事情本身的紧迫性已经不言自明了。不然我还能去哪里学习如何使用日本人的身体呢——起立、站直、鞠躬；数八个节拍做晨间体操；穿着高领制服坐得笔挺；通过有关手帕、牙齿、指甲的测试？哪还有地方让我读教育部指定的教科书——这课程的单一性肯定会让最保守的、最坚持西方教规的美国人都显得像是在疯狂主张多元主义？还有哪个地方让我听到，老师阻止学生因高考失败而自杀的方式竟是告诉他们，那些从高楼上跳下的学生在半空中就已经玷污了自己？

我对同化的过敏症也许是从东山学校五年级松本老师的教室里开始的。这个班里有个宠儿。她简直就像少女漫画里的女主角，双眼皮点缀着栗色的眼睛，皮肤薄如蝉翼，手腕上的蓝色静脉微微闪耀着。当她站起来回答问题时，其他女生都会低声说："卡哇伊伊伊"，也就是拖长了音的"好可爱——"。这个班里还有个弃儿，一个缩着肩膀，说话嘟嘟囔囔的人。而他一说话，其他人就会喊："苦拉伊伊伊"，也就是拉长音的"好倒霉——"。松本先生面对这些小习惯，只是和蔼地笑着。意见一致真是件好事。

日本学者埃德温·赖肖尔曾经将日本人比作一池的鱼，一起朝着同一个方向飞快地游，如果受到惊吓，就会掉头冲向另一个方向，它们掉头时如此同步，依旧浑然一体①。许多年来，我脑中常会冒出一些比喻来描述我的同学，他们有时就像一群行军蚁，只有单一的意志；而当他们的四肢随着柔软体操上下摆动时，又像是规律运行的引擎上面一个个吱嘎起伏的活塞。然而只有副岛隆彦的鱼的比喻抓住了他们偶尔的美感。我曾在波士顿的水族馆见过这种鱼，看它们一起波动，仿佛每条鱼都只是更大一条鱼身上的鳞片。这是鱼群能做的最不可思议的事了。它们坚硬的三角

---

① 赖肖尔认为："关于日本人，有个不恰当的比方，他们就像一池的小鱼，整整齐齐朝着一个方向前进，直到一颗卵石落入水中，打乱这一切，他们会匆忙往反方向游，但依然排成一排，井然有序。"Edwin Reischauer and Marius B. Jansen, The Japanese Today: Change and Continuity (1977; Cambridge: Harvard University Press, 1995), p. 136. 他还认为，"比起西方人，日本人更趋向于集体行动"，并且常常"很容易从服从中得到满足感"。同上，p. 128.

种族掩饰

形脑袋像是被一块无形的磁铁吸引着。我曾仔细观察，看有没有一条鱼在安静的旋转中掉了队。随后我才突然意识到，如果我找不到那条掉队的鱼，没准因为我就是它。

我的父母总是强调，我日语成绩单上的分数并不重要——这不是社会实践课或化学课，而只是教你如何成为日本人罢了。我却认为恰恰相反。学科课程可以从书本上学到，成为日本人却要求我具备读懂自己所处社会情境的能力。而这正是我学不来的。我穿着户外的鞋，在屋内拖着脚步走路；或者对一个高年级的学姐直呼其名。日语我倒是通过了，但日本人这一课我却总是不及格。

这是门严苛的学问。日本人相信他们是一个与众不同的民族，宣称他们的血统比其他任何一个种族都要纯正。多年来，我一次次见证了日本人针对美国白人的种族主义。一开始，美国人会感觉受宠若惊，因为日本人会称赞他们蹩脚的日语，也会赞美他们的异域风情。他甚至会告诉我，他被日本文化深深吸引，他可能内心就是个日本人。我只会给他一个不置可否的点头。一个月、一年或者五年内，他就会意识到自己永远不可能被接受为日本人。他意识到这一点有可能是当他第一次去医院，发现医生会对他身上的臭黄油味表现出畏缩；或是当他明白几乎没有日本女人认真跟他约会，因为她的家庭可能会极力反对这样一桩婚事，而且他们如果有了孩子，也会被当作"混血儿"受到歧视；或者，这似乎听起来有些矛盾，当他的日语几近完美时，他也会意识到自己不可能成为日本人。很多日本人会称赞一个日语说得磕磕巴巴的外国人，但当一个外国人真的说得非常流利时，他们则会觉得这人很恶心。

多亏了我父母都是日本人，我才有了那些混血儿们做梦都想

掩饰：同性恋的双重生活及其他

有的同化的机会。这真的是个机会，我姐姐就证明了这一点。如今，她住在东京，她已经变成了一个十足的本地人，连日本人都会夸她英语好。我总是想不通她怎么能冒充得这么好，然而有一天，当我在美国的大学里看她接电话时用的竟是日本人的礼节甚至日本人的言谈举止时，我才意识到她根本不用冒充了。她就是个日本人。

今天，当日本人遇到我时，他们还是会问我是不是半个白人。我姐姐从来没有遇到过这样的问题。这可能是因为我俩长相上的差别。但是更有可能的是我的一系列举止都不符合日本人的规范——我站立、走路、说话的方式都不一样。跟我打交道的日本人都会因为我的差异感到受侵犯。他们先把差异植入我的体内，然后再去理解它。

在日本，我意识到行为也是种族身份的一部分。在此我并不是暗指"种族全盘都是社会建构"的后现代思想。我想要提出的是一个更加温和的观点，那就是察觉一个人是什么种族并不只是靠生物上的差异。我姐姐和我有着日本大多数人都有的血液和皮肤。虽然这些生物特征是我们成为"真日本人"的一部分，但光有这些是不够的。我们的行为也定义着我们的种族。

从有这样的想法到我最终认同为亚裔美国人，隔了不短的时间。当然，我也意识到自己还必须遵守美国规矩。我在波士顿的一家托儿所刚待了两天，我的母亲就接到我老师打来的电话，说我在教其他孩子日语，并要求母亲阻止我，否则我会把他们全教混了，到头来不知道英语该怎么说。晚餐时，父母轻声告诉我，虽然我应该对自己是日本人感到骄傲，但我还是应该把它当成一个秘密。从此以后，我们家就有了一句反复念诵的箴言："在美国就当百分百的美国人，在日本就当百分百的日本人。"

这句箴言塑造了他们的人生。我的父母在他们的波士顿公寓里建造了一个民族圣殿，把他们的日语杂志和报纸都放在卧室里。就是在那张大床上，在一幅我读不懂的栗色琥珀大卷轴下，我看着报纸测试着我的日语水平，那竖向的排版总是让我不得不拿出食指逐字诵读，因而报纸上到处都是弄花的墨迹。也就是在这里，我一页页地翻看了《文艺春秋》的过刊，它的封面总是很程式化，比如日本七夕节的竹子上挂着小朋友们五彩斑斓的愿望条，或者一个个由晒干的紫菜而不是胡萝卜和木炭点缀的雪人。而在公寓的公共空间里，到处都是其他书——英语书——明显就是为了展示给别人看，我从来都没想过要去读它们。有一次，我在一排裹着金边的藏青色精装书籍里找到了一本《大卫科波菲尔》。是删节本。少了这本书，书架看起来像是缺了一颗牙，于是我赶紧把它放回了原位。

然而，就算是我父母也没能完全遵守"在美国就当纯美国人"的命令。他们公寓里的每扇窗户都装上了日式纸拉门。小时候，我以为这是因为我父亲是个学者，所以连阳光也要印在纸上才能被读懂。再大一点的时候，我听一个朋友说，她妈妈是希腊人，也会用纸糊她家的窗户，因为她"厌倦了看美国"。我觉得我父母的解决办法更为优雅。

然而，作为一个小孩子，我只能对这些要求言听计从，而从没想过它背后的含义。在学校，我常常被纯白人学生唆使做一些事情，说明我通常是班里唯一一个亚洲脸孔的小孩。由于周围时时刻刻全都是白人，我差点儿忘记了我的不同。最近，一个教日本文学的白人教授朋友告诉我，当他在日本时，他最讨厌的物体是镜子。如果不用自照，他可以假装自己是个日本人——被日本人包围，讲日语，那他不是日本人是什么？听着他的话，我突然理解了自己小时候为什么对镜子如此厌恶。

　　只有当我去了寄宿学校时，我才看到了其他亚裔美国人。头几次打电话回家时，我告诉父亲这里有很多亚洲人，他们甚至还有个小圈子。父亲问我是不是打算加入他们的小团体，我说我不知道。"他们能教给你一些你不懂的东西吗？"他问。这话听起来很耳熟——当初在日本，他把我从家庭学校转走，就是因为只有纯日本人才能教我怎样做日本人。而此时，我仿佛听到他说，只有纯美国人才能教我做美国人。而"纯"，在这里，指的是白人。于是我转而加入了学生会。

　　事后回想起来，我觉得我和父亲都误解了亚裔美国人团体的目的，其中之一就是抵抗"美国人就是白人"的观点。然而我仍然理解父亲对我的期许。他希望我处在任何环境的正中心——日本人、美国人或其他。我永远感激他让我学会勇敢，学会对中心无所畏惧。

　　我猜其他少数族裔的同学也经常从他们的父母那里得到类似的建议。埃克塞特学校是个特权的堡垒，它有意识地向学生们灌输它的影响力。在那里，许多少数族裔的学生都有向白人规则靠拢的嗜好。有的行为在不同族裔之间是共通的，避免种族抱团是其一，而行使阶级特权则是其二。就像巴西谚语说的："有钱就是白人"，一些少数族裔中的精英们总是把自己打扮得十分精致，搭配也是参考了时尚杂志，从来不会暴露他们的种族。并且，每个族群都有他们自己的策略：亚裔美国人会做双眼皮手术，非裔会把头发拉直，拉丁裔则是把他们名字里的重音符号去掉。

　　最令我困扰的刻板印象是亚裔美国人永远会被当成外国人。每次我说我在波士顿长大，就会有人问："说真的，你从哪儿来？"这个问题让我心生厌恶。我会用流利的英语洗掉别人对我的误解。我想强调的是，我在语言里体会到的乐趣基本上跟其他任何身份无关。唯独我的种族身份切切实实激发了我驾驭英语的欲望。我可以看到我的父母在语言的深海里苦苦挣扎，我自己失败的日语则让我直接有了文盲的体验。我搜集英语单词，就像是在搜集护身盔甲。

在埃克塞特，我突然发现这门技巧把我"漂白"了。我也喜欢数学，看微积分曲线上的矩形辅助线不断变化："宛如黄金锻展成轻飘韧箔"[①]。不过，身为有着"算盘脑袋"的亚洲人，数字对我来说就像血液般温暖的墨水而已，数学成绩优异似乎也不足为奇。最令人惊讶的还是我在英语课上的表现，因为我经常会在发言中信手拈来一本文学作品。

大学里，我跟一个有同样感觉的女孩约过会。珍妮特是个韩裔美国人，一个英语文学预科生。我们在一个诗歌写作班相遇。我被她吸引的原因有很多，但其中之一是我感受到她跟语言的关系和我的经历非常相似。她的父母也是移民，她跟他们讲英语，他们只用韩语回答。我们意识到我们有着同样的渴望，那就是，书写自己，把令人费解的亚裔美国人体验用最传统的方式写出来。我们对那些带有种族标记的课程嗤之以鼻，如亚裔美国文学。我们一头扎进了最经典的作品里：我专攻莎士比亚，她则酷爱弥尔顿。

我们的夜晚总是伴随着阅读和写作爱好者的欢声笑语。我们和沙发另一端的人互相朗读着对方的作品，俨然一个双头的、好

[①] 出自多恩的诗《离别词：莫伤悲》，原文为"like gold to airy thinness beat"，John Donne，"A Valediction: Forbidding Mourning," in *The Complete Poetry and Selected Prose of John Donne*, ed. Charles M. Coffin（New York：Modern Library，2001），p. 38.

掩饰：同性恋的双重生活及其他

斗的文学形象。我们的快乐大部分都与种族无关，但种族又显而易见地把我们联系起来。我们都承认，我们热爱文学，是因为它让人暂时变成色盲。我们的墨水是黑色的，我们的纸是白色的，这跟任何人都一样。

写到这里，我笑了。我回想起我跟珍妮特曾就关亚裔的同化吵过架，就像后来跟保罗争论同性恋的同化一样。有一次，在得知我们共同认识的一个亚裔美国人做了双眼皮手术时，珍妮特对这种"亚洲人的面子活儿"十分愤慨。她觉得这是一种自我憎恨的表现，是一种"漂白"的尝试。我徒劳地辩解道，在日本双眼皮也很受欢迎啊，而且双眼皮手术在那边也很流行。她却坚持认为这种手术在全球范围内的流行恰恰证明了白人对美的标准已经殖民了全世界。我试着反驳她说，你不也经常批评我同化得不够好吗。每次我把头发剪得太短时，尖酸刻薄地笑我像"刚刚下船的土包子"的正是她。而当我指出她的两种观点自相矛盾时，她却引用起了惠特曼："我辽阔博大，我包罗万象。"①

我母亲带着不解摇着头说，也只有在美国，一个日本人才能跟一个韩国人这么自然地谈恋爱吧，还时不时引用美国诗句。两个国家除了世世代代的种族仇恨哪里还有什么共同点？当我想要去康涅狄格州拜访珍妮特一家时，我的母亲让我给他们买个"美国"礼物。我本来也没打算送他们一幅天皇肖像，但我明白母亲是什么意思。她想要我跟他们见面时展现一个共同点：我们都同化成了亚裔美国人。

然而，就算跟珍妮特约会代表着某方面的同化，它同时也意

---

① 出自惠特曼《草叶集·自我之歌》，原文为"I am Large, I contain multitudes"，Walt Whitman，"Song of Myself," chapter 51, *Leaves of Grass*（1855; New York: Bantam Books, 1983），p. 22.

味着我们对同化的拒绝。跟另一个亚洲人交往就意味着在种族上跟其他人隔离开来。在社交聚会中，我们经常是仅有的两个亚洲人，并且有人会单单看我们的种族就推定我们俩在一起。直至今日，在一些社交场合，陌生人有时还是会假定我跟一个亚裔女同事就是夫妻关系。真正的同化应该是要避免跟亚洲人产生爱情，一如我曾避免跟亚洲人扎堆一样。

我有没有渴望变成白人呢？如果这是按一个按钮就可以解决的问题，那么在我小时候，我有很多次都想按下它，就像一个等电梯的人一样，随意而又肯定地按下它。然而这种想当白人的欲望并没有像我想当异性恋的欲望那样，强烈到让我跪地祈祷。我曾把这一区别归因于种族的不可改变性，但后来我发现这种不可改变性并没有妨碍我的同龄人梦想成为白人。我的亚裔朋友常常讲起他们小时候，每次回到家都迫切地问大人们，自己什么时候才可以变白，而这总会给家里制造一场混乱。当然，我脑中挥散不去的是阿拉德小时候努力漂白自己的场景。

我相信，我能够相对平和地接受我的种族，是由于父母给我灌输的民族自豪感。在这一方面，他们让孩子在美国和日本之间穿梭的策略确实起到了非常好的作用。在那些如薄荷糖般熠熠生辉的夏天，他们允许我接触日本文化，并且把它视作我与生俱来的积极权利。在我整个童年时代，他们都努力让我看到，我在美国的少数族裔地位仅仅是地理因素产生的偶然。一旦回到日本，我仍然是大多数人中的一员。

一个可悲的事实是，对于种族主义而言，最有效的心灵解药正是种族主义本身。我在一个国家遇到的种族主义观念都会在另一个国家有镜像般的呈现，就像幻觉艺术家埃舍尔的作品，看白色部分是鸽子，看黑色部分又是乌鸦[①]。我就是在这对比中汲取了养分。在美国的一个智力节目里，一位白人冠军技压全场，看到这里，母亲朝我转过身来。"有的美国人啊，"她用诧异的口吻说，"知道的竟然还真不少。"那一刻我突然明白，为什么她会觉得我在任何学术课程中都能名列前茅——原来我只是在跟愚蠢的美国人竞争而已啊。

当然，美国人也希望我在学术上出类拔萃。在我读大学的那些年，许多杂志常常会用一些特别响亮的标题，比如"那些厉害的亚洲人"[②]。然而我从美国文化中得到的这些作为"模范少数族裔"的肯定，却让我感觉像是有人屈尊俯就地拍了拍我的肩。让我吸收更多营养的是日本的本土主义，它把白人判官从神坛上推了下来。我觉得自己就像是希腊神话里的土地之子，可以从他母亲那里吸收力量，以至于不管什么时候在打架中被撂倒，他都可以立马站起来，并恢复全部体力。尽管日本待我如外人，但它仍是我触地反弹的地方。

我是在深入研究同性恋的同化之后，才开始认真思考种族同化的。我开始关注亚裔美国人的政治，并且从中辨认出很多掩饰的行为。在美籍华人刘柏川[③]的回忆录《偶然生为亚裔人》中，他写道："在有些方面你完全可以称我是'白人'"，随后列出了一个清单：

---

① M. C. Escher, Verbum, in J. L. Locker, *The Magic of M. C. Escher*（New York：Abrams，2000），p. 136.

② 例如，在《今日美国》上，一个亚洲人把自己的家庭描述为"媒体喜欢关注的那种亚洲家庭"，因为"我们家的人不是去了斯坦福大学就是进了麻省理工"。Mark Hazard Osmun，"Asian Says Whites Are Hurt by Quotas," USA *Today*，February 6，1990，p. 2A.

③ 克林顿演讲稿撰写人、国内政策顾问，译注。

我听全国公共广播电台；

我穿卡其色休闲男裤；

我有棕色的小山羊皮鞋；

我吃 Gourmet Greens 生产的有机小麦和蔬菜；

我几乎没有好朋友是"有色人种"；

我娶了个白人老婆；

我是在市郊白人区长大的孩子；

我家房子的家具和装帧都是来自 Crate & Barrel；

我在各地温馨的 B & B 连锁酒店度过假期；

我从来没有遭受过公然歧视；

我是好几个高档俱乐部的会员；

我曾进过政府首脑的私宅；

我并不是以一个随从的身份进去的；

我有雄心回到那里；

我是美国文化的一个缔造者；

我希望我的声音能被听见；

我能够讲一口完美无瑕的、不带口音的英语；

我订阅了《外交》杂志；

我不介意社论作者用复数第一人称写作；

我不介意电视节目里的演员有多白；

我不会过分关注种族；

我会提防少数族裔里的好斗分子；

我对自己的定位既非流亡者，也非在野党；

掩饰：同性恋的双重生活及其他

我认为自己是"我们种族的荣耀"。①

刘也强调了他的"黄皮肤和黄祖先"②，他并没有冒充白人或者矫正自己的肤色。然而他相信以上这些掩饰行为已经改造了他。"有的人生来是白人，有的人后天获得了白人特质，而另一些人则始终与白人格格不入"，一番总结后，他说他已经"被鼓掌通过，变成了白人"。这一改变也是内在的。刘说，单看自己"从边缘移到了美式生活的中心"，他就已经"打心底里变成了白人"。

我看到这个林奈式的清单，第一反应是瞠目结舌。刘的清单涵盖了我前述所有四种掩饰的维度：外表（"我穿卡其色男士休闲裤"、"我有棕色的小山羊皮鞋"），归属（"我听全国公共广播电台"），社会运动（"我不介意电视节目里的演员有多白"、"我不会过分关注种族"、"我会提防少数族裔的好斗分子"）以及人际关系（"我几乎没有好朋友是'有色人种'"、"我娶了个白人老婆"）。

但随即我困惑了。只需做一些小小的修改，我便可以将我的名字也签在这个清单下面。这就意味着我掩饰自己亚裔身份的程度并不亚于我对我同性恋身份的遮掩——拒绝保罗伸出的手，或是远离同性恋运动。但我对自己种族掩饰行为的反思，并没有像此前那样激起我的自责。我惊讶地发现，原来我跟刘一样，也是一个"偶然生为亚裔的人"，是一个"碰巧"是亚洲人的人。

我相信在这个国家，白人优越论占着上风，就像异性恋才是

---

① Eric Liu, *The Accidental Asian*: *Notes of a Native Speaker*（New York：Random House，1998），p. 33.

② 同上，p. 34.

正统一样。那么，我为什么能这么愉快地掩饰我的亚洲种族身份呢？是因为亚洲人比同性恋更容易被人接受？是因为我常常有机会展示亚洲人的一面？还是因为种族掩饰不像是一种基于恐惧的本能反应？

和许多同事一样，有时候我教书其实是为了解答自己心中的谜题。一个学生曾经做了一个伪课程简介，题为"法律与我"，恶搞了我们教学过程中那些镶着金边儿的自恋情结。然而我自己在学生时代却非常喜欢教授们冒着被挖苦的风险把自己无解的议题带上课堂。所以我开了一门课，探讨有关种族、性、性倾向和宗教的同化与歧视之间的关系。

我把刘的清单给了我的十二个学生。一位亚裔女孩朱丽说，她对这些句子的语法感到震惊。她指出，每句话都以"我"开头，每句话都以刘作为主语而不是宾语，每句话都是宣誓性的，斩钉截铁，脱离语境。她接着说，这种充满主观能动性的感觉贯穿了全文——"我是好几个专享机构的会员"："我希望我的声音能被听见"。但她也注意到，获得这种力量是需要付出代价的。她说，这些句子可以两两放在一起，就像讲明权利义务的契约——"如果你让我'进入政府首脑的私室'，那我就'不会过分关注种族'"；"如果你让我成为'一个文化的制造者'，那么我就'不介意电视节目里的演员有多白'"。她总结到，这，就是买卖——如果你想要进入中心，你就得融入白人的规则。

我问学生们怎么看待这把交易。另一个亚裔女生，简，认为刘的目标是成为一个"香蕉人"，即一个黄皮肤白心肝的亚裔①。

---

① 刘柏川也承认，自己"曾被其他白人称为'光荣的白人'，而被其他亚洲人称为'香蕉人'"。同上，p. 34.

掩饰：同性恋的双重生活及其他

她认为刘是在否认事实，因为她不能想象任何一个有自尊的少数民族，面对电视里的白人霸权能做到心如止水。这一观点引发了一些反对的嘀咕声。她继而反驳道，我们不需要猜测这种否认有没有发生，证据是明摆着的：刘在清单上说他从来没有遭受过公然歧视；但在书的另一页，他却称自己是伴随着"支那佬"这一蔑称长大的[①]。简还说，有句话让她非常恼火，即刘竟然认为世上有一种英语是"不带口音"的，而这让她觉得他简直就像"汤姆叔叔"[②]。

我仔细观察了一下简。她之前也上过我的课，课上她几乎一句话也不说，但期末考试总是接近满分。令我惊讶的是她声音里的激情。在这门课上，她写了一篇论文，并得以发表[③]。这篇文章称，亚裔美国人也有暗柜，在公共场合我们必须把种族文化特征全都隐藏起来。那些成功融入主流的演员——如基努·李维斯或迪恩·凯恩——都把他们的种族差异关在自己的身体里面，淡化他们的亚洲血统。其他杰出亚裔，如刘柏川，则把他们的民族性锁在他们家的私人空间里。我读着她的论文，就像读着一本有关亚裔掩饰的启蒙书，惊叹它怎能如此确切地勾画我自己的经历。

和罗宾·沙哈尔一样，简也点亮了我的自我意识。我仍然觉得刘的清单上有很多项都是没有问题的，比如吃有机蔬菜、穿小山羊皮鞋、希望自己的声音被关注。其他项目则越看越可疑。我意识到，我也接受电视上白人特征占主要地位，一部分是因为我

---

① 同上，p. 46.

② 出自美国作家哈里特·比彻·斯托的小说《汤姆叔叔的小屋》："汤姆叔叔"成为一个充满奴性、对白人毕恭毕敬的有色人种的代名词，译著。

③ Jean Shin, "The Asian American Closet," *Asian Law Journal* 11（May 2004）: 1 ~ 29.

担心如果亚洲人真的被放进去了，会被描画成什么样子。然而我也知道，缺少了这些公共形象，也就意味着亚洲人几乎看不到自己成为生活的主角，这跟同性恋"被看不见"一样。我的学生们凭直觉看穿了我不跟其他亚裔打交道的漫长而粗心的历史——同性恋学生倒是比亚裔学生更敏锐地把我揪出来。我这才意识到，当我被夸作"我们种族的荣耀"，我总是很开心，然而这种开心却是在加强一群真实或假想的白人观众的优越感。

这门课后期，我们阅读了保罗·巴雷特的《好黑人》[1]。它令我们心碎。巴雷特，白人，《华尔街日报》的记者。他这本书的主人翁是他念法学院时的非裔室友，劳伦斯·孟金。这本书描述了孟金是如何终其一身想要成为"好黑人"的，或者说一个掩饰了自己种族的黑人。孟金从小在皇后区的贫民窟长大，他黑白混血的母亲告诉他："你首先是一个人……其次是美国人，最后才是一个黑人。"[2] 她喜欢马丁·路德·金胜过马尔科姆·艾克斯，她会严惩孟金说街头俚语[3]，还会告诉他要学会让人"注意不到"他的种族[4]。孟金为此非常努力——从高中，到哈佛大学，再到哈佛法学院，他始终鹤立鸡群，而他的掩饰策略也十分残酷。面对那些充满种族主义的评论，他会跟人一起笑[5]；他会避开非裔团体，在餐厅里也尽量不去"黑人桌"；他从来不讲述他自己所遭遇的种族歧视。当他进入法学院时，一群黑人法学学生联盟的成员找到他，问他为什么没有加入联盟，还问他为什么跟一个白

---

① *Barrett*, *The Good Black*.
② 同上，p. 24.
③ *Barrett*, *The Good Black*, p. 26.
④ 同上，p. 25.
⑤ 同上，p. 66.

人法学学生住在同一间宿舍。孟金回答，他来到这里是为了拿学位，而不是成为一个活动家。

从哈佛法学院毕业后，孟金为三个律所工作过，最后在 KM 律师事务所安定下来[①]。在 KM 所，孟金继续在四个方面全方位地掩饰着自己。就外表而言，巴雷特的书中反复描写了孟金对衣着的讲究——他是在这个律所穿得最高档的人[②]。虽然这可能让孟金看起来像个花花公子，但巴雷特却认为，孟金的穿着打扮直接影响了他所在的中产阶级白人圈对他的看法。孟金住在弗吉尼亚省亚历山德里亚市的郊区，当他穿着西装时，会从邻居那里收到友好的点头问候。然而当他穿得很运动准备去健身时，他发现同样的邻居会紧张地攥紧钱包。孟金在归属方面也进行着掩饰，总是强调自己哈佛双学位的出身，因为这"给白人发送了又一个放心的信号"，并且，他讲话非常注意，以至于人们都会说他"口齿很清晰"[③]。他避免任何可能激起社会运动的事情，对受到的种族蔑视报以超常的温和态度。他也避免跟律所里甚至法律界的其他非裔接触。这就是孟金的个人信条："我想证明我跟白人没什么不同：'不要怕。我是个好黑人。'"[④]

然而，孟金的残酷掩饰策略并没有成功。他选择在律所的一个分部工作，在那里，他遭到了孤立。孟金渐渐明白，他根本没有机会成为合伙人。他开始相信他的困境是种族歧视的产物，于

---

① 后与罗森门（Rosenman & Colin）兼并重组，成为 KM 罗森门律师事务所，如今是美国高端律所之一，擅长房地产、知识产权以及诉讼实务，译注同上，pp. 84 ~ 94.

② 同上，p. 105.

③ 后与罗森门（Rosenman & Colin）兼并重组，成为 KM 罗森门律师事务所，如今是美国高端律所之一，擅长房地产、知识产权以及诉讼实务，译注。p. 41.

④ 同上，p. 6.

是他依据 1964 年《民权法案》的第 7 条提起了诉讼[①]。这是一部联邦法案，该法禁止基于种族的就业歧视。陪审团几乎全是黑人，判给他二百五十万美元的赔偿金，然而一个几乎全是白人的上诉法庭推翻了此判决，认为初审判决是不合理的。

孟金的悲剧并不在于他输掉了官司。在读完巴雷特的书以及这个案子的公开材料之后，我觉得 KM 所并没有强制要求他掩饰，也没有通过其他手段对他进行种族歧视。他的悲剧在于，KM 所根本没有机会去要求他掩饰，因为孟金来到这个所的第一天就掩饰得如此尽心尽力，他的行为否认了所有关于非裔美国人的刻板印象。当然，这种否认并不能轻松帮他脱离他的种族。在他如此精心地反转每一个种族偏见时，孟金恰恰就被这些偏见定义了，犹如一张照片显示的必然是它的负片。

在离开了 KM 所之后，孟金才看到这一策略的代价：

> "我准备向公众坦白自己从前活在怎样的谎言中。我以为我周围的人都很宽容，都认为黑人很棒，但我错了。事实上，是我一直在忍让，生怕弄得白人不舒服。就像我（在亚历山德里亚）的邻居一样，如今的我厌倦了取悦白人，我连说话都不想跟他们说。如果他们说你好，我就说你好，但我不会再费尽心思去想怎样让他们开心一整天。那样太累了。"[②]

有时候，我们只是站在公车上跟人寒暄，掩饰就在不知不觉上演。有时候，掩饰又是一种让人心疲力竭的重负，正如孟金最

---

① *Mungin v. Katten Muchin & Zavis*, 941 F. Supp. 153（1996），rev'd, 116 F.3d 1549（D.C. Cir. 1997）.

② *Barrett*, *The Good Black*, p. 163.

掩饰：同性恋的双重生活及其他

终感受到的那样。然而，不管是哪种情形，掩饰都在起作用。

当我阅读《好黑人》时，我总是回想起朱丽所说的"契约"。这本书讲的正是一份社会契约，其中少数族裔被告诫说，只要我们顺从于白人的规则，就重重有赏。在我看来，孟金所控告的并不是有人违反了他的雇佣合同，而是违反了这份广义的社会契约。正因如此，我觉得这场官司他的确该输，但他对这份社会契约的挑战值得我们支持和关注。

我本人也享受过种族掩饰这一社会契约的福利。和刘柏川一样，我也曾掩饰自己的种族特征，爬到了美国社会的中心。我也明白，比起全方位的排斥，这已经是种进步了。就像刘伯川说的："时代变了，或者你们可以管这叫进步了，如今一个中国佬也渴望变成白人了。"[1] 然而值得追问的是，什么时候美国人才可以生活在一个不用漂白也能身处中心的社会呢？

我想要计算我们距离那样的社会还有多远，于是我开始观察那些违反了同化契约的少数族裔，也就是那些炫耀而非掩饰自己种族身份的人。和性倾向的情境类似，我发现高调的结局是悲惨的。一名非裔女性被禁止梳排辫；一个拉丁裔陪审员资格被取消，因为他承认自己有说西班牙语的能力；一个菲律宾裔的护士被禁止在工作期间讲塔加拉族语。似曾相识的愤怒再次在我心中升起，我将视线移向了法律。

由于联邦宪法及 1964 年《民权法案》第 7 条对种族的保护比性倾向要坚实得多，所以我以为人们可以更加坚定地拒绝那些种族掩饰的要求。结果我过分乐观了。跟性倾向案子一样，法院在种族案件中也区分了所是和所做，保护的是不可改变的种族身

---

① Liu, *The Accidental Asian*, p. 35.

份，而不是一些可以改变的方面①。一个少数族裔如果因其血统或肤色被解雇，会立马赢得诉讼。然而如果她是因为拒绝掩饰自己种族身份下的某种文化而被解雇，那么她通常就会输。

罗杰斯诉美国航空公司②一案就证明了这一规律。该案1981年宣判，此后再也没有被推翻。罗杰斯是个非裔女人，在美国航空公司工作，是一位机场操作员③。根据这份工作的着装规定，员工不许梳排辫。表面上看，这项政策是种族中立的，也是性别中立的，它禁止所有种族所有性别的人以排辫造型上班。然而这一政策却不成比例地加重了非裔女性的负担，因为她们总是跟排辫有着非常密切的联系④。罗杰斯就梳着这样的辫子⑤。她搬出《民权法案》第7条来挑战公司政策，称其已构成种族和性别歧视。地方法院认为航空公司在这两方面都没有歧视，这也成为此案的最终判决⑥。在此我将侧重分析她的种族歧视诉求。

《民权法案》第7条规定，如果雇主制定的一项政策不成比

---

① 在 *Rogers v. American Airlines*, Inc., 527 F. Supp. 229（S.D.N.Y. 1981）案中，纽约的一个联邦地区法院认为雇主反对上班梳排辫的政策不构成种族歧视，见后文讨论。在 *Hernandez v. New York*, 500 U.S. 352（1991）案中，最高法院认为检察官拒绝讲西班牙语的人成为陪审员也不违反平等保护条款。在 *Dimaranan v. Pomona Valley Hospital Medical Center*, 775 F. Supp. 338（C.D. Cal. 1991）案中，加州的一个联邦地区法院认为，医院禁止菲律宾护士讲塔加拉族语不构成国籍歧视。随后双方达成和解，法院撤回了判决，见 *Dimaranan v. Pomona Valley Hospital Medical Center*, No. 89 4299 ER（JRX），1993 WL 326559（C.D. Cal. March 17, 1993）.

② *Rogers v. American Airlines*, Inc., 527 F. Supp. 229.

③ 同上，p. 231.

④ Paulette Caldwell, "A Hair Piece: Perspectives on the Intersection of Race and Gender," Duke Law Journal（April 1991）: 365, 379.

⑤ *Rogers*, 527 F. Supp. at 231.

⑥ 同上，p. 232.

掩饰：同性恋的双重生活及其他

例地加重了某些少数族裔的负担，并且没有商业上的正当理由，原告则可以胜诉。罗杰斯案的法院拒绝承认不许梳排辫的政策不成比例地加重了非裔美国人的负担。判决指出，罗杰斯并没有主张"满头扎辫子的只有黑人，或者绝大部分是黑人"。并且，被告"在不承认违约的情况下指出"，罗杰斯恰恰是在"电影《十全十美》中的白人女星波·德瑞克也梳了排辫并因此掀起风潮"之后，才开始效仿这一发型的。我们可以将此称为"波·德瑞克式抗辩"。显然，这一抗辩是在搬起石头砸自己的脚，因为波·德瑞克的排辫本身正是借用了非裔美国人的造型[1]。

法院似乎明白自己的分析是有漏洞的，于是它提出了另一个判决理由。法院认为，排辫并不是一个不可改变的种族特征。它指出，一个"圆蓬头"可能是受第 7 条保护的："因为禁止一种自然发型意味着触犯了不得基于不可改变的特征进行种族歧视的禁令"[2]。法院接着强调："排辫则是另一回事"，因为"它不是头发自然生长的结果，而是人工制造出来的"[3]。法院总结道："一个排辫发型是一种'轻易即可改变的特征'，并且，即使它跟某个种族或国籍有着社会和文化上的联系，基于此特征进行区别对待也并无不妥。"[4]

正如沙哈尔案的法院认为沙哈尔作为同性恋的身份和她的同性恋行为是两码事一样，罗杰斯案中，法院也区分了罗杰斯的少数族裔身份和她与种族相关的行为。法院明确表示，如果罗杰斯受到歧视是因为她不可改变的种族身份，例如肤色或一个"自

---

① Caldwell，"A Hair Piece，" p. 379.

② Rogers，527 F. Supp. p. 232.

③ Rogers，527 F. Supp. p. 232.

④ 同上，引用了 *Garcia v. Gloor*，618 F.2d 264，269（5th Cir. 1980）.

然"的圆蓬头，她就可以胜诉。法院同时也清楚地表明，对于那些可以改变的方面，比如排辫，罗杰斯就不能受到保护。法院不能保护她免于掩饰——她必须把凸显种族的特征都最小化，否则这些特征就会把自己和白人主流社会区分开来。

我忍不住想说，"自然发型"这个词组听上去就是自相矛盾的，因为"自然"和"造型"在常人的理解中根本就是一对反义词。若要保持纯粹的"自然"，有着圆蓬头的人就必须不剪它、不打理，但这显然不是航空公司可以容忍的发型，法院也不会予以保护。法院判决中的这个诡辩再次证明法院总是奉行一条公理，即，只有不可改变的特征才能受到保护。法院想要保护圆蓬头的心情是如此急迫，以至于圆蓬头竟被重新界定成"自然的"或"不可改变的"了。我们一心维护公理，却忘了我们已经变得多么荒谬。

这个判决可能并没有让你感到冲击，原因法院已经给过了——头发嘛，多大点事啊。然而如果头发是如此微不足道，那么我们可以反过来问，为什么美国人会因为发型解雇一个人？在读罗杰斯案时，我们仿佛可以听到美国航空公司和法院质问罗杰斯："这事对你来说怎么就那么重要？"而罗杰斯则回答："这事对你们来说怎么就那么重要？"两个问题都值得深思。

仅从这份判决来看，罗杰斯就"为什么梳排辫对她很重要"这一问题只给出了一个简短的答案——她说排辫"曾经是，将来也会是美国黑人妇女文化和历史的部分精华"[1]。一位法学教授波莱特·考德威尔在有关罗杰斯案的论文中对这一回答有过深入分析[2]。考德威尔自己也是一名非裔美国妇女，她发现自己的不同发

---

[1]　Rogers，527 F. Supp. p. 232. 引自原告备忘录，以反对驳回起诉的动议。

[2]　Caldwell，"A Hair Piece."

型可以引发天壤之别的回应。当她是长直发时，她总是被称赞为"能干、有着非同寻常的洞察力以及对事物的掌控力"[①]。当她是爆炸头时，人们则说她看起来就像个"中学生"[②]。当她梳起排辫时，她则会被问起对那个不许非裔女人梳排辫的案子——即罗杰斯案——的看法[③]。从这些经历中考德威尔认识到，她的头发是表达自己种族的一个场所，而对于非裔而言："好的"发型就是"白人的"发型，因为"公众会觉得，模仿得越像白人女性，黑人女性就越进步"[④]。她说，几乎所有黑人女作家的小说和自传里都写到过基于发型的歧视，如玛雅·安吉洛，格温多琳·布鲁克斯，爱丽丝·沃克，以及托尼·莫里森[⑤]。

考德威尔的文章表明，发型可以从一个中立的打扮偏好转化成种族间的竞技场。罗杰斯可能一开始对她的发型也没什么态度，就像法院在"波·德瑞克式抗辩"中所称的那样。但这并不能削弱她的权利，她仍然有权拒绝航空公司对她施加掩饰的要求。我并不想在我办公室的布告板上贴一个粉色三角，但是如果我贴了，而我的院长非要我摘下来，我也会为了这样一枚小小的图章而奋力反抗，这是完全符合逻辑的。而这枚图章从此就会承载起它从未有过的社会意义。

当我们思考这些社会意义到底是什么时，我们可以反问，为什么罗杰斯不梳排辫对美国人就那么重要呢，重要到让她拿一片

---

① Caldwell, "A Hair Piece." p. 382.

② 同上，p. 370.

③ 考德威尔讲道，"那些引出排辫话题的学生……会话说到一半突然尴尬地捂住嘴"，因为考德威尔"在每节课上都会梳着整齐的鞭子"，而她"讨厌自己在千万个法学院的案子中，不情愿地被当成一个讨论对象"。同上，p. 368.

④ 同上，p. 391.

⑤ 同上，pp. 391 ~ 92.

假发盖住排辫也行。由于在诉讼中雇主没必要坦诚说明原因，我便转而观察其他公司的员工着装手册。约翰·莫洛伊的经典畅销书，1988年出版的《新版穿出成功》里有一些非常直白的给少数族裔的着装建议："向白人推销产品的黑人应该避免爆炸头。"[①]莫洛伊还告诉非裔："要穿保守的细条纹西装，最好有个马甲，再加上所有被社会认可的标识，比如常青藤盟校的领带。"他也建议西班牙裔"不要留一缕小胡子"，并且"不要抹任何让头发看起来油光发亮的发胶"。他还建议他们避免"一切有着西班牙特色的服饰，以及一切看起来非常尖锐或精密的东西"。

莫洛伊解释了少数族裔为什么应该掩饰外表：

> 典型的中上层美国人看起来都是白人、盎格鲁撒克逊人、清教徒，这是一个不争的事实。他应该是中等体型，白皙皮肤，几乎没有什么显著的身体特征。他是成功的典范；也就是说，如果你进行一个测验，几乎所有的人，无论任何社会经济种族民族背景，都会认为这是成功者的样子。不由分说，他的外表总是会引来一段积极的评价。任何不完全具备他的特质的人则都会引发某种程度的负面回应，不管这一回应是有意的还是无意的。

这样看来，成功，似乎是白而无味的。莫洛伊揭示了美国文化中白人优越论的持久生命力，这是一种要求其他少数族裔对盎格鲁规则卑躬屈膝的优越感。没错，莫洛伊说少数族裔必须达到"不要命"的程度才能弥补自己跟白人主流社会那不可改变的差

---

① *Molloy*，*New Dress for Success*，p. 211.

距 ①。在研究完非裔美国人的公司着装后，莫洛伊总结说："黑人想要获得同等的影响力，不仅要穿得更保守，还必须比同等水平的白人穿得更昂贵。" ②

莫洛伊所说的"种族掩饰可以缓解对种族差异的恐惧"在历史上是有依据的。如果我们回到种族主义更为严重的时代，我们会发现少数族裔正是通过掩饰来逃避歧视的。法学教授阿利安·格洛斯描述了在南北战争之前的美国："洗白"甚至可以让一个黑人免受奴役之苦。在所谓的种族判定试验中，如果严格遵照"一滴血"原则，有的人本该被判定为黑人；但他们也会经常被法官和陪审团认定为是白人，只要他们的举止跟白人特征有联系："做白人做的事，就是法律对于什么是白人的灵活定义。" ③ 有的行为曾被法院认为是显著的白人行为：如果一个人跟白人交朋友、被白人接受、言谈举止风度翩翩、头发笔直，那这个人就是白人了。这些标准在今天竟然余音未了，令人心寒。对于那些想要逃离奴隶生活的黑人而言，掩饰带给他们的奖励比给孟金或罗杰斯的要多得多。

我们不能一口咬定美国人都是以白人优越论的名义来要求罗杰斯掩饰的。我们需要问美国人这一要求背后的原因，并且判断答案的可信度。罗杰斯判决令人沮丧之处，也是《民权法案》第7条的法理缺陷，在于它没有要求美国人回答这一问题。相反，法院只是考量了罗杰斯服从的能力。一旦法院认定她是有能力同化的，它就推定她应该这样做，而不考虑这一同化要求的合理性。

---

① *Molloy*, *New Dress for Success*, p. 234.

② 同上，p. 233.

③ Ariela J. Gross, "Litigating Whiteness: Trials of Racial Determination in the Nineteenth-Century South," *Yale Law Journal* 108（October 1998）: 112.

一个对日期留心的读者会问我，是不是对一个 1981 年的案子和一本 1988 年的着装手册太小题大做了。到了今天，似乎没人再要求谁进行种族掩饰了吧。黑人风、亚洲菜以及拉美音乐如今都是美国文化的主食。如果非说耶鲁大学的入学论文测试有什么暗示的话，那也是让申请人争先恐后地强调自己的种族多样性，而不是去掩饰它。尽管这种"逆向掩饰"的压力可能有其自身的问题，但"洗白"的压力却似乎已经是一件陈年往事了。

　　然而，我们不应该把对少数文化的选择性借用跟普遍接受相混淆，这点跟同性恋的境况很相似。罗杰斯案之类的案例仍然出现在教材里，这就意味着雇主仍然可以向少数族裔提出同化的要求，并且不会受到任何惩罚。而他们也的确在这样做：莫洛伊的书引起我注意的原因正是一个雇员在 2003 年起诉他的老板要求他遵循这一手册[①]。社会调查数据也显示，那些高调的少数族裔者仍然会遭到歧视。经济学教授玛丽安·伯特兰和森德希尔·穆莱纳桑在 2002 年进行了一项研究，他们把除顶端的姓名之外其他内容完全相同的简历寄给各大公司。有一半的姓名"一听就是白人"，比如艾米莉·沃尔什或者格雷格·贝克，而另一半则明显是"非裔美国人"的名字，如拉吉莎·华盛顿或者加玛尔·琼斯[②]。这些"白人"简历收到电话回复的比例足足比"非裔"简历

　　① See Mike Bruton, "Eagles Radio Employee Wouldn't Go by the Book," *Philadelphia Inquirer*, March 19, 2002, p. C1.

　　② Marianne Bertrand and Sendhil Mullainathan, "Are Emily and Greg More Employable Than Lakisha and Jamal? A Field Experiment on Labor Market Discrimination," *American Economic Review* 94（September 2004）: pp.991 ~ 1013. 媒体对其研究的报道，见 Alan B. Krueger, "Sticks and Stones Can Break Bones, but the Wrong Name Can Make a Job Hard to Find," *New York Times*, December 12, 2002, p. C2.

多了百分之五十^①。也许雇主们歧视的是所有非裔而不只是高调的非裔，但这个实验再次证明，冒充和掩饰在这个问题上是相互渗透的。

这种同化的偏见在基于语言的反歧视诉讼里也有所体现。越来越多的公司都规定员工在工作场合"只许讲英语"。已经有人诉称这一规定是一种基于出生国的歧视。可以预见的是，只会说一种语言的人往往会打赢这场官司，而那些会说两门语言的人则几乎全军覆没。正如一个法院所说："对于一个只说一种语言的人来说……语言跟肤色、性别或出生地一样，算得上是一种不可改变的特征。但是，一个会说多种语言的人在某一时刻说某种语言，绝对是可以选择的。"^② 既然双语员工可以选择说英语，他们就必须说。

当我在课上讲这些案子时，我的学生们通常都会觉得，语言案中双方的利益都比着装案大。语言被广泛认为是民族身份的重要组成部分。社会语言学家约书亚·费希曼认为："由于语言一直都是主要的符号系统，并且由于人们在表演、庆祝以及'唤起'所有的民族活动时都十分依赖语言，因此它被视为种族符号并被单独强调的可能性的确就很大。"^③ 然而从雇主的角度看，要求员工说英语的理由——比如提高客服质量或者改善工作环境的和谐度——也似乎是无可厚非的。

---

① 报告显示，"白人名字的简历有 9.65% 的概率收到回复，而同样的简历换上黑人名字之后，只有 6.45% 的回复率。这 3.20% 的差别只能归因于名字。" Bertrand and Mullainathan, "Emily and Greg," pp. 997 ~ 98.

② *Garcia v. Gloor*, 618 F.2d 264, 270（5th Cir. 1980）.

③ Joshua A. Fishman, "Language and Ethnicity," in Language, *Ethnicity and Intergroup Relations*, ed. Howard Giles（Oxford: Pergamon Press, 1977）, pp. 25 ~ 26.

种族掩饰

我想再次强调，我并没有说每个雇员在这些案子里都应该是赢家。最终的判决应该权衡个人与雇主之间的利益。然而现实中往往是法院只审查雇员，看他们的特征是否可以改变。如果可以，那么形式或实质的审查就结束了。但如果就此结束，那么法院就把"是否雇员可以遵从主流规范"这一描述性问题变成了"她是否应该遵从"这一规范性问题，而完全不问为什么雇主会要求这样的同化。

如果真要检验雇主的理由，它们往往都是站不住脚的。1988年，联邦上诉法院审查了洛杉矶的一个州法院"工作场合只能说英语"的规定①。被告给出的理由是，员工如果使用西班牙语，办公室则会有变成巴别塔的危险。然而法院在推敲了案件事实后发现，雇员讲西班牙语的能力在面对非英语客户时是不可或缺的。因此，双语非但不是一个问题，而且是一笔财富——这个结论一点也不令人惊讶，毕竟双语并不是知识的匮乏（比如根本不会讲英语），而是知识的满溢。"只许说英语"的规定惩罚的不是你知道得太少，而是知道得太多。

联邦法官亚力克斯·科津斯基在他的反对意见中认为，上诉法院拒绝重审此案是不恰当的，但他同时也还是支持"只许说英语"的规定②。他认为美国不像加拿大和其他国家，它成功避免了语言差异造成的矛盾，因为"作为一个移民国家，我们始终希望让英语成为我们的公共语言，同时让土话和方言保留在私人场所

---

①　*Gutierrez v. Municipal Court of Southeast Judicial District*，838 F.2d 1031（9th Cir.），reh'g denied，861 F.2d 1187（9th Cir. 1988），vacated as moot，490 U.S. 1016（1989）.

②　*Gutierrez*，861 F.2d at 1193（Kozinski，J.，dissenting from denial of rehearing en banc）.

掩饰：同性恋的双重生活及其他

和家庭情境里"。这一构想远远超出了让人们"会讲英语"的要求。它甚至禁止人们在公共场合使用除了英语之外的任何语言，并要求我们把差异反锁在种族飞地或者家庭之中。

当我们缺少一个强有力的理由来支撑个案审查时，这种公私二分的伦理便把外来人口无辜变成了二等公民。它阻止我们的生命和文化在公共符号系统中留下记号。正是在衡量了这一代价之后，加拿大才变得像个乌托邦，而不再是个草木皆兵的国度。当美国还在拥护熔炉这个隐喻时，加拿大已经开始宣扬一个相反的隐喻了，即始终多元的马赛克瓷砖。或许现在是时候将两个隐喻结合起来了。

伊斯雷尔·赞格威尔的《熔炉》于1908年首演，讲的是大卫·奎克萨诺的故事。大卫是一个俄罗斯犹太移民，一位演奏家兼作曲家，跟他的叔叔和奶奶住在纽约的一个贫民窟里。三代人展现出同化的经典模式。祖母只会说一点点英文，她常常暗自落泪，因为儿孙为了挣钱不得不违反安息日的教义。大卫的叔叔孟德尔则会说一口流利的英语，并且熟悉美国文化，但当大卫宣布自己有了一个非犹太爱人——维拉·雷文戴尔时，叔叔还是发火了。大卫则是一个"大屠杀中幸存的孤儿"，父母在一次反闪族骚乱中双双遇害，这个孩子成了接受同化的典型。他希望写一部"美国协奏曲"，灵感来源于这样一句话："美国是上帝的坩埚，是伟大的熔炉，所有的欧洲民族都在这里融化，而后重生。"①

这一想法使得另一个俄国移民维拉克服了自己的反犹情绪，跟大卫订了婚②。然而很快，大卫"放弃种族仇恨和对抗"的信条

---

① Zangwill, *The Melting Pot*, p. 33.
② 同上。

受到了挑战，因为他发现，维拉的父亲正是那场令他父母遇害的大屠杀的指挥官①。大卫悲痛万分，取消了这场婚事。然而，这对恋人在美国协奏曲的首演现场重逢了。坐在楼顶花园，他们看着落日，大卫觉得它就像"上帝之火在他的坩埚中熊熊燃烧"②。这出戏的结局是大卫高声赞美"伟大的熔炉"，因为它将吸收"凯尔特人和拉丁人，斯拉夫人和日耳曼人，希腊人和叙利亚人，黑种人和黄种人"③，从而"杰出的炼金术士"可以"把他们熔化并合为一体，用他那席卷万物的火焰"。④

《熔炉》的故事是有些夸张了，也难怪这个标题比话剧本身影响力更深远。然而当我在大学里第一次读到它时，我对这一理想的共鸣使我无法对其全盘否定。我的反应跟西奥多·罗斯福相似，据说他曾在卡座里拍案叫绝："这真是部伟大的话剧！"⑤那时候，《熔炉》正在华盛顿特区上演，而这个公演版本是专门献给他的⑥。我跟罗斯福一样，都曾幻想我们的公民自愿切断其种族纽带，打造一个"美国人的美国"，若在美国人前面加上族裔则是一种"道德上的叛国"⑦。但毕竟，这只是我天马行空的想象罢

---

① Zangwill, *The Melting Pot*, pp. 148~53.

② 同上，p. 184.

③ 同上。

④ 同上，p. 185.

⑤ Schlesinger, *The Disuniting of America*, p.39.

⑥ 献词是这样写的："致西奥多·罗斯福，他致力于为载满人口和财富的大船保驾护航。在其应许下，我们将这部戏以最诚挚的敬意地献给他。" Zangwill, *The Melting Pot*.

⑦ 英文原文为"用连字符修饰身份"（hyphenation of identity）。英文中连字符是用来表示美国人的起源的，如亚裔美国人（Aisan-American），非裔美国人（African-American）等，译注。Niall Ferguson, *The Pity of War*（New York: Basic Books, 1999), p. 192.

掩饰：同性恋的双重生活及其他

了，正如罗斯福讲的"百分百的美国人"也只是个美好愿景①。即使在今天，我也仍然被美国包容的品格所感动，这跟日本排外的规矩形成了如此鲜明的对比。我质疑的只是包容的代价。

关于同化，《熔炉》揭示了一个巨大的社会学真相——老一辈的人没能力同化，而年轻一辈的人又不得不同化。我可以参照自己的家族历史，来阅读赞格威尔描写的三代人的故事——我的祖父母，至死都是日本人；我的父母，穿梭在两个国家之间；而我，如今则是如假包换的美国人。然而，我不能完全认同这个剧本的原因之一就是，这种类比并不完全属实。

我想到了我的名字，吉野贤治，听起来更像日本人，而不像我父亲有个美国名。父亲刚到美国时，没有人能够念出他的日本名，所以他就找了个朋友给他重新起了一个。在他整个职业生涯，他都在使用他的"美国名"。如果赞格威尔对熔炉的描述真的跟我相符，那么我的父母肯定早就给我起了一个美国名了——父辈的孟德尔们早该变成了我们这一代的大卫们。然而他们没有。

小时候我就想不通，有的名字明明可以在两种语言里都有意义，为什么我们不叫这些名字呢？比如男孩可以叫肯、丹或者尤金，女孩则可以叫内奥米、艾米或者凯，这样犹太和爱尔兰词汇就联系起来了。如果我的父母真心希望我"在美国就是百分百的美国人，在日本就是百分百的日本人"，那么他们本可以给我们取这样的名字。

很多年来，我都觉得自己的名字不能代表真实的我。"贤"

---

① Stephen T. Wagner, "America's Non-English Heritage," *Society* 19 (November/December 1981): pp. 37, 41.

意为"健康"；"治"则意味着"领袖"，二者似乎都不能描述我，一个安安静静的小孩。而如今，我看到我的父母在我的名字里藏了一份期待——他们希望我能够活在一个不会强迫我放弃民族性的美国。当时一定是直觉告诉他们，如果一个人有个听起来像白人的名字，那他们的人生一定比有着少数族裔名字的人顺很多。然而他们却在小小地炫耀着，以我的名义。

掩饰：同性恋的双重生活及其他

性 别 掩 饰

　　我站在耶鲁法学院的一间教室里。墙上挂着一排肖像，无一例外全是男性。他们都是光荣的老校友，如今成了法官、教授、院长。教室里的座位以讲台为中心，如涟漪般呈扇形层层展开，越到高处间隙越宽。这些肖像则像一排后座议员似的悬在空中，他们红光满面，永不褪色，手也一直高举着。在他们的凝视下进行思辨的我们只是被历史遗忘的无名小卒。

　　这天晚上，坐在教室的七十个人绝大多数都是女性。我们这些法学院的学生、教员和职工在这里召开了一个公开听证大会，讨论如何应对"法学院歧视女性"这一控诉。

　　2001 年，全国各大新闻头条都在报道，在全美的法学院课堂上，女性人数已经过半[①]。消息发布的那天，我的一个女学生大

①　See, for example, Jonathan D. Glater, "Women Are Close to Being Majority of Law Students," New York Times, March 26, 2001, p. A1; Jane Stancill, "Women in Law Schools Find Strength in Rising Numbers," News & Observer（Raleigh, N.C.）, April 18, 2001, p. B1; Susan C. Thomson, "Women Are Poised to Outnumber Men in Law School," St. Louis Post-Dispatch, September 19, 2001, p. C1.

声说出了她的担忧：如果法律被女性占领，这个行当会失去它的声望。

在我看来，至少这些肖像大可以让她放心。它们证明，男人仍然占据着法律界的上层位置。据美国律师协会统计，2001年，联邦法官中只有15%是女性，而在律师事务所合伙人中女性只占15%，在法学院院长中只占10%，在大型律所的管理型合伙人中则只占5%[1]。虽然有的人相信这只是一个"管道问题"[2]，其他人则没有这么乐观。法学教授黛博拉·罗德坚信差别待遇仍然存在，她指出，在法律实务中，男性的年收入比同等能力的女性要多两万美金，并且成为合伙人的可能性至少要大两倍[3]。2000年，《美国律师协会月刊》的一项民意调查显示，女性律师对于职业机遇

---

[1]　Deborah L. Rhode, The Unfinished Agenda: Women and the Legal Profession (Chicago: ABA Commission on Women in the Profession, 2001), p. 14. The report is available at http://www.abanet.org/ftp/pub/women/unfinishedagenda.pdf.

[2]　全美法律就业协会调查发现，很多律所把高层女性比例低归因于"管道问题"(pipeline issue)，认为只要有更多的女性进入法律行业，女性领导的数量自然就会上升，见 Stephanie Francis Ward, "Few Women Get Partnerships," ABA *Journal E- Report*, February 6, 2004. 麻省司法提名委员会的主席则直接说："在现有管道中，女性的比例当然不比男性高。"见 Eileen McNamara, "Backtracking on the Bench," *Boston Globe*, February 6, 2005, p. B1. 但黛博拉·罗德认为，"人们普遍把高层女性比例低归因于文化没跟上法律的步伐，即当下的不平等只是被视作过去性别歧视的遗留，既然如今法律已经明确禁止此歧视了，我们女人赶超男人只是时间问题。然而，管道理论并不能解释为什么在法律行业已经有三分之一的从业者是女性，但女性领导的数量依然非常少。"见 Deborah L. Rhode, "Keynote Address: The Difference 'Difference' Makes," *Maine Law Review* 55 (2003): 17.

[3]　Rhode Rhode, *The Unfinished Agenda*, p. 14.

掩饰：同性恋的双重生活及其他

的看法远远没有她们在 1983 年时乐观了 [①]。

大会开始了。那时我刚刚开始这本书的写作，所以我习惯性地用"掩饰"这一理论框架来听他们讨论。很多人的发言都让我确信，女性也一样面临着掩饰的要求。女学生讲述着她们面临的压力，即，她们必须淡化某些刻板印象，比如当在课堂上发言时，要避免带入情感。另有人称，同行评审和教授们往往对于带有女性主义倾向的论文嗤之以鼻。一位母亲则说，一个女性辅导员送她去面试法官助理职位，临别时辅导员建议她："千万不要在法官面前提自己的孩子。"

但我同时也发现了一个与之相对的主题——我发现了一种听起来跟掩饰截然相反的压力。一个女老师讲，她收到了某个学生写的匿名信，建议她不要在课堂上过于直言不讳，否则就是"不守妇道"。也有人说，教授更倾向于把整理文件或文献综述等没有技术含量的工作交给女性助教。这些行为使得女人们越来越像刻板印象里的女人，而不是变得越来越男性化。这就是逆向掩饰的要求。

这是我第一次感受到自己此前研究的严重不足，因为显然我没有体验过这样的掩饰。我想起一个英语文学教授曾问我们，共情和分析的能力是否截然不同："我们能否在为女主角哭泣的同时，赞美那一声飞快的枪响？"我以为我可以不加评判地听着枪声，同时体会她们的悲痛。然而如今我决定刨根问底。我开始寻找枪从何而来。

我问自己，在课堂上被要求控制情绪是女生特有的经历吗？

---

① Terry Carter, "Paths Need Paving," *American Bar Association Journal* 86 （September 2000）: 34.

不，我自己也曾有过这样的压力，并且理所当然地以为，压抑情感是成为一名律师的必经之路。我还记得，当我收到"你话太多了"的匿名字条时，我被吓得魂飞魄散。但是如今我也在想，这种威胁到底多有普遍，毕竟写这纸条给我的只是一个人。我教过很多好斗而聪明的女学生，每年她们都可以成为位高权重者的助理、公司里的法务，或是拿到一些有机会终身任职的工作。今晚我的学生没有一个在现场。这是否意味着，在座的只是一群愤世嫉俗的法科生，她们只是想以性别歧视为借口来宣泄一下找不到工作的愤怒？简而言之，我问自己的这些问题就像是一个异性恋白人问我，在美国身为亚裔同性恋者是什么体验。我突然意识到在这个场合，自己更像是一个要求别人掩饰的人，而非掩饰者。这种感觉并不好受。

当然，只需稍加思考，我就能理解女人很多时候都需要掩饰她们的性别。我拒绝掩饰我为同性恋平权所做的工作，这让我能够理解一位女性教师拒绝掩饰她在反对性别歧视上所做的努力。她告诉我在她被停职之前，学校曾一再要求不要写有关性别问题的文章。但是她说，如果不能带着她的激情进行学术创作，那么做学者也没什么意思了。因此，她过得就像个省吃俭用的学生，怕万一得不到教职，还能自费从事点公益活动。好在她的几篇有关堕胎、家暴和家务劳动的文章让她一举成名。那时候我还是一个学生，我非常敬佩她能够坚持自己的原则。我还在一个小电影院里上过她讲的有关性别歧视的课，因为那时候校园里正在罢工，她为了表示对工人的支持，拒绝跨过警戒线进入教室。直到今天，每每读到她讲的那几个案子时，我还是可以闻到爆米花的味道。

因此，这次大会之后，我带着我的批判精神来到了图书馆，开始查阅有关法学教育里的性别问题。最为触动我的是《成为绅士》这本书，作者是拉尼·吉尼尔、米歇尔·费恩以及简·巴林，他们分别是法学、心理学和社会学的教授①。在1990年到1991年的一项研究中，他们发现，尽管男生和女生在进入宾夕法尼亚法学院的时候资质是相似的，但是男生成绩飙升到全班前百分之十的可能性比女性要高出两到三倍②。这本书对这一差异给出的解释是，就算那些过去只培养男性的教育机构已经向女性开放了很多年，其中保留的文化仍然更有利于男性的发展。

我则试图解构这种文化。我会详细阐述耶鲁那次集会上所表达的两种对女性的要求：掩饰和逆向掩饰。一方面，女性在宾大面临把自己"去性化"的压力，回避刻板印象中的女性特征，并且远离女权运动。用其中一个教授的话说，女性总是被告诫："要想成为一个好的律师，就要举止得体，像个绅士。"③而另一方面，女性也在承受着相反方向的压力。那些在课堂上敢于发言的女性常常会遭受嘘声，当众受到羞辱，背后也流言蜚语不断。那些举止不像"正常"女性的人则被称作"憎恨男人的女同性恋"或者"女同性恋纳粹分子"④。

许多有关性别平等的文献都对这种两难困境有所阐述，称其

---

① Lani Guinier, Michelle Fine, and Jane Balin, Becoming Gentlemen: *Women*, *Law School*, *and Institutional Change*（Boston: Beacon Press, 1997）.

② 同上，pp. 37~38.

③ Lani Guinier, Michelle Fine, and Jane Balin, *Becoming Gentlemen*: *Women*, *Law School*, *and Institutional Change*（Boston: Beacon Press, 1997）. p. 29.

④ 同上，p. 68.

为"双重捆绑"①，"第22条军规"②，或是"走钢索"。在工作场所，女性必须有足够的"男子气"才能被视为值得尊重的职场人士，但她们同时又必须有足够的"女人味"才能被视为值得尊重的女人。（我把"男子气"和"女人味"都加了引号，是因为我想用它们描述一种"男就是男女就是女"的观念，而不是现实。）大量的证据让我相信，许多命令并不是要所有人都服从，而是专门针对女性的。我也逐渐确信，这些自相矛盾的要求意味着当代性别歧视的情节远比一个弱者被迫服从于强势群体的故事来得复杂得多。

要想知道这个专属于女性的第22条军规有多么特别，你只需要想想，哪怕是同性恋者都没有遭受过类似的双重压迫。如果同性恋者与女性的处境相同，那么异性恋者就会反复要求我不仅要掩饰，还要逆向掩饰。如果我穿得太保守，人们就会让我全身上下都时尚些；如果我"扮直人"，人们甚至会要求我再浮夸一点。但我认为同性恋者并没有这样的遭遇。《粉雄救兵》是个破

---

① See Cynthia Fuchs Epstein et al., "Glass Ceilings and Open Doors: Women's Advancement in the Legal Profession," *Fordham Law Review* 64（November 1995）: 352; Rhode, "The Difference 'Difference' Makes." On the "Catch-22," see Vicki Schultz, "Telling Stories About Women and Work: Judicial Interpretations of Sex Segregation in the Workplace in Title VII Cases Raising the Lack of Interest Argument," *Harvard Law Review* 103（June 1990）: 1839; Joan C. Williams and Nancy Segal, "Beyond the Maternal Wall: Relief for Family Caregivers Who Are Discriminated Against on the Job," *Harvard Women's Law Journal* 26（spring 2003）: 95 ~ 101. On the "tightrope," see Katharine T. Bartlett, "Only Girls Wear Barrettes: Dress and Appearance Standards, Community Norms, and Workplace Equality," *Michigan Law Review* 92（August 1994）: 2552 ~ 53; Charlotte L. Miller, "Checklist for Improving the Workplace Environment（or Dissolving the Glass Ceiling）," *Utah Bar Journal*（February 1996）: 7.

② 源自约瑟夫·海勒（Joseph Heller）的小说《第二十二条军规》（Catch-22），后人常用这一书名来表达一种左右为难的境地，译注。

掩饰：同性恋的双重生活及其他

天荒的例外，而大部分情形则是，异性恋社会只会要求我们掩饰起来。在我的经历里，逆向掩饰的要求更有可能是同性恋们自己给自己提出来的。

在这一方面，少数族裔也更像同性恋者，而不像女性。作为一个亚裔，只要我有着"白人的打扮"并且说着"完美的不带口音的英语"，我就能找到一个安全港。白人只会偶尔地要求我逆向掩饰——"讲几句日语吧，我们想听听它到底什么样"，或者"不，告诉我们你真的是从哪里来的"。但跟同性恋者面临的情形一样，其他亚裔对我提出的逆向掩饰的要求其实比白人更为频繁，因为他们希望我对亚裔美国人的议题也能像对同性恋议题那样积极主动。

如果说同性恋者或少数族裔也会卷入掩饰和逆向掩饰的交火之中，那多半是因为我们身陷两个群体。多数派阵营（异性恋者或白人）提出掩饰的要求，而少数派团体（同性恋者或少数族裔）则提出逆向掩饰的要求。最近有关非裔美国人"对抗式文化"的文献反映了这一动态[1]。在回应白人要求非裔"举止像个白人"的要求时，一些非裔已经发展出一种"偏要像个黑人"的文化。一个非裔可以轻易受制于第22条军规，但是这条军规并不只是由白人制定的。更常见的情况其实是，那些描述掩饰自己所属的少数族裔的消极词汇——如"奥利奥""香蕉人""椰子人"或"苹果人"——似乎都是来自少数族裔内部，而不是来自白人[2]。

---

① See, for example, Gary Peller, "Notes Toward a Postmodern Nationalism," *University of Illinois Law* Review（1992）：1099；Carolyn Edgar, "Black and Blue," *Reconstruction*（1994）：16.

② 对非裔社群中该现象的讨论，见 Peller, "Notes Toward a Postmodern

相比之下，女性更为特殊，因为强势群体——男性——通常会既要求她们掩饰，又要求她们逆向掩饰。唯有女性会身处这一情形，因为她们所受的压迫有着独特的形式。跟同性恋者和少数族裔不同的是，女性在被压迫的同时，也会被压迫者所珍惜。长期以来，男人歌颂着女人应该拥有的"女性气质"，比如温暖、同情、有教养。

　　男人以爱之名限制女人，这种心态又叫"领域划分"——这是一种意识形态，即男人应该栖居于工作、文化和政治等公共领域，而女性则只能生活在灶台和卧室等私人空间①。人们也理所当然地认为，两个领域体现了男女的性格差异——由于有"男性气质"，男人普遍适合在公共空间生存，而女人则由于其"女性气质"，只能待在私人领域。这种意识形态使得男人既珍视女人，又限制女人——女人是崇高的，不过只能是在家里。在《论美国的民主》一书中，亚里西斯·托克维尔以他那个时代典型的赞美方式描述了这种领域划分："我可以毫不犹豫地说，尽管美国女性从来没有离开过她们的家庭领域，并且在很多方面都受此所限，但没有别的地方能让她享受如此高的待遇了。"②

Nationalism"; Edgar, "Black and Blue." 该现象在亚裔社群的体现，见 Liu, *The Accidental Asian*, p. 34.

　　① See, for example, Nancy F. Cott, *The Bonds of Womanhood* (New Haven: Yale University Press, 1977), pp. 63 ~ 100; Frances E. Olsen, "The Family and the Market: A Study of Ideology and Legal Reform," *Harvard Law Review* 96 (May 1983): pp.1497 ~ 1578; Barbara Welter, "The Cult of True Womanhood: pp.1820-1860," *American Quarterly* 18 (summer 1966): pp.151 ~ 74.

　　② Alexis de Tocqueville, *Democracy in America*, ed. J. P. Mayer, trans. George Lawrence (1835; New York: HarperCollins, 1969), p. 603.

许多个世纪以来，领域划分的想法让女人无法进入工作场所。1872 年，最高法院支持了伊利诺伊州的一项法案，禁止女性从事法律职业①。大法官约瑟夫·布拉德利发表了协同意见，认为女性不适合做律师，因为她们"胆怯而矜贵，这是自然的，也是合乎体统的"。他总结道："女人至高无上的归宿和使命就是完成妻子和母亲那尊贵而善良的工作。这条法律是造物主定的。"②

值得注意的是，布拉德利并没有通过贬损女性来排斥她们。相反，他强调他是多么的仰慕女性——她们的"胆怯而矜贵"的美德是"自然而得体的"，妻子和母亲的工作是"尊贵而善良的"。布拉德利大法官似乎是在说："我发自内心热爱女性，而且我真心仰慕妻子和母亲们。正是因为我热爱女性、妻子和母亲，我才不愿意女人成为律师。"很难想象一个大法官竟敢用如此坚定的语言否认其他任何一个群体的权利。如果法院不允许我参军，理由是我"自然而得体"的同性恋倾向使我更适合当一个"尊贵而善良"的法学教授，我还勉强能接受一点。

一个世纪以后，联邦最高法院改变了它的看法。1973 年的一个判决开启了法院的性别平等革命。最高法院的多数法官都认为珍视女人以便让她们留在家中的传统"并没有把她们放在宝座上，而是囚在了牢笼中"。这一认识逐渐扫除了女性在公共领域获得平等的大多数障碍。如今，很少有地方允许政府或雇主张贴"禁止女性入内"的标志了。③

然而，领域划分的意识形态在当代仍然留有痕迹。如今女性也可以从事许多过去男性独占的职业，但男性会要求她们同时

---

① Bradwell v. Illinois，83 U.S. 130（1872）.
② 同上，p. 141（Bradley, J., concurring）.
③ Frontiero v. Richardson，411 U.S. 677, 684（1973）.

展示两个领域的特征。如果女性的"男子气"不足以让她们被尊视为职场人士，那么她们就必须掩饰自己；但如果她们的"女人味"不足以让她们被尊视为女性，那么她们就必须逆向掩饰。领域划分的意识形态在当代的第 22 条军规中拥有了新的生命力。

我们可以在各路畅销的女性职场指南中发现新一代的性别歧视。职业女性的着装手册常常弄得很像"标题党"，例如《穿出成功新女人》，立志帮助女人同时满足两方面的要求①。这些书教女人不要用淡彩笔，也不要用花信纸，以免被人看作"太小女生"，但它们也教女人如何化妆，以免显得"太男人"②。它们会鼓励女人使用肩垫，但不要垫成猛男的倒三角；建议女人戴耳环，

---

① See, for example, Susan Bixler and Nancy Nix-Rice, *The New Professional Image: From Business Casual to the Ultimate Power Look* (Avon, Mass.: Adams Media Corp., 1997); Sherry Maysonave, *Casual Power: How to Power Up Your Nonverbal Communication and Dress Down for Success* (Austin: Bright Books, 1999); John T. Molloy, *New Women's Dress for Success* (New York: Warner Books, 1996); Victoria A. Seitz, *Your Executive Image: The Art of Self-Packaging for Men and Women* (Avon, Mass.: Adams Media Corp., 1992).

② Victoria Seitz 写道："避免淡彩笔，因为淡彩色看起来很弱，非常女性化，也不太适合职场。"见 Seitz, *Your Executive Image*, p. 63. Sherry Maysonave 提醒读者："穿可爱的，尤其是印着小碎花的衣服，会让人觉得你还是个小女生，或者你还没有信心进入一个竞争激烈的商业战场。"见 Maysonave, *Casual Power*, p. 39. Susan Bixler 和 Nancy Nix-Rice 说："要避免花花绿绿的纸张，也不要附上动物、风景等图片。"见 Bixler and Nix-Rice, *The New Professional Image*, p. 153. 关于化妆，John Molloy 写道："所有的女性都应该涂口红。人们习惯了看有口红的女人，以至于不涂口红的女人都显得没精打采。"见 Molloy, *New Women's Dress for Success*, p. 202. Maysonave 则说："为了散发一种漫不经心的力量，女性必须化妆，"见 Maysonave, *Casual Power*, p. 184. Bixler and Nix-Rice 则坚称："没有哪个女性会化了妆反而不好看。化妆会掩饰瑕疵，放大优点，打造一张嫩滑、有光泽的脸，所有每个职场女性每天都应该化妆。"见 Bixler and Nix-Rice, *The New Professional Image*, p. 115.

掩饰：同性恋的双重生活及其他

但千万不能是摇摇晃晃的那种耳坠；头发则是既不能太长也不能太短[1]。

类似的还有一些工作手册，也在教导女人如何成为一个受欢迎的雌雄同体人。咨询师盖尔·埃文斯的畅销书《像男人那样玩，像女人那样赢》开篇就摆出了一个大前提：在美国的公司工作就是在玩一个游戏，其规则早就由男人写好了。她鼓励女人们按照"男性气质"的行为准则向他们靠拢，比如"公开发表意见"："为自己的观点辩解"："不要期望能交朋友"，以及"学会坑蒙拐骗"[2]。同时，埃文斯又强调："有的事情男人在工作中可以做，但女人千万不能做"，比如让工作中的某个动作具有性暗示意味，言行粗鲁，或者不修边幅[3]。

上一代人的职场指南更多强调掩饰，但最近类似的手册却越来越注重逆向掩饰了。在高层领导教练吉恩·霍兰兹的书《相同

---

① Sherry Maysonave 写道："肩垫有助于让女人看起来更硬朗，但不是说猛男的那种肩！一定要避免八十年代那种夸张的大肩垫。"见 Maysonave, *Casual Power*, p. 118. Victoria Seitz 称，"耳环是必须的，可以给女性的脸部增加亮色"，但是她也提醒读者，"远离摇来晃去的耳坠，也不要戴好几个戒指和叮叮当当的手镯"。见 Seitz, *Your Executive Image*, p. 91. Maysonave 也认为："不管是穿得休闲还是高档，职业女性都需要一副耳环，这样看起来才完美而精致。"见 Maysonave, *Casual Power*, p. 127. 至于发型，Susan Bixler 和 Nancy Nix-Rice 写道："发型也会说话。过长的头发暗示着'性感女神'或者'小妹妹'，而过短又像'男人婆'，除非这个女人的脸长得十分女性化。蓬乱的一大片头发好像在说'这是个唱戏的'，而精干的短发到齐肩的中长发都是'职业女性'的标志。"见 Bixler and Nix-Rice, *The New Professional Image*, p. 108. Seitz 也同意这一观点："你应该有一个保守的、易于打理的发型……不应该过短，更不能是寸头，也不能太长，否则过于阴柔。"见 Seitz, Your Executive Image, p. 67.

② Gail Evans, *Play Like a Man*, *Win Like a Woman*: *What Men Know About Success That Women Need to Learn*（New York: Broadway Books, 2000）, p. 8.

③ 同上，pp. 119 ~ 34.

游戏，不同规则》中，作者介绍了一个专为"铁娘子"设计的项目，换句话说，就是专为那些"争强好胜、有紧迫感、但完全被朋友和同事们误解的女性"服务①。她告诫称，工作中的女性"需要注意我们从男性那里学到的行为会得到什么样的反应"。她说："女性，应该是公正的、懂得照顾别人的、富有同情心的。"② 霍兰兹的书开启了逆向掩饰的风潮，它鼓励女性去倾听、哭诉并且表达出她们的脆弱。她的二十五条法则包括"利用你的脆弱做领导""以柔克刚"，以及"你又不是圣女贞德"③。

最让女性窒息的双重捆绑莫过于工作与家庭的冲突了。女性总是不得不掩饰她们的母亲身份，不管是现实的还是潜在的。极端一点，为了工作，女性甚至可能被迫放弃生孩子的打算。最近，作家西尔维亚·安·休特利主张："克隆男性竞争模式"使得很多叱咤风云的女性"不知不觉走到了失去生育选择的地步"，因为建立职业生涯和生育小孩的关键时期都是二十五到三十五岁④。她写道："只消一组有关美国公司的数据即可说明一切问题：年薪在十万美金以上的女性高管中，49% 都是没有孩子的，而同等薪酬的男性高管却只有 19% 属此情形。"⑤

至于那些有孩子的女性，用法学教授琼·威廉姆斯的话说，

---

① Jean Hollands, *Same Game*, *Different Rules*: *How to Get Ahead Without Being a Bully Broad*, *Ice Queen*, *or "Ms. Understood"*（New York: McGraw-Hill, 2002）, p. 13.

② 同上，p. 20.

③ 同上，pp. 6 ~ 7.

④ Hewlett Sylvia Ann Hewlett, *Creating a Life*: *Professional Women and the Quest for Children*（New York: Talk Mirimax Books, 2002）, pp. 3, 50.

⑤ 同上，p. 42.

掩饰：同性恋的双重生活及其他

则是撞上了一堵"生育墙"①。威廉姆斯引用了女性法官委员会主席芭芭拉·比劳尔的话："我认识的每一位女性律师，不管是合伙人还是助理，在她休完产假回来之后，都无一例外地体会到了四处弥漫的敌意和偏见。人们似乎都觉得，怀孕和母职会磨平她的锐气，而她也肯定不会像以前那样卖力工作了。"②威廉姆斯还借用了一位波士顿律师更犀利的话："自从我休完产假，我就只能做些实习生的活儿了。我想说的是，拜托，我只是有了个孩子，不是刚做了个脑切除手术！"③

面对这种敌意，很多女性不得不掩藏她们的母亲角色。《华尔街日报》"工作与家庭"专栏的苏·席兰伯格总是可以很精辟地描述那些努力掩饰自己的职场妈妈们，比如：把自己的产假限制在六周之内以便把她们的孕期"藏起来"的女人，把孩子的生日派对办在了工作电话上并以小声而严肃的腔调祝他们生日快乐的女人，或是在开车去接客户之前匆忙把没穿衣服的芭比娃娃塞在看不见的地方的女人④。社会学家阿丽·哈克切尔德也描述了女性如何通过淡化抚养小孩的责任来掩饰自己，例如她们必须在怀孕之前就跟同事建立起良好的人际关系，或者避免在办公室摆放她们孩子的照片⑤。

---

① Joan Williams, *Unbending Gender*: *Why Family and Work Conflict and What to Do About It*（New York: Oxford University Press, 2000）, pp. 69 ~ 70.

② 同上，p. 69.

③ 同上。

④ 见 "How to Look Like a Workaholic While Still Having a Life," *Wall Street Journal*, December 28, 1994, p. B1; "Go Mobile and Wreck Your Sense of Balance," February 22, 1995, p. B1; "Some Top Executives Are Finding a Balance Between Job and Home," April 23, 1997, p. B1.

⑤ 例如，妮娜·塔娜葛娃为了保持她的经理形象，总是比员工早半个小

批评者可能会中肯地提出，所有的工作者，不管是男性还是女性，当他们进入工作场所时，都必须暂时抛开他们的孩子。话虽没错，但在多大程度上必须这样做，男人和女人还是不一样。哈克切尔德研究过一个大公司，那里最高层的男性主管通常都会把孩子的照片放在桌子上，而女性主管则会把自己的学位和奖项摆在桌前①。诚如一个女经理人所说："在职业轨道上的女性得不遗余力地告诉与她们共事的男性，'我不是个母亲，也不是个妻子，我只是个同事'。"②

职场妈妈同样面临着逆向掩饰的要求。社会学家辛西娅·艾普斯坦发现，一些律所的职场妈妈也会因掩饰得太好而感到罪恶："很多律师都相信，一个女人最应该优先考虑的是她的孩子。"③哈克切尔德认为，男人把"母亲身份"钉在职业女性身上的方式有很多，比如不断地追问她们孩子的情况却从来不跟男同事谈这个话题，或者讲一些更尖锐的话："比起还贷，把一个房子变成一个家要付出的心血可真是多得多啊。"④

这些精神分裂式的要求造就了一个经典的双重捆绑。在研究

时上班，晚半个小时回家，并且会在孩子睡着之后继续读报告、写备忘录。见 Hochschild, The Second Shift, p 80. Hochschild 也坦言她曾在怀孕之前就开始攒人品："在我怀大卫以前，我保持跟学生见面、揽下每一个审阅文章的活儿、没日没夜地加班发论文，这样才得以逐渐积累起学院对我生孩子的宽容度。"同上，p. viii. 在另一本书中，Hochschild 还讨论了女性为何不愿把孩子的照片放在办公室，见 The Time Bind: When Work Becomes Home and Home Becomes Work (New York: Henry Holt, 1997), pp 85~88.

① Hochschild, *The Time Bind*, pp. 85 ~ 86.

② 同上，p. 87.

③ Epstein et al., "Glass Ceilings and Open Doors," p. 425.

④ 关于"母亲身份"，见 Hochschild, *The Second Shift*, p. 92. 关于房贷，见 *The Time Bind*, p. 107.

掩饰：同性恋的双重生活及其他

女性律师时，罗德指出："职场妈妈常常被批评为不够投入，既当不好父母，也当不好专业人士。那些愿意牺牲家庭让位给工作的人看上去根本不像个称职的母亲，而那些想要延长假期或减少工作量的人又根本不像个合格的律师。"罗德总结道："这些混杂的信号让女人不安，因为不管她们在做什么，总有人觉得她们本应该做别的事。"①

　　在研究女性的第 22 条军规时，我从没见过像刘柏川那样列一张服从清单的女人。但是我可以轻易地想象出两张这样的单子，在外表、归属、社会运动和人际关系这四个维度——展开。

　　以下是一个女人可以说自己"很男人"的方面：

> 我不用彩色笔；
>
> 我不穿花饰的衣服；
>
> 我不把头发留得太长；
>
> 我不会哭；
>
> 我争强好胜；
>
> 我雄心勃勃；
>
> 我精于分析；
>
> 我刚毅自信；
>
> 我热爱运动；
>
> 我有竞争意识；
>
> 我有个人主义；
>
> 我依靠自己；
>
> 我在一个过去由男性独占的行业工作；

---

① Rhode, The Unfinished Agenda, p.18.

我没有孩子；

如果我有孩子，我会让我的孕期"隐形"；

在怀孕之前，我会先树立起我的声誉；

我从不承认我请假是为了带小孩；

我不会把小孩的照片放在办公室；

我不会自我认同为一个女权主义者；

我不会把女性议题纳入我的工作；

我被别人评价为很特别，不像个典型的女性；

我不跟其他女人接触太多。

以下则是一个女人——在很多情况下可以是也满足上一清单的同一个女人——能够说自己"很女人"的方面：

我戴耳环；

我会化妆；

我不会把头发剪太短；

我从来不会蓬头垢面；

我友好亲切；

我开朗活泼；

我能够推己及人；

我很优雅；

我很忠诚；

我很敏感；

我轻言细语；

我有同情心；

我很温柔；

我善解人意；

我很贴心；

我很顺从；

我懂倾听；

我在工作中不会大吼大叫；

我会表现我的脆弱；

我在职场负责"教养型"的工作，如咨询和辅导；

我在职场负责"管家型"工作，如安排办公室活动；

我在一个"粉领"专区工作。

当然，很多有上述举止的女性并没有掩饰或者逆向掩饰，她们只是在做自己。但是女人们常常被迫做出两份清单中的行为，仅仅因为她们是女人。我想起了检察官玛西亚·克拉克在辛普森案的庭审过程中开始穿起了粉红色，据说是因为陪审团顾问认为她看起来太"严肃"了。为了把工作做好，她不得不展示自己"男子气"的特质，但这种展示又让她违背了女人本该如何举止的社会期待。"她看起来太严肃"这句话就是一个逆向掩饰的命令，让她向"女人味"靠近一点。也许她并不愿意在她的检察官职业风格上作改变，所以她只能让自己在着装上表现得更有"女人味"了。然而，几乎从来不会有一个男检察官必须通过换一套衣服来"降低"他的"男子气"。正如法学教授苏珊·埃斯特里奇所言："这个女人从事的是起诉谋杀案嫌疑人的工作，而她竟然必须穿粉红色，这个观念本身就是对我们距离平权还有多远的沉重宣判。"[1]

---

[1]　Susan Estrich Lynda Gorov, "Marcia's Makeover — Oh the Injustice of It All: Women Lawyers Bemoan Clark's Softer Look," *Boston Globe*, October 12, 1994, p. 69.

性别掩饰

第 22 条军规在我们的文化中是如此普遍，以至于当我在联邦最高法院的判例中发现它的身影时，我一点都不吃惊。1982年，普华永道的 662 个合伙人中只有七名女性，而安·霍普金斯是 88 个备选合伙人中唯一一名女性[①]。在候选人中，霍普金斯是创造新业务纪录最高的一位，她曾设法说服美国国务院跟普华永道签订了一个 2 500 万美金的合同[②]。然而，这家会计师事务所却没有提拔她为合伙人。第二年，合伙人们甚至拒绝提名她为候选人，霍普金斯便依据民权法案第七条诉到了法院，声称自己遭受了性别歧视[③]。

普华永道一直在要求霍普金斯进行掩饰，同时也要求她逆向掩饰。它希望所有的备选合伙人都"像男人一样"——争强好胜，态度强硬，等等。霍普金斯在这些方面毫无问题。她办公室的合伙人称赞她是"一个杰出的专业人士"，有着"坚强、独立、正直的秉性"[④]。庭前，一位国务院官员将她描述为"强大而直率、十分高效、精力充沛、有创意"，而另一位官员则称赞她"果断、心胸开阔、思维清晰"[⑤]。

然而，有些合伙人认为霍普金斯的好胜有些过分，变成了招人烦。于是他们要求她进行逆向掩饰。一个合伙人建议她"走路多点女人味，说话多点女人味，穿着多点女人味，化化妆、戴点首饰，再弄个好看点的发型"[⑥]。另一位合伙人则让她去淑女学校

① *Price Waterhouse v. Hopkins*，490 U.S. 228，233（1989）（plurality opinion）.
② 同上书，pp. 233 ~ 34.
③ *Hopkins v. Price Waterhouse*，618 F. Supp. 1109（D.D.C. 1985）.
④ *Price Waterhouse v. Hopkins*，490 U.S. at 234.
⑤ 同上。
⑥ Ann Branigar Hopkins，*So Ordered：Making Partner the Hard Way*（Amherst：University of Massachusetts Press，1996），p. 148.

掩饰：同性恋的双重生活及其他

报个班①。还有人把霍普金斯描述成一个"汉子"，或者是"作为女人，彪悍得有些矫枉过正了"。还有人抱怨她总是爆粗口，尽管一位合伙人承认，她的形象尤其不好"仅仅是因为这些脏话是从一个女士嘴里说出来的"②。之前的其他女性备选合伙人也被批评为"太像个男孩子了"，"像个妇女解放论者"，或"像是巴克老妈"③。

两种命令的强烈反差却不能淹没其共性——它们都跟霍普金斯女性身份的行为面向相关。当霍普金斯第一次感受到她的职业生涯受到威胁，她强烈地希望自己面临的"不是性别问题"，如果是的话，她就争取在不变性的前提下努力调整自己④。这句话反映了她的天真，她竟然觉得性别问题是不用变性就可以"努力解决"的。普华永道只有一个合伙人说过他永远不会投票给一个女人，其他人则争相跟他划清界限。然而，那些不愿意排除所有女性的合伙人，却乐意排除某种女性，那就是处于中层职位、不好好扮演自己性别角色的女人。初审法官犀利地指出："如果女性候选人能让合伙人们相信她们在业务熟练的同时还能保持女性气质，她们就会更有优势。"⑤

霍普金斯的一位专家证人心理学家苏珊·菲斯克将这一困

---

① Ann Branigar Hopkins, *So Ordered: Making Partner the Hard Way* (Amherst: University of Massachusetts Press, 1996), p. 202.

② *Hopkins Price Waterhouse v. Hopkins*, 490 U.S. at 235. 155 对霍普金斯的其他指责，见 *So Ordered*, p. 209.

③ 同上书，p. xiii. 巴克老妈，Ma Barker，是 20 世纪初曾横行美国的犯罪集团首脑，译注。

④ 同上书，p. 139.

⑤ *Hopkins v. Price Waterhouse*, 618 F. Supp. at 1117.

境概括为一个关键术语："双重捆绑"[①]。菲斯克首先解释了刻板印象，称"总体上来说女人味的刻板印象就是关心社会、善解人意、温柔体贴，而男性给人的刻板印象往往是，在其他各方面都与女性能力相当的基础上，他是有竞争意识的、雄心勃勃的、争强好胜的、独立而活跃的。"[②]菲斯克认为，正是因为在工作环境中男性的刻板特征更有价值，于是职场女性就面临着"双重捆绑"——"要把工作做好就必须果敢而好斗，但同时还得像个女人"[③]。

菲斯克的这一概念在最高法院的分析中起到了至关重要的作用。1989年，六名大法官都作出了对霍普金斯有利的判决，使她成为第一个在法院命令下当上合伙人的人[④]。此案没有形成九名大法官的多数意见，但是四位法官的复数意见书[⑤]却对此后的案件产生了巨大影响，尽管它并不能当作具有约束力的判例。这一意见首先阐述了一个"第22条军规"式的责任理论："一个雇主不许女性争强好胜，但她的职位又要求她必须具有这种性格，这一矛盾将女性置于进退两难的第22条军规之下——如果她们太好斗，则会被炒鱿鱼，而如果她们不好斗，也会被炒鱿鱼。民权法案第七条则可以将女性从这一捆绑

①　Hopkins, *So Ordered*, p. 236.

②　Hopkins, *So Ordered*, p. 234.

③　同上书，p. 236.

④　布伦南大法官写了复数意见，得到了马歇尔、布莱克门和史蒂文斯大法官的支持。怀特和奥康纳各自撰写了协同意见。*Price Waterhouse v. Hopkins*, 490 U.S. at 228.

⑤　当法官同意主要意见书的决定，但是他同意的理由与其他法官不同时，法官可以独立撰写协同意见书（Concurring opinion），以陈述自己的意见。当法官之间意见分歧，无法形成绝对多数的主要意见书时，可能会出现数个协同意见书；而得到相对多数支持的协同意见书，被称为复数意见书（Plurality opinion），译注。

掩饰：同性恋的双重生活及其他

中解救出来。"①

这一复数意见的军规理论是聪明而又幼稚的。说它是聪明的，是因为它认识到了女性的独特处境，即身处掩饰和逆向掩饰的双重命令之中。说它是幼稚的，是因为它以为女性不能凭自己的力量从这样的捆绑中脱身。正如市面上林林总总的职场指南显示的那样，职业女性能够摆脱困境，而且她们成功做到了。然而这种幼稚可能是蓄意而为——复数意见也许是想先把女性描述成身陷第22条军规无法自拔，再由此提出一种新的责任理论。就像不可改变论一样，军规理论其实是另一种"我也无能为力"的论调。复数意见认为，正是因为女性自身不能摆脱这一困境，所以民权法案才像骑士一般"将女性从这一捆绑中解救出来"。这种表述方式反过来暗示，假设女性能够满足雇主的双重标准，那么不管是多么刻板，她们都必须照做。

此后的判例证明了军规理论的局限性。在狄龙诉弗兰克案中，摆在第六巡回法院面前的是一个男邮递员因被同事认为是同性恋而受到骚扰的案子②。狄龙声称，就像霍普金斯因为不够有"女人味"而受罚一样，他自己也因为不够有"男子气"而吃亏③。法院拒绝了狄龙的理由，认为霍普金斯案的复数意见强调的是那个案子里的第22条军规："人们相信一项优点（争强好胜）是男性特有的。如果霍普金斯少了这一优点，她就不能升职；但如果她展示出这一特质，她还是不被认可。在本案中，狄龙所应有的行为或特质根本就与工作场合无关，也并没有将其置于'双重捆绑'之下。"④换言之，狄龙并不能受到霍普金斯案中的军规

---

① 同上书，p. 251.

② *Dillon v. Frank*，952 F.2d 403，1992 WL 5436（6th Cir. Jan. 15，1992）.

③ 同上，p. 5.

④ 同上，p. 10.

理论的保护，因为他的工作场所只要求他更"男人"，没让他同时也更女性化。

军规理论的侧重点在于人们是否可以满足两种要求，而不是他们是否本就应该服从任何一种。这一侧重遮蔽了掩饰和逆向掩饰的真正问题。真正的问题并不在于两个要求没有办法同时满足，而是在于没有任何一个要求是理所当然必须满足的（如果没有正当理由的话）。如果一个雇主要求一名员工服从某种性别期待，那么雇主需要用"维持性别角色"之外的理由来支撑这样的要求。这里法院提到，狄龙的"女性"气质"根本就与工作场合无关"。然而这句话居然会推导出一个不利于狄龙的判决，实属吊诡。

幸运的是，霍普金斯的复数意见提供了另一个更广泛的责任理论——禁止性别刻板化。复数意见认为："雇主以是否符合性别刻板印象为标准来评估员工的日子一去不返了。"[1] 这一性别刻板印象理论禁止雇主要求女员工有"女人味"，即使他们并没有要求女员工有"男子气"。在这一理论下，女性不只是免于第22条军规，还免于逆向掩饰的要求。这个理论同时也保护了男性不被要求"像个男人"。如果狄龙案的法院采用了这个性别刻板印象理论，那么此案中这位"女性化"的男人就可以获胜。在最近的一个案子里，一个上诉法院便依据霍普斯林案中的性别刻板印象的思路判定一位"娘娘腔"的男雇员胜诉[2]。

---

① *Price Waterhouse v. Hopkins*，490 U.S. at 251.

② 此案中，一个男性雇员声称他受到了男同事和男上司的骚扰，因为他没有遵循男性的刻板印象。法院支持了原告的主张，认为"普华永道案的判决在男性因其女性化行为受到歧视的案件中同样适用"。见 *Nichols v. Azteca Restaurant Enterprises*，Inc.，256 F.3d 864（9th Cir. 2001）. 随后的案件中，该法

掩饰：同性恋的双重生活及其他

然而，就算性别刻板印象理论也并非是无懈可击的。2004年，一个上诉法院支持了内华达一家赌场对一名女性吧台服务员的解雇，因为她在工作期间拒绝化妆^①。20世纪八九十年代，哈拉赌场只是鼓励女性酒水侍应生化妆，但不强制她们这样做。达琳·杰斯普森在80年代便开始在哈拉赌场工作，她试着化过一阵子妆，但还是觉得"恶心、堕落、暴露、亵渎。"她说化妆"强迫她变得有女人味"，而这让她感到自己就像个"性玩偶"一样任人摆弄。她还认为，化妆会影响她跑堂的效率。这项工作要求她对付那些粗俗或喝醉的老顾客，而她觉得化妆降低了她"作为一个独立个体的尊严"。即使没有化妆，在整个工作期间，她也还是收到了源源不断的肯定。她的主管们都说她"非常高效"并且"十分积极"，顾客也称赞她的服务和她的态度^②。

　　2000年，哈拉赌场实行了一个"最佳形象"计划，要求酒水侍应生参加由"最佳个人形象设计师"开办的培训课程。这些设计师将员工都打扮了一番，并给每个人拍了照，从中选出两张最佳个人照片。这些照片成了员工的"外貌标尺"，每天都会有人以此评估他们的穿着打扮^③。照此计划，女性酒水侍应生的头发必须"梳好、烫卷或造型"，并且必须穿丝袜，染指甲。杰斯普森

院声称，基于性倾向对员工进行性骚扰违反了《民选法案》第七条；一份协同意见则认为这是一个"基于性别刻板印象的骚扰"，此案也得到了类似的判决，见 *Nichols. Rene v. MGM Grand Hotel*, Inc., 305 F.3d 1061, 1068（9th Cir. 2002）（en banc）（Pregerson, J., concurring）.

　　① *Jespersen v. Harrah's Operating Co.*, 392 F.3d 1076（9th Cir. 2004）, reh'g granted, 409 F.3d 1061（2005）.

　　② 同上，p. 1077.

　　③ 同上，p. 1078.

性别掩饰

完成了全部培训，并开始按照标准着装①。

那年年底，哈拉赌场改变了它的最佳形象标准，要求女性酒水侍应生必须化妆，包括打粉底、刷胭脂、上睫毛膏以及涂口红。当杰斯普森拒绝服从时，哈拉赌场开除了她②。杰斯普森提起诉讼，声称遭到了《民权法案》第7条下的性别歧视。地区法院拒绝了她的请求，而上诉法院也以二比一的票数维持了原判③。

异议法官在上诉法院意见中指出，杰斯普森的案子是"典型的普华永道式的性别歧视案件"，因为她是由于"未能服从性别刻板印象"而被开除的④。（这一刻板印象也表现为，男性侍应生是严禁化妆的⑤。）然而多数法官不同意，认为普华永道案并没有涉及着装或外表上的歧视⑥。这显然是误判。普华永道案中，合伙人要求霍普金斯应该"穿得更女性化"："要化妆和戴首饰"⑦。然而杰斯普森案法院的意图也很明显。就像罗杰斯案一样，杰斯普森案中，法院想把"无关紧要的小事"比如着装或者外表排除在民权法案之外。但是，对于杰斯普森和哈拉赌场而言，穿着打扮显然不是无关紧要的小事——杰斯普森认为化妆贬低了自己的人格，而哈拉赌场却把化妆当作雇佣她的前提条件。

尽管性别刻板印象理论的实际运用并不完美，但它至少保护了女性免受某些逆向掩饰的困扰。然而它却不能让女性免于掩

---

① 同上，p. 1077.

② 同上，p. 1078 n. 2.

③ *Jespersen v. Harrah's Operating Co.*, 280 F. Supp. 2d 1189（D. Nev. 2002）; Jespersen, 392 F.3d 1076.

④ *Jespersen*, 392 F.3d at 1084（Thomas, J., dissenting）.

⑤ 同上，p. 1077.

⑥ 同上，p. 1082.

⑦ *Price Waterhouse v. Hopkins*, 490 U.S. at 235.

掩饰：同性恋的双重生活及其他

饰。一个似曾相识的利于同化的场景出现了。在霍普金斯案之后，如果有人同时要求女性既掩饰又逆向掩饰，按照第22条军规理论，她们就能受到保护；如果只要求女性逆向掩饰，按照性别刻板印象理论，她们也能获得保护。然而，那些只被要求掩饰的女性则仍然处于弱势地位。正如法学教授凯瑟琳·麦金农所言："安·霍普金斯最终晋升为合伙人……靠的是满足了男性的标准，并让自己越来越远离'女性气质'。这是一场胜利，因为当女人满足了男性标准时，她们的功劳就会得到认可。而此案局限性就在于，它没有承认这个标准是男人制定的。"①

法学教授玛丽·安·凯斯支持了麦金农的看法，认为《民权法案》第7条往往使得那些有"女人味"的女人不受保护②。1987年，第七巡回法院支持了一所青少年拘留中心对其教师玛莎·维斯洛奇戈因的解雇决定，理由是她的外表和情绪过分"女人"了③。毫无争议的是，维斯洛奇戈因"始终是以谨慎的、能干的、专业的方式在履行她的教学职责"④。然而，1983年，她却因为"披着头发，化妆过浓"以及其他刻板印象中的女性行为而被解雇⑤。她依照《民权法案》第7条提起了诉讼，声称她受到了性

---

① Catharine A. MacKinnon, "Reflections on Sex Equality Under Law," Yale Law Journal 100（March 1991）: 1292 n. 50.

② Mary Anne C. Case, "Disaggregating Gender from Sex and Sexual Orientation: The Effeminate Man in the Law and Feminist Jurisprudence," *Yale Law Journal* 105（October 1995）: 1 ~ 105.

③ *Wislocki-Goin v. Mears*, 831 F.2d 1374（7th Cir. 1987）.

④ 同上。

⑤ 除了披着长发和化妆过浓以外，维斯洛奇戈因还在一场对一个叛逆少年的听审会上哭出声来。另外，在一个圣诞聚会上，她写了一首诗，《亲爱的圣诞老人》，米尔斯法官认为这首诗有冒犯意味。同上，p. 1377.

别歧视。然而，法院却偏向了雇主一方。

尽管维斯洛奇戈因案是在霍普金斯案之前，但二者的结果是相同的。在霍普金斯案之后的案件都证明了这一点。我翻遍卷宗，找不到任何一个在霍普金斯之后的有关《民权法案》第7条的联邦法院判决是让一个"有女人味"的女人胜诉的。换言之，没有一个案子宣布女性不必掩饰自己的女性气质。这一现象表明，女性跟同性恋和少数族裔的共通之处在于：他们都必须掩饰那些在刻板印象中属于他们的特质，并且，在掩饰的要求面前，连法律也保护不了他们。

掩饰的要求总是一个接一个。回想耶鲁法学院的听证会，我并不相信下一代女性的肖像会"自然而然地"出现在墙上；我不相信我的女学生们会被掩饰击垮，从而在外表或情感上变得更加"男子气"；我也不相信她们顶着低调行事的压力，就不敢发起社会运动或跟其他女性联合起来。然而，我的悲观源于一个假设，那就是这些女生比起男性而言，未来有更大可能被带孩子的琐事缠身。

琼·威廉姆斯和联盟顾问南希·塞格尔调查发现："超过80%的女性会成为母亲"，而"95%的介于25岁到44岁之间女性每周的工作时间都不超过50个小时，全年如此"[1]。也就是说，我大部分女学生未来的工作量都不足以让她们成为伟大肖像之一。的确，如今一个潮流词语"妈咪小径"[2] 最早就是出现在《纽约时报》上一篇有关律师的文章里的，我的女学生们也不得不痛

---

[1]　Williams and Segal, "Beyond the Maternal Wall," p. 88.

[2]　Mommy track 指职场女性在生育之后职业道路便越来越窄，难以攀升至公司高层的现象，译注。

苦地承认这一点①。还有一篇文章描述了一种"可怕的可能性"，即未来律所可能会变成"头重脚轻的机构，上层是男性和无子女性，下面则是一大帮妈咪律师"②。

一个医生朋友告诉我，她以为性别歧视是过去的事，但自从怀孕之后，她就改变了看法。她说在医学院时，有个女教授在一学期的授课期间怀孕迹象越来越明显，却对此事只字不提。"她竟然可以在丝毫不谈自己大肚子的情况下讲产科学，"这位朋友回忆说，"当时我觉得这未免也太奇怪了，但现在我懂了。"作为一个医生兼母亲，如今的她感受到了这一转变的可怕之处。"我爱我的丈夫，但他可以决定让自己的工作优先于儿子，而我就不能，"她说，"我毫无选择余地。我的一个男同事把他的宝宝带到会议室，周围的人都称赞他是个好爸爸。这让我抓狂——如果我那样做，就无异于职业自杀。女性在家要做更多带孩子的工作，还必须在工作中藏得更多。男人做得更少，反而藏得更少。"

母亲就是工作场所的酷儿。你可能觉得这一点难以理解，因为母亲简直就是代表"正常"的典范嘛。但是领域划分的意识形态意味着，在某个领域属于正常的身份，在另一个领域往往就是酷儿。正因如此，我的一个学生故意隐瞒了她结了婚并有一个孩子的事实，直到她拿到了一个法官助理的职位。当我听说这件事时，我的脑中闪现出我拒绝让法学院的教授和同学认识保罗的画面。而当一个资历较浅的女同事站出来反对学校将工作坊的时间安排在下班之后，因为这使得和她一样的职场妈妈根本无法参加

---

① Jennifer A. Kingson, "Women in the Law Say Path Is Limited by 'Mommy Track,'"*New York Times*, August 8, 1988, p. A1.

② Mary C. Hickey, "The Dilemma of Having It All," *Washington Lawyer*, May/June 1988, p. 59.

时，我的敬佩之情油然而生。我明白"炫耀"这一身份需要多大的勇气，毕竟在没有正式授职之前，她的职业生涯其实是异常脆弱的。

法律禁止性别歧视，是否给那些因怀孕或有孩子而处于劣势的女性带来了福音呢？联邦最高法院在 1974 年的格达尔迪格诉艾洛案中给出了一个令人震惊的回答[①]。法院认为，对孕妇的歧视并不属于宪法中的性别歧视，因为不是所有的女性都处于孕期，或者用法院的话来说，因为那些"没有怀孕的人中……既有女性也有男性"[②]。

当我在课上讲这个案子时，我的学生们哈哈大笑，却又有些怀疑。他们问我：最高法院真的说过歧视孕妇不属于性别歧视吗？我的回答不仅是肯定的，而且告诉他们，法院的思路始终如一，即，对于某种身份，法律只保护那些无法选择的方面，而非有选择余地的特征。正如法院保护肤色但不保护语言一样，此处法院只保护染色体而不保护妊娠期。孕妇案件的逻辑相比而言让人更难接受，是因为所有的人都可以学一门语言，但只有妇女才会怀孕。我问我的学生：为什么在 1974 年的格达尔迪格案中，法院会把怀孕看作一个不受保护的行为，而不是把怀孕的能力当成一个受保护的生物学状态呢？他们很快就意识到，这个案子是在罗伊诉韦德案[③]的次年宣判的。法学教授丹·丹尼尔森指出，罗伊案保护了一个女人选择堕胎或怀孕的权利，这也几乎就是在

---

① *Geduldig v. Aiello*，417 U.S. 484（1974）.

② 同上，p. 496.

③ 1973 年，美国联邦最高法院在 Roe v. Wade 案中承认了妇女堕胎的权利，该权利受到隐私权的保护，对堕胎权的限制应该采取"严格审查"的标准，译注。

掩饰：同性恋的双重生活及其他

说，既然你可以选，平等保护条款就不适用①。格达尔迪格案此后从未被推翻，这说明雇主仍然可以在歧视孕妇时得到一定程度的赦免。

1978 年，国会通过了《怀孕歧视法案》，明令禁止雇主歧视孕妇②。然而，当女性因为有孩子而受到歧视时，她们的律师却必须绕着弯子找理由，因为这一法案并没有明确保护母亲身份。法院对于这类案子的态度也是模棱两可，时而认为对职场母亲的歧视是性别歧视，时而又给出相反的判决③。那些由一小部分女性（母亲）提起的诉讼，就像那些由一小部分同性恋或少数族裔（高调炫耀者）引发的案件一样，预示着下一波女性民权运动的到来。

---

① Dan Danielsen, "Representing Identities: Legal Treatment of Pregnancy and Homosexuality," *New England Law Review* 26（summer 1992）: 1458.

② Pregnancy Discrimination Act of 1978, U.S. Code 42（2000）, § 2000e（k）.

③ 法院认定对母亲的歧视是性别歧视的案件包括: Santiago-Ramos v. Centennial P.R. Wireless Corp., 217 F.3d 46（1st Cir. 2000）; Sheehan v. Donlen Corp., 173 F.3d 1039（7th Cir. 1999）; Coble v. Hot Springs School District No. 6, 682 F.2d 721（8th Cir. 1982）; Harper v. Thiokol Chemical Corp., 619 F.2d 489（5th Cir. 1980）; Moore v. Alabama State University, 980 F. Supp. 426（M.D.Ala. 1997）; and Trezza v. The Hartford, Inc., No. 98 Civ. 2205, 1998 WL 912101（S.D.N.Y. Dec. 30, 1998）. 相反判决的案件包括: Piantanida v. Wyman Center, Inc., 116 F.3d 340（8th Cir. 1997）; Troupe v. May Department Store, 20 F.3d 734（7th Cir. 1994）; Maganuco v. Leyden Community High School District 212, 939 F.2d 440（7th Cir. 1991）; Martinez v. NBC, Inc., 49 F. Supp. 2d 305 Supp. 2d 305（S.D.N.Y. 1999）; Fuller v. GTE Corp., 926 F. Supp. 653（M.D. Tenn. 1996）; and McNill v. N.Y. City Department of Correction, 950 F. Supp. 564（S.D.N.Y. 1994）.

第三部分

民权的尽头

听我论证至此，一个律师朋友批评我说，我扮演了医生，却没有青霉素。"没错，法律并不能保护人们在你提到的那些领域免受同化，"他说，"但是，法律在宗教信仰和残疾人权利方面就做得就很好，因为它明确要求人们必须为这些差异提供合理便利。如果你担心强制服从，那么合理便利原则便是你最强有力的武器。"

某种程度上，他是对的。就像所有边缘群体一样，少数教派和残疾人也都面临着掩饰的要求。但跟其他群体不同的是，他们有一项正式的法律权利，即别人必须为他们提供合理便利。合理便利意味着，如果给不出一个强制服从的理由，国家或雇主则必须迁就这个人，而不是相反。理论上，合理便利就是强制掩饰的解药。

然而在实践里，这一剂解药却是供不应求的。法院不仅没有拥护合理便利原则，反而限制了它，即便是在宗教和残障领域也是如此。这一限制引起了我的好奇，因为它表明存在一些法律之外的力量迫使着法院在各个领域都更支持同化。我想知道这一力量到底是什么，以及它是否宣示着传统民权已经走到了尽头。

我有个同事是位圣公会牧师，同时又是一位终身任职的法学教授。有的同僚担心他在两种职业之间难以划清界限。然而他却"炫耀"着自己的宗教身份，并且总是能够在神学和法学的交汇处宣扬自己的信仰和学说。当我问他为什么要这么做时，他说这是为学生好。"在学界，作为一个信徒就意味着你智识的可靠性会受到重创，"他说，"而我呢，干脆公开自己的信仰，以便证明我的教徒身份和知识分子身份是可以兼容的。"

我心中涌起强烈的认同感，这让我想到，就算教徒和同性恋者常常持不同政见，但他们有着某种特殊的关联。在现实中或者在其他人的想象中，我们大可以实行三种形式的同化。当摩门教派在 20 世纪 90 年代带头反对夏威夷州的同性婚姻时，我惊奇地发现，我竟然可以用讲述同性恋历史一样的方式重述摩门教派的历史——从强制矫正，经由冒充，再到掩饰。在 19 世纪，摩门教徒被迫否定多配偶制，从而改变了教义①。那些认同摩门原教旨主义的教徒被赶出了教堂，他们拒绝服从，便开始隐居，以"不问不说"的方式实践着多配偶制②。近年来，官方已经开始对那些掩饰得好得多配偶摩门教徒表示宽容，但对于像汤姆·格林一样

---

① 19 世纪，摩门教友大会通过了一系列严刑峻法，旨在遏制多配偶制，包括在摩门领地禁止多偶，禁止多偶者进入司法和行政场所，并宣布摩门教堂见证的多偶关系无效。1890 年，在一千多个多妻的男子被判入狱之后，摩门主教宣布，教堂会服从法律，他也会利用他的影响力，极力阻止多配偶制。见 David L. Chambers, "Polygamy and Same-Sex Marriage," *Hofstra Law Review* 26 (fall 1997): 63 ~ 65; Sarah Barringer Gordon, *The Mormon Question: Polygamy and Constitutional Conflict in Nineteenth- Century America* (Chapel Hill: University of North Carolina Press, 2002).

② 例如，一些多偶的家庭从摩门教堂中分裂出去，转到南犹他州和亚利桑那州的乡村定居。20 世纪初，还有一系列对这些社群的搜捕。Martha Sonntag Bradley, *Kidnapped from That Land: The Government Raids on the Short Creek Polygamists* (Salt Lake City: University of Utah Press, 1993).

掩饰：同性恋的双重生活及其他

的"高调炫耀者"则仍然会坚持指控①。如今，可以说有一条潜规则：如果你与多于一人结婚，并且上了杰里·斯普林格②的节目，你就肯定会被起诉。

在新千年，很多非主流教派都进入到了掩饰阶段。对于许多美国犹太人而言，问题已经从他们是否应该矫正或冒充变成了他们是不是"太犹太"——这是1997年一场全国博物馆巡回展览的标题③。瑞夫爱伦·普雷尔写道，犹太女人拉直头发、垫高鼻梁，以便有一个"伊丽莎白皇后的外表"，但同时又要保持一颗"犹太心"④。亚伯拉罕·科尔曼则称，在工作场所的犹太男人必须"放弃很多将他们与犹太传统联系起来的标志行为"，而圆顶小帽就是"必须避免的有着特殊意义的符号"⑤。菲利斯·切斯勒等学者曾坦言，如果犹太人自己写犹太议题，则很难得到认可⑥。新闻

---

① 多偶者汤姆·格林遭到起诉，并被判五年有期徒刑。见 *State v. Green*，No. 001600036 at 2（4th Dist. Ct. Utah July 10, 2000）（memorandum decision）. 一份报纸称："多偶在犹他州和一些西部的地区是个公开的秘密，大约有三万人生活在多夫多妻制中。格林之所以遭到起诉，是因为他太大胆，竟然跑到脱口秀上去公开谈论他的生活方式。"见 "Brazen Polygamist Gets 5-Year Jail Term," *Chicago Tribune*, August 25, 2001, p. 12. 关于此案的讨论，见 Julie Cart, "Polygamy Verdict Set Precedent," *Los Angeles Times*, May 20, 2001, p. A18; Michael Janofsky, "Conviction of a Polygamist Raises Fears Among Others," *New York Times*, May 24, 2001, p. A14.

② 美国著名脱口秀主持人，译注。

③ Norman L. Kleeblatt, ed., *Too Jewish*?

④ Riv-Ellen Prell, *Fighting to Become Americans*：Jews, Gender, and the Anxiety of Assimilation（Boston：Beacon Press, 1999）, p. 216.

⑤ Abraham K. Korman, *The Outsiders*：Jews and Corporate America（Lexington, Mass.: Lexington Books, 1988）, pp. 38 ~ 39.

⑥ Phyllis Chesler, *The New Anti-Semitism*：The Current Crisis and What We Must Do About It（San Francisco：Jossey-Bass, 2003）, pp. 18 ~ 19, 149 ~ 50.

学教授塞缪尔·弗里德曼则在他的著作《犹太人对战犹太人》里提到，美国的犹太人群体越来越分裂，有的跟异教徒往来密切，有的则只跟犹太人交往，二者都瞧不起对方[①]。

在考察犹太人如何掩饰的过程中，我发现一件有意思的事情，那就是我反复提及的概念在他们的格言中都有精确的表述。（我确定这在很多文化中都有所体现，但我对意第绪语的喜爱让我对此更加敏感。）把种族身份藏在家中的柜子里这一概念——即简所说的"亚裔美国人的衣柜"——跟这样一句话不谋而合："进帐篷是犹太人，出了门是体面人"[②]。而掩饰自己以避免受到主流批评的观念也被犹太人概括为"别吱声"，因为"家丑不可外扬"。"炫耀"的双重含义在一个词里就表现得淋漓尽致，chutzpah，它既表示"肆无忌惮"，又表示"希望得到应有的东西"。酷儿们想要把羞耻的政治转化为一种充分炫耀平等的政治[③]，而法学教授阿兰·德肖维奇已经指出，犹太人必须从羞耻变成炫耀，也就是从"担心在众人面前出丑"变成"坚定地认为在所有人中我们就是最优秀的"[④]。

在当今美国，穆斯林已经成为一个靶子，无时无刻不在接收着宗教掩饰的令箭。在恐怖分子袭击了世贸中心之后，我很快就看到了一篇有关纽约市穆斯林的文章，它读起来就像是有关掩饰的种族志。文章称，穆斯林私立学校告诉小孩子们要把"任何宗

---

① Samuel Freedman, *Jew vs. Jew*: *The Struggle for the Soul of American Jewry*（New York: Simon & Schuster, 2000）, p. 25.

② 东欧诗人 JL 戈登告诉他的同伴："进帐篷是犹太人，出了门是体面人"。见 Elliott Abrams, "Judaism or Jewishness," *First Things*, June/July 1997, p. 21.

③ Dershowitz, Chutzpah, p. 9.

④ 同上书, pp. 18 ~ 19.

掩饰：同性恋的双重生活及其他

教表征"都隐藏起来，而"一些穆斯林领袖甚至开始讨论让女性改变着装的方案，未来或许会把头巾改成帽子或高领套衫"。文章还描述了一个女性："在恐怖袭击的第二天，便去了纽约市政办公室，要求把她儿子的姓从'穆罕默德'改成'史密斯'。"这篇文章还指出："那些本来挂着埃及国旗、约旦国旗或者叙利亚国旗的阳台上，如今都挂着美国国旗，而他们自己的国旗都暂时被小心翼翼地藏起来了。"文章最后写道："一些中东人承认，如果他们被误认为西班牙裔或非裔美国人，反而会更开心。"① 其他资料也显示，在9·11之后，类似的掩饰策略在美国的穆斯林中屡见不鲜，比如不在公共场合讲阿拉伯语，不去反以色列的清真寺，不给伊斯兰慈善机构捐款，以免招来政府调查②。

我还可以举出很多个例子，如美国原住民被迫剪掉他们的头发、第七日基督再临论者被迫不过他们的安息日，或者耶和华的信徒被迫对着国旗宣誓效忠③。但我根本不用一一列举。基于直觉，在我们的世俗文化中，所有的少数教派都面临着某种压力，让他们低调表达自己的信仰。

我的学生汤姆直到法学院二年级才告诉我他快要失明了。在第一年里，他成绩始终名列前茅，并担任"掩饰"项目的研究助

---

① Leslie Goffe, "Not Responsible," *Middle East*, November 1, 2001, p. 46.

② Alan Cooperman, "In U.S., Muslims Alter Their Giving: Those Observing Islamic Tenet Want to Aid Poor but Fear Persecution," *Washington Post*, December 7, 2002, p. A1; Jessica Heslam, "Arab Students Feel Pressure to Return Home or Stay Quiet," *Boston Herald*, September 30, 2001, p. 17.

③ 这些例子对应的案件分别是：*Hamilton v. Schriro*, 74 F.3d 1545（8th Cir. 1996）; *Sherbert v. Verner*, 374 U.S. 398（1963）; *West Virginia State Board of Education v. Barnette*, 319 U.S. 624（1943）.

理。我曾写过一篇视力障碍人士如何掩饰的文章，他读后告诉我，他本人其实也采取过很多掩饰策略。

我很惊讶，问他到底能看到多少。他告诉我，他现在就像是逆着光坐在一块肮脏的挡风玻璃后面一样。隔着一张桌子的人，在他看来就像是电视上的一位受访者，为了匿名在脸上打了马赛克。他说他在社交活动中最能感受到自己的残疾——人们会觉得他很不友好，因为他老是盯着人看，并且不能正确辨识对方的面部表情。

在他的第三年里，汤姆申请了法官助理。我在推荐信中对他大加赞赏，但我也想象过他面试时隔着晃眼的脏玻璃跟联邦法官交谈的情形。我给他发了封电邮，含蓄地问他是否希望我在信里写某些东西，还是干脆完全不提。他说除了自己沉迷于 MTV，他想不到还有其他什么事。于是我便没再过问。

汤姆得到了很多有希望的面试，但最后都没有被录取。我怀疑是他视觉障碍的原因。他的病对我跟他的交流完全没有影响，但他的状态跟我们初见时已经有所不同。我明显体会到汤姆在我面前越来越缄默或害羞了。当他次年再申请时，我便直接问他——我可以提一句视力问题吗？他考虑了一下。"我不想他们仅仅是因为可怜我才聘请我，"他说，"不过这由你决定。"我最终还是把这一信息写进了推荐信，一位联邦法官立即接收了他。

汤姆拒绝在法官面前承认自己的视觉障碍是一种冒充，而他不愿在我面前强化它则是一种掩饰。我与他相处的经历再次印证了我对待同化的矛盾心理。他拒绝成为受害者，并且在告诉我他有视障之前先向我证明了他的能力，这让我很是敬佩。同时，我也很开心他能够信任我，让我帮他写推荐信。然而当他低调处理自己的身份时，却是一再碰壁。

很多视障者都承认自己采取过掩饰策略。乔治娜·克里吉在其回忆录《看不见的风景》中写道，自己精心打扮、不用手杖、把该由自己朗诵出来的段落事先背下来[1]。史蒂芬·库希斯托则称，他会把自己的视障辅助镜藏起来，假装自己很笨拙，并且刻意走得很快[2]。最有名的掩饰而不冒充的例子应该是海伦·凯勒了，她从年轻时起就一定要让摄影师从另一个侧面拍照，掩藏自己突出来的一只眼睛。后来，她安了玻璃眼，那些毫无怀疑的记者竟然称赞她有一双美丽的蓝眼睛[3]。

身体障碍者们也需要掩饰。珍妮·莫瑞斯指出，一些坐着轮椅的人会把四肢健全的人当"前景"，她自己跟女儿逛街的时候就是这样[4]。还有人在听到关于残疾人占了多少空间或者他们驾驶轮椅这种危险交通工具是否需要驾照之类的笑话时，也会迫于压力跟着大笑[5]。欧文·左拉写道，很多年来他都拒绝使用轮椅，以便看起来正常些，但当他终于坐上轮椅的一刹那，他竟感受到了前所未有的解脱，这让他自己都吓了一跳[6]。我读着他的文字，感

① Georgina Kleege, *Sight Unseen* (New Haven: Yale University Press, 1999), pp. 11 ~ 12.

② Steven Kuusisto, *Planet of the Blind* (New York: Dial Press, 1998), pp. 23 ~ 43.

③ Cynthia Ozick, "What Helen Keller Saw," *New Yorker*, June 16 & 23, 2003, p. 196.

④ Jenny Morris, *Pride Against Prejudice: Transforming Attitudes to Disability* (Philadelphia: New Society Publishers, 1991), p. 36.

⑤ Lois Keith, "Encounters with Strangers: The Public's Responses to Disabled Women and How This Affects Our Sense of Self," in *Encounters with Strangers: Feminism and Disability*, ed. *Jenny Morris* (London: Women's Press, 1996), p. 81.

⑥ Zola, *Missing Pieces*, pp. 205 ~ 6.

到无比触动——残疾竟是证明服从会产生反作用力的一个如此明显的例子。左拉为他看上去的正常付出了巨大的代价，这不只是心理的压抑，还有身体的痛苦。

少数教派和残疾人士与我们之前讨论的同性恋、女性和少数族裔的差别并不在于他们不需要掩饰，而是法律明文保护他们免受掩饰困扰。在保护这两个群体的法律中，我们看到民权的同化模式正式转向了合理便利模式。

同化模式保护的是某人是一个群体的成员，但不保护做跟这个群体有关的事。在这一模式下，法院保护肤色却不保护语言，保护染色体却不保护妊娠期，保护同性欲望却不保护同性婚姻①。在宗教语境下，美国人向来都更批判是与做的二分，认为信仰和实践是密不可分的。宪法对于"自由行使"宗教的保护正是萃取

_____

① 关于保护肤色但不保护语言，可以对比 *McDonald v. Santa Fe Trail Transportation* Co., 427 U.S. 273（1976）, *Abdulrahim v. Gene* B. *Glick* Co., 612 F. Supp. 256（N.D. Ind. 1985）跟 *Hernández v. New York*, 500 U.S. 352（1991）, *Garcia v. Gloor*, 618 F.2d 264（5th Cir. 1980）. 关于染色体和妊娠期，对比 *Frontiero v. Richardson*, 411 U.S. 677（1973）, *Los Angeles Department of Water & Power v. Manhart*, 435 U.S. 702（1978）, 跟 *Geduldig v. Aiello*, 417 U.S. 484（1974）, *General Electric Co. v. Gilbert*, 429 U.S. 125（1976）. 在 *Romer v. Evans*, 517 U.S. 620（1996）案中，最高法院认为，仅仅基于性倾向进行歧视可能违反宪法的平等保护条款。在 *Lawrence v. Texas*, 539 U.S. 558（2003）案中，最高法院推翻了德州的鸡奸法，但却只字不提同性婚姻。马萨诸塞是第一个认可同性婚姻的州，见 *Goodridge v. Department of Public Health*, 798 N.E.2d 941（Mass. 2003）. 佛蒙特州认可同性民事结合，见 *Baker v. State*, 744 A.2d 864（Vt. 1999）. 支持禁止同性婚姻的案件包括：*Standhardt v. Superior Court*, 77 P.3d 451（Ariz. Ct. App. 2003）; *Dean v. District of Columbia*, 653 A.2d 307（D.C. 1995）; *Jones v. Hallahan*, 501 S.W.2d 588（Ky. 1973）; *Baker v. Nelson*, 191 N.W.2d 185（Minn. 1971）; *Storrs v. Holcomb*, 645 N.Y.S.2d 286（Sup. Ct. 1996）; and *Singer v. Hara*, 522 P.2d 1187（Wash. Ct. App. 1974）.

掩饰：同性恋的双重生活及其他

了这一社会理念。正如大法官奥康纳在 1990 年的一份判决中所说："因为宪法第一修正案并没有区分宗教信仰和宗教行为，那些由虔诚的宗教信仰激发的行为，和信仰本身一样，必须受到自由行使条款的保护。"[1]

在 20 世纪 70 年代初期，最高法院有时会将第一修正案解释为要对宗教行为提供合理便利。1972 年的威斯康星州诉尤德案中，宗派家庭在孩子年满十三岁之后便使其辍学[2]。一个阿门宗派信徒希望依据自由行使条款获得社会合理便利，并声称他们的信仰要求他们让孩子免受世俗高中的影响。威斯康星州的回应则援引了常见的是与做的划分，认为就算州政府不能限制宗教信仰，州也有权规范宗教行为[3]。然而，最高法院却认为："在此案中，信仰和行为并不能被整齐地放入逻辑严密的两个盒子里。"法院要求威斯康星州提供一个具有说服力的理由，以证明阿门宗派承受的是合理负担。由于没有找到这样的理由，法院最终要求威斯康星州为该宗派提供合理便利[4]。

合理便利也是残疾人保障法中的关键概念，例如，1990 年的《美国残疾人法案》（ADA）要求雇主对残疾员工提供"合理便利"[5]。只有当照顾残疾人会让雇主承受"显著的困难或昂贵的费用"时，雇主才可以拒绝[6]。在一个以 ADA 的前身为法律依据的诉讼

---

① Employment Division, Department of Human Resources of Oregon v. Smith, 494 U.S. 872, 893（1990）(O'Connor, J., concurring in the judgment).

② *Wisconsin v. Yoder*, 406 U.S. 205（1972）.

③ 同上书, pp. 207 ~ 8.

④ 同上书, p. 220.

⑤ Americans with Disabilities Act of 1990, U.S. Code 42（2000）, §§ 12, 101 ~ 12, 213."合理照顾原则"见 § 12, 112（b）（5）（A）.

⑥ 同上书, §12111（10）（A）.

中，一位患有夜间癫痫、读写苦难以及大脑麻痹的人针对一项他认为不合理的要求提起了诉讼，即他必须要能开校车，才能成为一个残疾幼儿园的教师。法院认为他本可以接受合理便利，因而判决校方赔偿他的收入损失和精神损失[①]。

像在本章开头我朋友说的那样，进步律师大多会认为合理便利原则就是法律上的青霉素。他们希望把这一原则从宗教和残疾扩大到种族、性别和性倾向。法学教授琳达·科里尔格尔认为，ADA 的进路给我们以希望，即"以合理便利为代表的理论突破最终会为解决其他平等问题发挥重要作用，而之前广泛采用的平等对待原则已经表现得捉襟见肘"[②]。

不幸的是，这些律师和学者的乐观缺乏事实依据。法院完全没有想要将合理便利原则扩大适用，反而把它限制在了宗教和残疾议题中。1986 年，联邦最高法院支持了一项禁止犹太教教士戴圆顶小帽的空军制服规定[③]。由于美国法院必须尊重军队的规矩，所以这一判决是否适用于民事案件我们不得而知。然而在 1990 年，联邦最高法院又支持不给两位美国原住民教徒发放失业救济金，因为他们曾经吸过仙人球毒硷，尽管他们这样做是为了行使圣典仪式[④]。

由于 ADA 的条文十分具体，仅要求对符合"残疾"标准的人给予"合理的便利"，所以该义务就很难在其他法律中类推适

[①] *Fitzgerald v. Green Valley Area Education Agency*, 589 F. Supp. 1130（S.D. Iowa 1984）.

[②] Linda Hamilton Krieger, "Foreword—Backlash Against the ADA: Interdisciplinary Perspectives and Implications for Social Justice Strategies," *Berkeley Journal of Employment and Labor Law* 21（2000）: 3.

[③] *Goldman v. Weinberger*, 475 U.S. 503（1986）.

[④] *Employment Division v. Smith*, 494 U.S. at 872.

掩饰：同性恋的双重生活及其他

用。因此，最高法院巧妙地把同化的伦理嫁接在"残疾"的定义上，并在 1999 年的萨顿诉联合航空案中表示，只有当人们的身体状况是不可改变的，他们才能算得上是残疾[1]。

这一解释乍看并无不妥，因为人们的常识判断是大多数人都希望矫正自己的残疾。但有的残疾人却不愿意矫正——比如拒绝耳蜗植入的听觉障碍者。最高法院的解释同时也放任了雇主去歧视残疾人，即便他们确实愿意矫正[2]。在萨顿案中，联合航空要求飞行员拥有精准的、未经矫正的视力，因此拒绝聘用凯伦·萨顿，因为她只是在矫正后才拥有了精准的视力。如果萨顿的情形触发了合理便利原则，那么联合航空则必须对其规则作出有力抗辩[3]。其实抗辩也很容易——我本人就有飞行恐惧症，我可以毫不费力地想象一个画面，飞机正朝着一座高山加速俯冲，而这位飞行员却在费力地搜寻她掉落的隐形眼镜。但是萨顿也可以建议采取一些有效的安全措施，比如让飞行员带一幅备用眼镜，这样视障者就可以多一些机会。我们无从知道这样的对话最终会让谁占上风，因为法院已经先行一步做了决定。一旦法院认定萨顿的情况是可以改变的，它就会判定她不是残疾，因而无权享受合理便利。

一开始我感到困惑不解：保护宗教和残疾的法律明明规定了合理便利原则，但法院在这两个领域却仍然偏好同化。很快，我意识到这一偏好的根源存在于这些案件之外。奥利拂·温德

---

[1]　*Sutton v. United Air Lines*，Inc.，527 U.S. 471（1999）.

[2]　Jacqueline Vaughn Switzer，*Disabled Rights*：*American Disability Policy and the Fight for Equality*（Washington，D.C.：Georgetown University Press，2003），pp. 156 ~ 60.

[3]　*Sutton*，527 U.S. at 488 ~ 89.

尔·霍尔姆斯曾说："法律的生命不在逻辑，在于经验。"[①]霍尔姆斯指的是，书本上的法条对于法律发展的重要性，远不及法律所根植的文化经验重要。

面对美国的身份爆炸，最高法院的应对方式是以一个同化论者的姿态躲在战壕里。过去我们是地球上最多元的工业化民主国家，如今我们则是在一颗更为多元的超新星上。这一爆炸引起了一阵恐慌，用历史学家亚瑟·史列辛格的话说，我们见证的是"美国正在支离破碎"[②]。史列辛格从自由主义的视角出发，认为我们不应该允许文化多元主义摧毁"美国人"这一集体身份，我们应该重塑"同化与融和"的价值观[③]。他的这份处方开于1998年，正是社会学家罗杰斯·布鲁贝克所称的"同化归来"的一部分。纵观美国、法国和德国，布鲁贝克认为，之前几十年的"差别主义转向"——包括开放移民、原住民自治、差异女权主义以及对多元性身份的肯定——或许已将自己消耗殆尽了。我们正在目睹熔炉理想的复兴。

联邦最高法院曾明确以身份爆炸为由，为其保护不力作辩解。早年照顾少数教派的案子——比如1963年对第七日基督再临论者的保护以及1972年对阿门宗派的保护[④]——代表着一个天真的时代。20世纪80年代起，最高法院意识到给予这样的照顾会带来不少的麻烦。在圆顶小帽案中，一些大法官这样论理：如

---

① Oliver Wendell Holmes Jr., *The Common Law* (1881; Mineola, N.Y.: Dover Publications, 1991), p. 1.

② Schlesinger, *The Disuniting of America*.

③ 同上书, p. 532.

④ 分别是 *Sherbert v. Verner*, 374 U.S. 398 (1963), and *Wisconsin v. Yoder*, 406 U.S. 205 (1972).

掩饰：同性恋的双重生活及其他

果最高法院照顾了犹太教教士的小圆帽，那么它很快就会遭遇印度锡克教徒的包头巾、瑜伽修行者的藏红花长袍，或是牙买加塔法理教的长发绺①。在 1990 年的仙人球毒碱案中，法院称："你能想到的一切宗教信仰，都能在这个兼容并包的国家找到信徒"，如果照顾那些因宗教原因吸毒的人，则会"开启一种不合理的愿望，即宪法会保护教徒免于你能想到的一切公民义务"②。

最高法院此处提出的是一个普通法审判中的棘手难题——滑坡理论。坚持同案同判意味着，如果最高法院保护某一个群体的行为，那么它必须保护所有类似群体的行为。法院解决这个问题的方法是干脆完全不保护任何行为，只保障身份中那些不可改变的因素。法院在这个滑坡上横筑了一堵墙，上面潦草地写着四个大字："不可改变"。

虽然对滑坡理论的担忧甚是沉重，但它并不能证明掩饰的命令就是合理的。为了看清这一点，我们必须从另一个角度思考民权法的"终结"，去回顾它的初衷，而不是展望它的灭亡。民权法总是在寻求对服从关系的救济——少数族裔服从于白人，女性服从于男性，同性恋者服从于异性恋者，少数教派服从于大型宗教或世俗社会，残疾人服从于健全人。掩饰是这种服从在当代的新形式：基于白人优越论，少数族裔必须"行为像白人"；基于父权制，女性必须在工作场合掩饰自己身为母亲的责任；基于异性恋正统制，同性恋者不能显露对同性的喜爱；基于宗教的不宽容，少数教派不能声张他们的信仰；基于一种迷恋健全身体的文化，残疾人必须对他们的残疾保持沉默。如果不能保护这些族群免受强制服从的困扰，那么民权法就是在跟

---

① *Goldman*，475 U.S. at 512～13.

② *Employment Division v. Smith*，494 U.S. at 888.

它的目标背道而驰。

我们不应该滑到滑坡的低端，否则边缘群体永远都是胜诉方。然而我们必须保证一种由理性驱使的对话，让政府或雇主提供让受保护群体承受负担的正当理由。政府或雇主可以要求服从，只要这个要求的背后是正当理由而不是偏见。这个范式并不是要培育一种争讼文化，而是鼓励一种更具理性的文化。那堵横在滑坡上的墙应该是"理性"，而不是"不可改变性"。

理性为什么能够帮助我们平衡个人与政府或雇主的利益呢？我们来思考一个具体的例子，一个最近全球都在热议的话题：穆斯林妇女是否应该摘去她们的面纱或头巾？（这是一个掩饰的要求，但讽刺的是，它却要求女人们不许掩饰。）在2003年的一个案件里，佛罗里达州的女性苏塔纳·弗里曼希望在她的驾照上使用她戴着面纱的照片，但法官驳回了这一请求。我认为这个案子的裁决是正确的。法官并没有说，弗里曼既然能够摘去头巾，所以她必须这样做。相反，法官承认弗里曼的信仰是神圣的，也考虑了照片会给她带来的负担。法官要求政府在施加负担之前提供一个令人信服的理由。政府声称，它要求个人形象在国家主要的身份证件上得到完全展现，是为公共安全利益着想。法官接受了这一理由[1]。

然而，我赞同此案的判决并不代表我在头巾问题上同意给政府一张空头支票。2003年秋天，俄克拉荷马州的一个公立学校勒令一名学生摘掉头巾。学校给出的理由是头巾违反了它的着装规定[2]。在我看来，这个理由无非是说学校应该整齐划一或者保持

---

[1] *Freeman v. State*，2003 WL 21338619（Fla. Cir. Ct. June 6，2003）．

[2] See "Muslim Girl Can Wear Head Scarf to School," *Associated Press*，May 20，2004；Curt Anderson，"Muslim Girl in Oklahoma Can Wear Head Scarf to School Under Federal Settlement," *Contra Costa Times*，May 20，2004，p.4.

干净，但它并不足以禁止一个学生表达她的宗教归属感。把"保护主流文化"当作强制掩饰的理由会让理性对话毫无意义，因为同化总是可以援引这个借口。2004 年，学校的行政部门和州司法部（代表这位女生）达成了一个维持六年和解协议。学校改变了它的着装规定，允许基于宗教原因的例外，而这位学生，娜莎拉·何恩又戴着头巾回到了学校。

　　然而有个更棘手的问题还没被解答——对世俗文化（此处不是指一个更普遍的通俗文化）的保护是否就足以强制穆斯林妇女摘去面纱呢？法国和德国的一些省曾经明令禁止在公立学校佩戴头巾①。1994 年法国教育部长的指示把这一问题定性为禁止炫耀，禁止"高调展示对宗教的效忠"②。这一禁令的拥护者强

①　2004 年 2 月 10 日，法国国民议会以 494 ： 39 的票数禁止伊斯兰教徒在法国公立学校戴头巾或其他疑似有宗教象征意义的配饰。立法原文为："Dans les écoles, les collèges et les lycées publics, le port de signes ou tenues par lesquels les éléeves manifestent ostensiblement une appartenance religieuse est interdit. Le règlement intérieur rappelle que la mise en oeuvre d'une procédure disciplinaire est précédée d'un dialogue avec l'élève." Assembleé Nationale, Douzième Législature, Projet de Loi Encadrant, en Application du Principe de Laícité, le Port de Signes ou de Tenues Manifestant une Appartenance Religieuse dans les Écoles, Collèges et Lycées Publics, No. 253（2004）. 2003 年 9 月 24 日，德国宪法法院判决，一个在阿富汗出生的德国居民不能仅仅因为戴头巾就被开除公立学校教职；但法院同时宣布，德国的十六个州可以自主决定是否禁止头巾。见 Kopftuch-Urteil \[Head Scarf Decision\], 2 BvR 1436/02（BVerfGE Sept. 24, 2003）. 有关此案之后的各州立法见 Bertrand Benoit, "Germans Wake Up to the Call of the Muezzin," *Financial Times*, November 4, 2003, p. 9; Jon Henley, "Europe Faces Up to Islam and the Veil: Muslims Claim Discrimination in Legal Battles over Religious Symbol," *Guardian*, February 4, 2004, p. 15.

②　Franc. ois Bayrou, Circulaire no. 1649 du 20 Septembre 1994, available at http：//www.assemblee-nat.fr/12/dossiers/documents-laicite/document-3.pdf.

调它有助于保障政教分离，而政教分离也是美国宪法不立国教条款的理想内核之所在 ①。

那些维护世俗胜过尊重教义的案件背后的法理大概是，强制融入世俗规则和强制融入一门国教之间还是有区别的。穆斯林女性不会被要求服从于基督教的教规，但是却会被强制服从于公共世俗生活中相对中立的规范。我们可以将其类比为"熔炉"理想，即少数族裔理论上并不会被要求融入白人社会，但却必须融入一个中立的"美国人"身份里。融入一个所有人都有所贡献的身份，比起融入一个占统治地位的群体规范而言，似乎没那么大害处。

然而，即便是在这种表述下，宗教教徒仍然承受着委屈。譬如，穆斯林妇女还是得摘掉面纱；禁止"高调展示"会给那些要求信徒穿戴显眼配饰的宗教带来更大的影响；它也使得更加小众的宗教遭受冷遇，因为这些宗教中稀松平常的行为更有可能被当作是种炫耀，就像一对牵手的同性恋者会被视为太高调一样，尽管牵手的异性情侣比比皆是。也就是说，就算一个看起来中立的禁令到头来还是会把某些宗教箍得更紧，所以我仍表示反对。

宗教服饰的案件给我们上了一堂颇有价值的课：再没有人会说掩饰的要求是微不足道的了。反对者认为强制掩饰会对社会造成更为严重的伤害，例如激进的穆斯林在请求撤销头巾禁令失败后，绑架了几名法国记者 ②。支持禁令的人则预感这一问题牵涉的利益太多，认为一旦照顾了穆斯林的着装，其他方面的问题就会

---

① Jane Kramer, "Taking the Veil: How France's Public Schools Became the Battleground in a Culture War," *New Yorker*, November 22, 2004, p. 60.

② Elaine Sciolino, "Ban on Head Scarves Takes effect in a United France," *New York Times*, September 3, 2004, p. A8.

接踵而来，例如穆斯林妇女的单性别教育[1]。比起种族和性别，基于外表的宗教掩饰更为棘手。为什么呢？我们可以换个思路考虑：是不是所有的少数族裔或妇女都像教徒一样认为自己的着装是人格的一部分？如果有人非要说维斯洛奇戈因拒绝卸妆跟穆斯林妇女拒绝摘头巾的动机一样根深蒂固，那就有些可笑了。只有通过一场理性对话，只有在个人利益与政府或雇主利益之间作出权衡，我们才能为这个问题提供充分细致的答案。

那些对每个滑坡都如履薄冰的人会说，这种理性对话会加重法院的负担，因为法院从此会卷入无休无止的身份争端。此时我想到的是大法官布伦南在最高法院一起有关死刑的案件中作出的反驳陈词[2]。1987 年，统计学研究显示，死刑核准的种族差异悬殊，但最高法院拒绝采纳这一研究结果，声称一旦使用了这类研究，量刑的各个方面就都会遭到质疑。布伦南对于这一滑坡理论给予了冷嘲热讽的回应，称它似乎是在"担心有太多公平"。这句话显示了一种社会病态，即大量的社会不公反而成了保持现状的借口。在反歧视法语境下："担心有太多理性对话"跟"担心有太多公平"如出一辙。

如果我们采用了反歧视法的照顾模式，我保证天不会塌下来，因为英国的天空还安然无恙呢（苍白无色是另一回事）。受美国 1964 年《民权法案》的影响，英国《种族关系法》要求雇主在不成比例地加重一个种族群体的负担时，必须提供正当理

---

[1] "Scarf Wars: Banning the Muslim Headscarf in Schools," *Economist*, December 13, 2003, p. 47.

[2] *McCleskey v. Kemp*, 481 U.S. 279, 339 (1987) (Brennan, J., dissenting).

由 ①。这一法案的 1976 年版规定，员工作为原告只有在无法履行雇佣条件时才能证明承受了负担 ②。"无法履行"这四个字完全可以像"不可改变"那样使用，但英国上议院却给出了不同解释。在 1983 年的一个案件中，法院认为锡克人（作为一个种族）无法履行雇主提出的不许戴头巾的规定 ③。弗雷泽勋爵称："可以履行"并不意味着当事人可以在"身体上"服从，而是她的服从"跟该种族的习俗和文化条件相符" ④。在此意义上，法院认定原告"无法履行"，因而撤销了该公司不许佩戴头巾的规定。（此案与美国排辫案形成了巨大反差，后一案中，恰恰是蕾妮·罗杰斯在身体上有能力服从，才使得法院在深思熟虑之后判美国航空公司胜诉。）2003 年,《种族关系法》的修正案彻底取消了"无法履行"等字眼，给予种族文化特征更为宽泛的保护 ⑤。

英国上议院也以同样的方式解释了 1975 年的《性别歧视法》⑥。1978 年，一个公司规定，员工升职到执行官级别的年龄上限是 28 岁，女性员工对此不服，称女性很难满足这一要求，因为工作时间往往会被妊娠和哺乳期打断 ⑦。雇主则称年龄限制是合理的，因为女性完全可以选择放弃怀孕或者不照顾小孩。法院并

---

① Race Relations Act, 1965, c. 73.

② Race Relations Act, 1976, c. 74.

③ *Mandla v. Dowell Lee*, \[1983\] 2 A.C. 548.

④ 同上书，pp. 565 ~ 66.

⑤ Race Relations Act 1976（Amendment）Regulations, 2003. 根据新法规，任何对某个族群产生不利的条文、标准或做法，如果不能证明其手段适当、目的合理，则属于歧视，构成违法。修改后的法规见 http: //www.legislation.hmso. gov.uk/si/si2003/20031626.htm.

⑥ Sex Discrimination Act, 1975, c. 65.

⑦ *Price v. Civil Service Commission*, \[1978\] 1 All E.R. 1228. 182.

掩饰：同性恋的双重生活及其他

没有采纳这一论点，认为"说一个人'可以'做某事不应该仅指他在理论上是可以做到的，我们必须看他在现实中能不能做到。"[1]

这些案件把视线从身体转向了身体政治，不是去看人们有没有同化的能力，而是侧重于检验社会向他们提出的要求是否合理；它们迫使法院去体察鲜活生命里存在的差异。相较而言，美国的反歧视法总是将平等等同于故意无视差别。"色盲"或"不问不说"等说法显示出，法律对于差别的回应往往是，让主流忽视它，让边缘群体淡化它。

当然，正义和盲目总是相互交织的。自古典时期以降，正义女神就是被蒙蔽着双眼，以表示她对恐惧或谄媚无动于衷。然而，几个世纪前，一幅插画就已经揭示了盲目的危害——画中，一只鸵鸟正把自己的头埋在正义女神的脚里[2]。

我必须平息此刻的激动，回到现实。我相信我们应该采取一个基于族群的合理便利模式，以保护传统的民权群体免于掩饰。然而我也同样坚信，法院不可能采纳这一进路。当代美国社会爆炸式的多元主义把这个国家推得离族群身份政治越来越远——太多群体都在黑名单上，只有少数群体是被保护着的。事实上，我希望五十年后英国法看起来更像美国法，而不是相反。美国人早已对身份政治厌恶至极，法院只是慢半拍罢了。

我们必须找到一种方法既保护差异，又不至于把美国变得像巴尔干半岛一样四分五裂，各种身份群体争得你死我活。我们需要一个新的民权范式。

---

① 同上书，p. 1231.

② 有关正义的插画，见 Dennis E. Curtis and Judith Resnik, "Images of Justice," *Yale Law Journal* 96（July 1987），p. 1742 n. 39.

民权的尽头

新 民 权

　　为了描述这种新民权，我得回到这本书的第一个议题。同性恋民权能够激起广泛的回响，这让我感到振奋。跟其他民权群体不同的是，同性恋者必须把那些不被看见的自我清楚地表达出来，而一开始并没有一个现成的社群支持我们。这就意味着，同性恋对自我呈现的追求象征着我们所有人对真实的渴望。这是我们每个人必须为自己做的事，这也是我们能做的最重要的事。

　　我始终在寻找一个词，来描述这种对真实的渴求，最后竟发现精神分析师比律师更有帮助。客体关系理论的创始人唐纳德·温尼科特将"真我"和"假我"做了区分，这一区分也恰好为掩饰着的自我和不加掩饰的自我划出了界限[①]。真我是一个让人感到真实存在的自我："它比活着的内涵更丰富；真我能让人们找到一种方式以自己的身份活着，以自己的身份与客体建立关

---

① 　D. W. Winnicott, "Ego Distortion in Terms of True and False Self," in *The Maturational Processes and the Facilitating Environment* (New York: International Universities Press, 1965), pp. 140 ~ 52.

系，并拥有一个可以随时回归与栖息的自我。"^① 真我与人类的自发性和真实性有关："只有真我才具有创造力，只有真我才能感受到真实。"^② 相较而言，假我会给人一种不真实感，一种虚无感。它在真我和世界之间斡旋^③。

我喜欢温尼科特的原因是，它并没有把假我妖魔化。相反，温尼科特相信假我其实是在保护着真我："假我有一个非常重要的积极功能：顺从于环境的需要，从而掩护真我。"就像在象棋中，帅总是藏在车的后面一样，更宝贵却更弱小的那份自我也会撤退到更廉价但更强大的自我后面。由于真我和假我的关系只是象征性的，所以温尼科特相信，就算是一个健康的人，身上也会存在这两种自我。

然而，温尼科特认为，一个人健康与否，取决于真我对假我的支配程度。极端负面的情况是，假我完全遮蔽了真我，甚至有可能连自己都被骗过去了。在一个不那么极端的情形中，假我允许真我"秘密地存在"^④。那么只有当假我愿意努力寻找一些条件让真我得以展现时，这个人才会接近于健康。而在一个健康的人身上，假我会被缩减为一种"礼貌和客气的社交姿态"，成为让真我充分实现的有益工具^⑤。

这个范式也恰好符合我的出柜历程。我的同性恋自我，那个真我，藏在了一个表面上是异性恋的假我的后面。然而，说这个

---

① Winnicott, "Mirror-Role of Mother and Family in Child Development," in *Playing and Reality*（1971；New York：Routledge，1989），p. 117.

② Winnicott, "Ego Distortion," p. 148.

③ 同上，pp. 146～47.

④ 同上，p. 143.

⑤ 同上。

戴着面具的自我和同性恋的自我完全是敌对关系也是不对的。在我的少年时期，这个假我保护着真我，直到真我越来越强大，能够独自存活下来。只有在这个时候，假我才从帮助者变为了绊脚石。即使在我出柜以后，假我也从未消失过。它只是被缩减到最小的程度，仅用它来调节真我和世界的关系。

我也可以把温尼科特的范式套用于其他的民权群体，然而这个范式的重要性在于它的普适性是不证自明的。温尼科特假定我们每个人都有一个真我，如果我们想要有鲜活的存在感，它就必须被表达出来。如果真我承载着真实性，那么假我就代表着我们面对同化举棋不定的心情，因为同化对于生命而言既是必需品，又是障碍物。我们并不是要彻底清除同化，而是要把它降低在最小的必要范围内。这就是理性对话的目标所在。

当我用温尼科特的语言来讲述不加掩饰的自我时，很多人都会立刻前来告诉我他们的故事，这些故事反复证明着这个概念的普适性。大部分的故事都几乎与传统的民权类别无关，而是关乎人们的职业或生活选择，比如一个女人不再当律师而去写剧本，或者一个男人在圣坛上甩了未婚妻去找儿时初恋。然而，我从这些故事里听到了同一个主题，它跟我从传统民权案件中找到的主线一样。这些人或许说不清真实性到底是什么，但他们明白，一个活在其使命之外的人，只会是生命的替代品。

说到真我这个概念，父母们常常会谈起他们的孩子。基于大量的临床研究，心理学家卡罗尔·吉利根认为儿童有着一种真实的声音，到了成人阶段就会丢失，而女孩比男孩维持得更久 [1]。

---

[1] Carol Gilligan, *The Birth of Pleasure: A New Map of Love* (New York: Knopf, 2002), pp. 89 ~ 91, 223 ~ 25. 在另一部著作里，吉利根探索了女孩声音随年龄变化的特殊问题，她发现，男人说话的方式给人感觉是自由的、想说什

掩饰：同性恋的双重生活及其他

（这种情感上的声音变化也折射出生理上的变化，往往男孩变声更早，也比女孩更剧烈。）吉利根的研究里很多案例显示，父母常常会被他们孩子的直接和真实吓一跳。这些父母认为，带孩子最大的难题之一就是他们到底应该要求孩子在这个世界上掩饰几分。

这些心理学上关于真我的理论听起来似乎跟当下的民权话语大相径庭，而我们必须弥补这一鸿沟。新民权必须把这一普遍存在的对真实的渴求利用起来。这一冲动会让我们在思考公民权利时，想到的不是四分五裂的群体，而是我们共通的人性。

近年的两个案件体现出联邦最高法院对这一转变的支持。在2003年的劳伦斯诉德克萨斯州案中——前面我提到过此案的口头论辩——最高法院推翻了德州的一项惩罚同性鸡奸的法令[①]。很多人以为最高法院会在此案中决定同性恋者是否应该享有与少数族裔或女性相当的司法保护。然而，尽管法院推翻了这项法令（同时也推翻了鲍沃斯诉哈德维克案），它这样做并不是基于同性恋者的平等权利。相反，法院认为，该法令违反了所有人的基本权利——不管是异性恋、同性恋还是其他——即自主控制我们的亲密性关系的权利。

与此类似的是，在2004年田纳西州诉雷恩案中，最高法院面临的问题是两名截瘫患者能否因为法院大楼没有无障碍设

么都可以，但女人则表现出一种"关系危机：放弃声音，抛弃自我，从而成为一个好女人，拥有一段好关系"。见 Lyn Mikel Brown and Carol Gilligan, *Meeting at the Crossroads: Women's Psychology and Girls' Development*（Cambridge: Harvard University Press, 1992）, p. 2.

① *Lawrence v. Texas*, 539 U.S. 558（2003）.

施而起诉田纳西州 [1]。（其中一个原告为了出席对他的刑事指控，不得不爬着上楼梯；而另一位是名法院记者，她声称一些县的法院大楼无法进入，导致她错失了许多工作机会。）法院再一次给予了对少数群体有利的判决，而此判决并没有采用基于族群的平权话语。法院认为，所有人——不管残疾与否——都有"进入法院的权利"，而在此案中这一权利受到了损害 [2]。

当今时代，最高法院关上了许多扇公民权利的大门，但它让这一扇还敞开着。比起一小群人追求的"平等"，法院对我们所有人都拥有的"自由"更为关注。原因很简单：有关平等的诉求——比如基于少数群体的合理便利原则——不免会让最高法院在众多群体中选出几个最爱。在一个越来越多元的社会里，我们完全可以理解，法院根本不想搅这趟浑水。相反，有关自由的诉求则会强调所有美国人（或者更确切地说，所有在美国管辖范围内的人）的共通之处。"我们都有从事亲密性行为的权利"："我们都有进入法院的权利"，这样的主张会一直有效，不管这个国家将来有多少个新的群体不断涌现。

最高法院向普世进路的转变同样体现在其最近对人权的接纳上。耶鲁法学院的一个团队曾在劳伦斯案中担任法庭之友，而我是其中一员 [3]。爱尔兰前总统、联合国前高级专员玛丽·罗宾森担任了我们的顾问。我们主张，国际司法机构在涉及其他西方民主国家的案件中已经承认了成年人自愿进行性行为的基本人权属性。我们以为最高法院的一些大法官会对这个论点嗤之以鼻，因

---

[1]　*Tennessee v. Lane*，541 U.S. 509（2004）.

[2]　同上，p. 533.

[3]　Brief of Amici Curiae Mary Robinson et al.，*Lawrence v. Texas*，539 U.S. 558（2003）（No. 02-102）.

为他们不愿意让美国境外的判决对他们指手画脚①。然而令我们惊讶的是，多数意见竟然引用了我们的文书，并称鲍沃斯案侵犯了"我们和其他文明共同珍视的价值观"②。

在生命最后的时日，马丁·路德·金和马尔科姆·X都曾呼吁将民权过渡到人权。他们都认为，民权过度关注人与人之间的区别，而非强调人们的共同点。马丁·路德·金的论文编辑之一，斯坦福大学的斯图亚特·博恩斯曾说，金"抓住了'民权'的要害，即它背负了太多美式个人主义这一主流传统的负担，却轻视了另一种传统，即社群主义、集体奋斗，以及共同的善"③。同样，马尔科姆·X也告诫美国人应该"把民权的抗争上升到人权的高度"，这样"山姆大叔的管辖权"才不会阻止我们跟其他国家的"兄弟们"结盟④。

承认普世的个人权利也许会成为最高法院未来保护多样性的方式。我预测，如果法院哪天要承认语言权，它一定会将其视为我们所有人的一项自由从而给予保护，而非当成附着在某个特定族裔上的平等权。如果法院要保护着装权，比如梳排辫的权利或

---

① 例如，斯卡利亚大法官曾主张，"（谢天谢地）'世界村'里的那些做法和正义观念不是我们的人民所认同的"，它们跟法院判决"毫无干系"，见 *Atkins v. Virginia*，536 U.S. 304，347 ~ 48（2002）（Scalia, J., dissenting）. 他还在其他案件中表达过相似立场："在我们的人民达成一致意见之前，其他国家的意见决不能通过宪法强加给美国人，哪怕最高法院的大法官们都觉得很受启发。"见 *Thompson v. Oklahoma*，487 U.S. 815，868 ~ 69 n. 4（1998）（Scalia, J., dissenting）.

② *Lawrence*，539 U.S. at 576 ~ 77.

③ Stewart Burns, *To the Mountaintop*: *Martin Luther King Jr.·s Sacred Mission to Save America*，1955-1968（New York: Harper, 2004），p. 322.

④ Malcolm X, "The Ballot or the Bullet"（speech, Cory Methodist Church, Cleveland, Ohio, April 3, 1964）.

者不化妆的权利，我相信它也会像德国宪法那样，保护人格权①，而不是将其视作一项只属于少数族裔或者女性的权利。

比起用基于族群的平等话语来分析民权，利用普世自由的话语有一个巨大优势，那就是它避免了对族群文化先入为主的猜测。我在上文中已经提及这个问题：掩饰这一概念会使人过于迅速地判断那些言谈举止都很"主流"的人肯定是在隐藏真正的自己，但事实上他们可能真的只是在"做自己"而已。我的一位女同事把这一批评阐释得很到位："这就是我不喜欢你这个课题的地方。当我做一些在刻板意义上很男性化的事情时——比如修理我的自行车——你的课题会让人们更容易将我的行为理解为一种性别表演，反倒不愿意接受一个最直截了当的解释。我修自行车并不是因为我想否认我是女人的事实。我修车只是因为它坏了。"

她还举了另一个例子："当我在念研究生时，有个非裔美国人选修了德国浪漫主义诗歌。根据你的理论，我敢肯定有人会说他是在通过学习如此晦涩而玄妙的东西，来'掩饰'他的非裔美国人身份。但是对我来说这再简单不过了，他学浪漫主义诗歌仅仅是因为他对此着了迷。如果有人非要假定他就是在'装白人'，那他们本来就没有把他当成一个完整的人来看。"

接着她给了我致命一击："你致力于帮助人们'做自己'——去抗拒那些服从的命令，让他们成为自己想成为的人。但是'掩饰'这个概念可能反倒会让你本想要消除的刻板印象持续下去。少数族群打破刻板印象的方法之一，正是做出一些与之相反的行

① 德国宪法第二条第一款规定："每个人都享有自由发展其人格的权利，只要不侵犯其他人的权利，且不违反宪法秩序或道德。"见 Grundgesetz \[Constitution\] \[GG\] art. 2, para. 1（F.R.G.）（offcial translation of the Grundgesetz provided by the German Ministry of Foreign Affairs）。

掩饰：同性恋的双重生活及其他

为。如果每次他们这样做时，人们都以为他们是在'掩饰'一些本质的污名身份，那么这些刻板印象就永远不可能消失。"[①]

毫不夸张，听完这一批评，我失眠了。但在我辗转反侧的时候，我更多地把它当作一个警醒，而非全盘控诉。我承认，我们不能先入为主地认为那些行为举止很"主流"的人一定就是在掩饰。我们最终要追求的是自主，并将自主视作实现真实性的一种途径，而不是追求一个关于什么是真实的固定概念。（在此我同意温尼科特的观点，即"真我"不能被具体定义，因为它的形态在每个人那里都不尽相同[②]。）在讨论到传统的民权群体时，我强调了屈服于主流的要求，因为我认为对于大部分群体而言（女性除外），这些要求是对我们真实性的最大威胁。但是我也同样反对逆向掩饰的要求，因为这样的要求同样侵犯着我们的自主性，从而啃噬着我们的真实。

在实践中，我期待自由范式能够比平等范式更好地保护真我。平等范式往往会将它所保护的身份本质化，但其实这并不是必需的。在平等范式下，如果一个浓妆艳抹的女性受到法院的保护是因为化妆是女人的"本性"，那么这就可能强化所有女人都会化妆的刻板印象。但是如果这位女性被赋予在不影响工作能力的前提下自由展现其性别认同的权利，那么她就不必非得更有"男子气"或更有"女人味"。法律会保护玛莎·维斯洛奇戈因的"花枝招展"，而达琳·杰斯普森就算一点妆都不化，也还是会

---

① 有关民权法本身可能包含或导致刻板印象的学术讨论，见 Richard Ford, *Racial Culture*: *A Critique*（Princeton: Princeton University Press, 2004）, and Roberto J. Gonzalez, "Cultural Rights and the Immutability Requirement in Disparate Impact Doctrine," *Stanford Law Review* 55（June 2003）: 2195 ~ 227.

② Winnicott, "Ego Distortion."

受到保护。这样，每一位女性对于如何表现其性别认同都可以有一大把的选择。而在保护这种选择的多元性的同时，法律不会对"真正的"或"本质的"女人应该如何做出任何臆测。真实性应该由这些女性自己去发现，而不是由国家或雇主代劳。

基于族群的身份政治并没有消亡。如前所述，针对现有的民权群体，我仍然对合理便利模式抱有信心，部分原因是我们已经向这些群体做出了让他们免于掩饰的承诺。《民权法案》和《美国残疾人法案》已明文保护了少数族裔、少数教派、女性和残疾人这些群体免于掩饰①，反倒是法院在限制这些保护范围。事实上，基于族群的平等范式跟个人自由范式是完全一致的；反歧视法的两条线索——平等和自由——有着千丝万缕的联系。

更重要的是，即使我们把民权法的重心从平等转向自由，身份政治仍然至关重要。如果不是由于同性恋权利运动和残疾人权利运动，劳伦斯案和雷恩案永远不可能一路诉到最高法院。但我十分赞同法院把这些案件定性为不仅仅是"同性恋"或"残疾人"的诉讼，而是涉及每一个美国人的案件——水涨船高就是这个道理。讽刺的是，让我们最终认识到我们的共性的，反而是这个国家的多元爆发。多元文化主义让我们对某人的想象变了又变，直到我们发现她的如一。

在对这一新的法律范式寄予厚望的同时，我也相信法律只会是新民权中相对微小的一部分。一位医生朋友告诉我说，在他上医学院的第一年，院长告诉他们，医生根本无法治愈人类的大部分疾病，对此他们往往会有无力感。人们可能会变得更好，也

① See Civil Rights Act of 1964, U.S. Code 42（2000），§§ 2000e-2000e-2；Americans with Disabilities Act of 1990, U.S. Code 42（2000），§§ 12, 101 ～ 12, 213.

掩饰：同性恋的双重生活及其他

可能更糟，但医生并不是治愈他们的人。院长还说，成为医生的第一步，就是投降，就是放弃外行人对医学权威的敬畏。我多么希望有人给法学院的学生，同时也给全美国人，上一堂类似的课啊。我所受的法学教育已经显示出局限来。

首先，大量掩饰的要求是由法律不管——在我看来也不应该管——的主体提出的，比如朋友、家人、邻居或者自己。当我在犹豫要不要在公共场合表达对同性的爱慕之情时，我并没有考虑国家或者我的老板，而是我周围的陌生人，以及我自己内心的审查者。我常常都想控告自己，但这个冲动好像不太健康。

其次，对于强制的同化，法律并不是一个完整的解决方案，因为它尚未承认，除了传统民权分类如种族、性别、性倾向、宗教以及残疾之外，还有无数群体也都受制于掩饰的要求。每当我讲到掩饰，都有人反馈给我一些新例子。这就是温尼科特的观点——我们每个人都有"假我"，用来掩藏"真我"。或许有一天法律会开始保护某些身份，但它永远不能保护所有人。

更重要的是，法律所提供的实质性的救济也是不甚完整的。最近我才理解到这一点，因为耶鲁大学诉国防部一案中，我是原告之一。根据一项名为《所罗门修正案》的国会法案[①]，国防部发出威胁，称如果耶鲁法学院继续保护同性恋学生不受雇主歧视，并且把军队也囊括在雇主范畴，那么国防部将削减对耶鲁大学三亿五千万美金的资助。我们诉称，这一法案是违宪的。我对这个案子满怀信心，我们法学院的绝大多数同事也联署成为原告，这令我大受鼓舞。当地区法院的法官珍妮·霍尔在判决中宣布我

---

① Solomon Amendment, U.S. Code 10（2004），§983.

们胜诉时，我也欣喜万分①。然而，没有什么事能让我比身为原告更能意识到，诉讼只会发生在那些根本没办法好好沟通的人之间。

回想自己同性恋身份的展演，令我欣慰的是，我没有跟诉讼沾上太多关系。国防部是我唯一起诉过的对象。即使当我遇到同化的要求时，我最好的回应也是跟对方进行交流。同样重要的是，把自我呈现这一伟大的事业单单用对抗式的法律术语表达出来，会让许多无辜的人感到不被尊重。我在这本书中提到了许多曾经帮助我找到自己的人，但这还远远没有写完。此刻我想到了我的法学教授查尔斯·莱克，他在 1976 年写过一本关于出柜的回忆录②，当时这一举动是非常需要勇气的。他在课上要求我写一篇文章，而这篇文章就是本书的第一章，尽管那时候我也不清楚它跟法律会有什么关系。我还想到我的中期评审委员会主席。虽然当时我是屋子里唯一一个尚未授职的员工，他却让我坐下来。我十分紧张，因为他即将递给我委员会的决定。他告诉我，他唯一的建议就是今后的日子里我应该更多地做自己，说出更多我自己的真理，让法律围绕着我展现它更多姿的形态，而不是只局限

---

① *Burt v. Rumsfeld*，No. CIV.A.3-03-CV-1777（JCH），2005 WL 273205（D. Conn. Jan. 31，2005）.2005 年 1 月 31 日，珍妮特·霍尔法官宣布了判决，认定这一法案侵犯了法学院的言论自由和表达性的结社权。最高法院还在另一个案件中发布了令状，质疑这部法律的合宪性，见 *Forum for Academic and Institutional Rights v. Rumsfeld*，390 F.3d 219（3d Cir. 2004），cert. granted，125 S. Ct. 1977（2005）（No. 04-1152）. 然而，2006 年，联邦最高法院对该案作出了终审判决，以 8 比 0 的多数支持了《所罗门修正案》，认为该法案并不阻碍高校发表任何言论，详见 *Rumsfeld v. Forum for Academic and Institutional Rights，Inc.*，547 U.S. 47（2006）。译注。

② Charles Reich，*The Sorcerer of Bolinas Reef*（New York：Random House，1976）.

掩饰：同性恋的双重生活及其他

在现有的法律中进行思考。我还想到了我的父母，他们看着这份评估稿，平静而坚定地说，他们为如今的我感到骄傲。

正是出于这些原因，我对美国人的做法有些不安——在争取民权的过程中本应尽量远离法律，他们却反倒越来越依赖法律了。真正的解决之道在于我们所有的公民，而不是公民中的一小部分律师。那些不是律师的人应该在法律之外进行理性对话。他们应该把戈夫曼的"掩饰"一词从学术的晦涩中抽取出来，把它装进通俗词库里，从而使它变得跟"冒充"或"出柜"一样普及。而那些遭遇掩饰要求的人们则应该大胆质疑这些要求的合理性，即使法律尚未约束那些提出要求的人，也尚未认可那些被要求的群体。这些理性对话应该在法庭之外发生——如工作场所、餐厅、学校、操场、聊天室和客厅、公园和酒吧。这些对话应该以非正式的、亲密的方式进行，这样宽容才会产生，而后消解。

到底什么样的原因可以证明同化有理，显然会是充满争议的。但我想要强调的是，我们已经达成了一些共识，即，哪些原因是不合理的，譬如白人优越论、父权制、恐同症、宗教狭隘以及对残疾人的敌意。我希望我们认真对待我们曾经许下的承诺，永远不要接受这些偏见，也不要将其作为要求别人掩饰的合理借口。此外，我还希望能产生一系列对话，而不是一系列结论——哪些原因算数、它们的目的是什么，将由我们在每一次面对他人的具体情境中谨慎决定。我的个人倾向始终是将个人权利主张放在集体利益如"整齐划一"或"公司和谐"之上。但是我们仍然需要对话。

这种对话是让同化和真实各就其位最好的方式，或许也是唯一的方式。这些对话会帮助我们在杞人忧天的保守主义者所吹捧的单一文化的美国和激进多元文化主义者所宣扬的巴尔干式的美国之间找到航向。它们会揭示民权的真正内涵。民权的愿景始终是：允许人们在自我实现的路上不受偏见阻挠。过分强调法律会使我们看不见这一革命性愿景的广度，因为法律已经将民权局限在特定的族群中了。我并不是想指责这样的局限，因为要事优先是有道理的，而法律现有的优先顺序也是正确的。但往往民权的范畴比法律更广，而如今的民权比以往任何时候都需要实现这一愿景。只有当我们从法律中退出来，民权才会不再只关注特定族群，而是开始变成一项为人类兴盛而奋斗的事业，而我们所有人都是其中的一分子。

身为相对自由的成年人，我们必须将内心的多个自我整合起来。这包括去揭露那些我们曾因其不方便、不实用或不受欢迎而掩盖了很长时间的自我。由于必须经历生存的打磨，我们大多数的自我，就像我们大部分的生活一样，其实是平淡无奇的。然而总会有一个时刻，我们内心重要的东西会开始熠熠生辉。

后　记

蓝色星星

"哪儿不舒服，"他说
我脱去上衣，指着
心脏上方的一颗小星星
他的头凑过来，倾听，我感受到
他的呼吸徐徐坠落，抚平
我胸前的汗毛。他把我
转过来，双手温柔地
循着我的肩让我躺下，又往上
端扶我的脖子
"你是运动员吗？"
"不，"我说："我是个工人。"
"你造的是？"他问。"我
为灯泡制造光芒。""哦，
如果没有灯，我们会在哪里？"

"黑暗里。"我听见
护士硬挺的制服在身后窸窣
他们一起把我
抬上他的手术台，在这里
所有臣服了的男人和女人们
都经历过盲目与无助，这里
对他们几乎毫无裨益可言
护士用她那强壮的双手
抓住我的右手腕，我
看到医生弯下身
一把小铬刀在一只手上
寒光闪烁，而另一只手里是镊子
我失去了知觉，只听他
骄傲地说："我取出来了！"然后举起
这颗精巧的，完美的，蓝色星星，而我
不再是我，也流干了血液。"你知道
我们在下面发现了什么吗？"
"不知道，"我说。"另一颗完美的星星。"
我闭上双眼，但光
却还是游到我面前，在一片
金色的火海中。"这意味着什么？"
"意味着什么？"他说着，给我的胸口
抹上一些凉爽的液体
那些光依然跳跃
忽明忽暗，或许是因为我的眼睛一张一合
"意味着什么？"他说，

掩饰：同性恋的双重生活及其他

"这可能意味着，你，就是如此。"

——菲利普·列维因 [1]

　　舞厅很拥挤，但我仍然可以看到那颗蓝色的星星。它就在身着婚纱的珍妮特的左肩上微微闪耀。它看起来简直是她身体的一部分——从远处看就像一小块胎记。只有跟她面对面说话时，你才能发现那严格的几何图案是一枚文身。

　　三十岁的珍妮特自嘲道，这个文身是她此生做过的最好的投资。越是婚礼将近，她保守的韩国父母就给她开出越高的价钱让她把文身洗掉，或者至少盖起来。但是如今我看到了它：在如瀑黑发和洁白婚纱之间，蓝色的星星在棕色的皮肤上熠熠生辉，就像继罗斯科之后的另一幅《圣诞星》。

　　当我看着她的时候，她背对着我，肩膀微微起伏，说明她正在笑。一位穿着传统服饰的阿姨为了参加婚礼专程从韩国飞过来，珍妮特正拉着她的手叙旧。从她那娇小的身躯里发出的声音惊人地低沉，很官方，很别扭。虽然她不停在笑，但她的笑声似乎不太自然。在刚刚结束的招待会上，她的伴娘听着她的演讲泣不成声。珍妮特拥抱着她，没有哭，反倒笑了。为什么偏偏这个动作——这个可能显得无礼的动作——却在我心中激起了一股暖流？

　　在牛津的第一个夏天，在我最抑郁的时候，我就跑去跟她待在一起。珍妮特住在一个寄宿学校，她在那里刚教完一年英语。她会在秋季开始念医学院。学校早已放假，宿舍静悄悄的，珍妮

---

[1] Philip Levine, "The Doctor of Starlight," *One for the Rose* (Pittsburgh: Carnegie-Mellon University Press, 1999), p. 57.

后　记

特已经把成绩单寄给学生们，把她的 572 张光盘放进了盒子里，打包了所有的书，除了一本《诺顿诗集》。我们每天背诵一首书里的诗。我们俩还给九个缪斯女神起了名字。

我们都知道，接下来这一年起，我们会改变，我们不得不改变。如她的父亲在电话答录机上所说，通往地狱的路是宽阔平坦的。我们都把未来的黑匣子装在了一个叫做"逃避"的硬纸箱中。因此，虽然我们都没有用"庇护所"这个词，但那时候我们的确住在里面。外面的世界是一幅以窗户为相框的图画，它并不比墙上塞伦盖地草原的斑马照片来得真实。

我记得有天晚上，我看着她熟睡，她的白衬衣系在腰间。在蓝色被褥的映衬下，她纹丝不动，就像一块陆地漂浮在广阔的海洋中。在她的影响下，我竟成了一个绘图人。我看着她，想象她紫色的裙子，想象她梦里的老虎趴在树上，想象她如何穿着高跟鞋保持平衡。

珍妮特的本科论文是关于弥尔顿的。在《失乐园》中，亚当曾问拉斐尔天使，天使们是如何做爱的。拉斐尔害羞了，"脸像天边玫瑰色的云霞，正是爱情特有的颜色"。他回答道，没有什么比人类的性交更粗鲁了，因为天使们"内膜，关节，四肢"都极度享受，阻碍全无。他说，与人类相反，"天使的拥抱易于空气与空气的触碰，纯与纯随心所欲地结合，不必像肉与肉、灵与灵的有限相交。"[①] 自从我知道这些诗句之后，它们便成为我对性爱的幻想——灵魂出窍，分子纯净融和，没有肉体，也无需床，只是一次穿身而过。

我望着她，想着这些词句，不明白自己为什么偏偏无法爱上

---

① Milton, *Paradise Lost*, book 7, lines 1256 ~ 66.

掩饰：同性恋的双重生活及其他

她。如果我喜欢弥尔顿所描述的天使般的结合，为什么肉体会成为障碍？关于这个问题，我至今都没有答案，我的一个朋友却更加坦然。她在年轻的时候得过一场重病，无法控制自己的身体，那段时间还真是有灵魂出窍的感觉。自从她康复之后，她发现自己已经不在意"外形"了——无论人们的身体是男是女，是高是矮，是胖是瘦。我常常渴望透过文字读到更深的东西，而我在读人时却又如此流于表面，这让我困惑无比。

进入医学院之后，珍妮特去文了身。她选择了菲利普·列维诗中的蓝色星星，在那首诗里，星星长在一个男人的胸膛上，精巧而完美。他是个工人，"为灯泡制造光芒"，他却一点也不稀罕，只想要变得平凡。当外科医生把那颗星星切掉之后，才发现在这颗精美的蓝星下面，还有一颗蓝星。或许在下面，还会有另一颗。

珍妮特和我曾为这个文身吵过一架。我告诉她，不要低估了时间的力量。三十年之后，她可能是完全不同的一个人，但是这个文身仍然会在那里，羞辱她年轻时的冲动。作为一个二十四岁的女孩，她有什么资格限制未来的自己？珍妮特却说，我才是那个误读了时间的人。她同意，在未来的日子里她会改变，并且她不得不改变。然而她说，如果未来的自己会因为这颗星星感到尴尬，那么她反倒会瞧不起那样一个自己。在人生的转折点上，她对诗歌的痴爱快要被掐灭，所以她把诗写在身体上，来保护这颗赤子之心。如果她变成了一个停止阅读和写诗的医生，她希望听到来自年轻时的自己的责备。我的错误，她说，是我误以为人们会随着年龄增大而变得更聪明。

因此在她的婚礼那天，这颗星还在。我依然不喜欢文身。除了这一枚——我对它有着无法控制的爱。

译 后 记

　　一本书最好的归宿，大概是作者的一片赤子之心，遇上读者的一句相见恨晚。

　　读《掩饰》，就像在照一面镜子。一位日裔美籍男同性恋法学教授娓娓道来的生命故事里，竟也鲜活地跳跃着我们的影子。"每个人都在掩饰"，书中的第一句话就如此残酷而真实，却又饱含原谅和宽慰。只消这一句，就足以催促我把它译成中文，让更多人与作者一起孤独、感动、批判、沉思。

　　吉野贤治是美国法学界的一颗新星，其《掩饰》采用了独特的自传与法理相结合的文体。对文学的热爱，使得他在叙述自己的生命故事时颇有散文诗的韵味，尤其是出柜一段，对父母反应的细节描写，对空气中紧张气息的捕捉，让读者（尤其是有过类似出柜经历的读者）身临其境。令人惊喜的是，回忆录的细腻情感竟可以与法学家的滔滔雄辩默契而流畅地穿插在同一本书中。对于非法学专业出身的读者，《掩饰》里所讲述的美国法院经典判例也颇具可读性。作者轻松地驾驭着不同语言风格，旁征博引，知识储备和语言功力可见一斑，这大概如他书中所说，是早年那些落单的周六夜带来的奖励吧。

　　或许中国读者对书中的美国名人不太熟悉，但我们很容易就能发现身边有关矫正、冒充或掩饰的例子：北漂一族努力让自己的口音更像京片儿；离异家庭的孩子在谈婚论嫁时不敢轻易暴露自己的单亲背景；公务员和教师要藏好自己的文身；生完孩子的职场女性要表现得果断干练；乙肝携带者要对病情守口如瓶；大陆还没有一个公开的同性恋明星……在这些看似不太相关的事情之间，吉野贤治发现了一条隐形的连线——"同化"。当你下次听到不同群体的生命故事时，这条线索或许会让你变得更加柔软、更富同理心。

　　吉野贤治把较多笔墨用在了自己的同性恋身份上，用亲身经历讲述了美国社会同化边缘人群的三种方式：矫正、冒充和掩饰。尽管掩饰是当前主要的同化方式，但它并没有完全取代矫正和冒充，它们的界限也不是泾渭分明的。它们微妙地共存在美国社会，也接着当今中国的地气。

　　例如，尽管早在 2001 年，《中国精神疾病诊断标准第三版（CCMD-3）》就已不再将同性恋单独列为精神病条目之一，但至今依然有心理医生、精神病医师、江湖郎中公然宣称自己可以"治愈"同性恋，其方式也五花八门：催眠、电击、药物、甚至还有"迁祖坟"的荒诞疗法。2014 年，同性恋者小振将重庆心语飘香心理咨询中心告上法庭，法院判决称："因同性恋并非精神疾病，心语中心承诺可以进行治疗属虚假宣传。"这一案件的胜诉，成为中国同性恋者主动运用法律武器保护自己平等权益的里程碑。遗憾的是，中国不是判例法国家，该案中法院对同性恋不是病的判断并不能阻止其他医疗机构继续进行治疗。

　　把同性恋"矫正"成异性恋，或者至少让他们"装成"异性恋，不要耽溺于"不良"嗜好，最好"正常"地结婚生子，这一观念在中国主流社会是根深蒂固的。然而，强制让同性恋矫正、冒充和掩饰，看似让他们回归了家庭，却可能使同性恋者和他们的异性恋配偶在婚姻中都备受煎熬。近年来，越来越多的同妻（男同性恋者的妻子）开始发声，谴责"骗婚"的同志。同妻在婚姻中的痛苦无可否认，但《掩饰》却提醒我们反思，首先是什么样的社会同化机制把同性恋者逼进婚姻里——要知道，同性恋者从来没有机会不冒充、不掩饰、名正言顺地跟自己喜爱的人去过有法律保障的生活，而异性恋者不仅"理所当然"地拥有结婚的权利，还在主流性道德里占据着上风。

值得一提的是，同妻们也是同化的对象——这听起来似乎是违反直觉的。尽管作为异性恋者，她们占据主流位置，但她们依然难以避免强制掩饰的要求——你必须做一名"合格"的异性恋女性，才能留在社会中心。换言之，同妻只有在成功扮演了好妻子、好母亲、好女儿、勤俭持家、温婉贤淑、守身如玉之后，才有资格谴责同性恋丈夫的"背叛"。这就是为什么我们几乎看不到那些勇敢突破束缚、在婚姻之外寻找爱情与性的同妻，而只能在媒体上看到悲惨的同妻故事，千篇一律地讲述着性向不合的婚姻如何剥夺了好女人的毕生幸福。毕竟在我们的社会里，"女性情欲自主"仍然不被主流道德接纳，是一件就算可以做，也最好不要张扬的事情。可见，掩饰背后的性污名既捆绑着同志，也束缚着同妻。

在吉野贤治眼里，矫正、冒充、掩饰都是主流社会同化少数群体的方式。然而在当下中国的同性恋群体中，我们也许可以看到更加耐人寻味的复杂权力关系。冒充和掩饰不只是同性恋者被动承受的"压迫"，也可以是主动使用的抵抗策略——形婚（形式婚姻）就是一个例子。形婚是指男同性恋和女同性恋为了化解来自家庭和社会的催婚压力，经过协商和互助，举办婚礼，领取

掩饰：同性恋的双重生活及其他

结婚证，甚至生养孩子，"装作"异性恋者，在亲友和同事面前蒙混过关。他们看似是在冒充或掩饰自己的性倾向，但通过创造性地扮演"假我"，也为自己的同性情欲觅得了不少空间。

当然，不是所有恰好符合主流价值观的行为都一定是掩饰，是"假我"，是妥协；不是只有离经叛道的人才在做自己。对于那些渴望成功和富裕、期待婚姻家庭的同志，对于那些想要表现得更有素质的底层劳动者，以及那些想要当贤妻良母的女性，我们不能简单指责他们一定是在掩饰，毕竟，没有人能替别人决定什么才是他们心中的真实。

热衷于更具批判性的酷儿理论的读者，可能往往不屑使用"真我"这样本质主义的词汇。比起寻找一个不变的真我，酷儿们更强调性与性别的建构、流动和表演性。吉野贤治在这个问题上显示出耳濡目染的日本文化的中庸和圆融——他对"真实"的呼唤，避开了"天生同性恋"的保守逻辑，也无意为"真实"制定一个全民适用的标准；但同时，他也没有陷入"真实并不存在"的虚无主义。的确，就算真实不是天生的、永恒的，但我们不能否认，在每个身心被触动的瞬间，某些感受的确比另一些更让人热血沸腾，某些选择的确比另一些更值得坚守。

在阅读并翻译这本书的几年间，我也体察并悦纳着自己变化不居的"真实"。真实之于性向流动的我，注定不是唯一的。相信许多双性恋和泛性恋读者有类似感受——他们常常被问："说真的，你到底更爱男人还是女人？"这其实是一个毫无意义的问题，因为每一次心动都是珍贵的，性别无关紧要。还有什么比顺从此时此地内心感受带来的独特体验更加真实呢？

然而，在只有男和女、异性恋和同性恋、正常和不正常的二元世界里，双性恋面临着多重的同化要求——跟异性相处要藏好同性情欲，毕竟被人想当然地误认为是异性恋也有很多便利；而跟同性交往时则需要淡化自己对异性的好感，以免被贴上"花心""不负责任""感情骗子"的标签。遗憾的是，不少同性恋者身为被主流性道德排挤的人，却常常自觉不自觉地把掩饰的要求转移到更加被污名化的群体身上。双性恋是一个例子，对虐恋、老少恋、多偶关系等边缘情欲的打压就更是如此。

可以想象有人会不屑一顾："谁没点秘密，为什么我就能忍着不说，你们就不能低调一点呢？多大点事啊？"吉野贤治的反问一针见血："对，多大点事啊，那为什么主流社会非要我们隐藏或改变呢？这个要求背后是正当理由还是偏见？"也有人担心，如果每个群体都站出来，那么需要反思的法律、政策和公共道德太多，会加重政府和法院的负担。吉野贤治犀利地指出，这个逻辑的可笑之处在于，"担心太多理性对话"，无异于"担心有太多公平"。

邂逅《掩饰》这本书，要感谢中国政法大学郭晓飞老师的推荐，感谢郭老师、广州外语外贸大学崔乐老师、西北政法大学褚宸舸老师、同语负责人闲和好友廖爱晚在翻译过程中提供的宝贵建议和热心支持。感谢清华大学出版社及朱玉霞老师对同性恋、种族和女权议题的重视，和对此书的赏识。

尽管前路漫漫，我依然期待我们的社会有更多理性对话，为少数群体，为每个人，都创造更多自由舒展的空间。毕竟，没有人时刻都活在宇宙中心，我们总有不符合社会期待、需要无奈掩饰的时刻。脆弱从来都不只是少数群体的特质，脆弱属于每一个人。

朱静姝

2015 年 9 月 20 日